国家社科基金课题著作

三权分置下农户林地承包经营履责综合治理研究

曾玉林　欧阳朔斯　著

中国林业出版社
CFPH China Forestry Publishing House

图书在版编目(CIP)数据

三权分置下农户林地承包经营履责综合治理研究/
曾玉林，欧阳朔斯著. —北京：中国林业出版社，
2024.3
ISBN 978-7-5219-2655-2

Ⅰ.①三… Ⅱ.①曾… ②欧… Ⅲ.①集体林-承包
经营-研究-中国 Ⅳ.①F326.22

中国国家版本馆 CIP 数据核字（2024）第 062911 号

策划与责任编辑：肖　静
封面设计：时代澄宇

出版发行：中国林业出版社
（100009，北京市西城区刘海胡同 7 号，电话 83223120）
电子邮箱：cfphzbs@163.com
网址：https：//www.cfph.net
印刷：中林科印文化发展(北京)有限公司
版次：2024 年 3 月第 1 版
印次：2024 年 3 月第 1 次
开本：710mm×1000mm　1/16
印张：16
字数：330 千字
定价：68.00 元

前言

21世纪以来的集体林权制度改革像家庭联产承包责任制改革一样，在改革之初极大地激发了农户的林业生产积极性。但随着我国城乡二元结构的不断发展，农村劳动力大量涌向城市，进而出现了农户家庭林业生产积极性普遍下降、农户林地承包经营履责难以落实的现实状况。为改变农户土地承包经营的现状，党和政府推动了农村土地的“三权分置”改革。本专著“三权分置下农户林地承包经营履责综合治理研究”，就是要研究“三权分置”改革背景下推动和改善农户林地承包经营履责的综合治理对策。全著共分为七个部分，各部分的研究内容及核心观点如下。

第一部分，农户林地承包经营履责现状及影响因素分析。基于2019年我国南方重点集体林区湖南、江西、福建和云南4省的8个重点林业县40个样本村400个样本农户的林地承包经营履责专题调查数据，在对农户林地承包营林履责情况进行分类统计分析的基础上，运用Logit和Tobit模型分别对农户林地承包营林履责意愿和履责强度的影响因素进行了实证分析。研究认为：(1)当前农户家庭的林地承包经营履责确实存在一些问题，主要反映在四个方面。一是现实中存在相当规模的宜林地不能及时造林，尤其是土壤条件相对贫瘠、造林成本较高的荒山荒地没有造林的面积较多。二是除林业大户外，普通农户家庭几乎不能落实对中幼林抚育的营林生产责任。三是除林业大户外，普通农户家庭对林地管护的劳动投入量也很少。四是还有少数农户家庭存在擅自改变林地用途和无证采伐现象。(2)在影响农户林地承包经营履责的林地特征方面，林地是否确权到户、林地的细碎化程度、林地属性等因素，都对农户的林地承包经营履责具有显著影响。(3)家庭特征方面，农户家庭劳动力人数和林业收入占比都对农户家庭的林地承包经营履责意愿和实际履责强度具有显著正向影响。(4)林地经营权流转政策有助于推动林业生产的规模化经营，并能有效降低林地的细碎化程度，对促进农户的林地承包经营履责具有显著的积极影响。(5)林地承包经营合同签约的不规范和不到位，也是造成农户林地承包经营责任不明确和履责不落实的重要影响因素。

第二部分，农户分化及其对林地承包经营履责的影响分析。基于40个样本村400个样本农户的专题调查数据，在对样本区农户分化的基本情况进行分类统计分析的基础上，运用Logit、OLS、Tobit和中介效应模型分别就农户分化程度对林地承包经营履责的具体影响进行了实证分析。分析认为：(1)农户分化对农户林地承包不履责行为的发生具有显著的正向影响，即农户分化程度越高，农户林地承包不履责的可能性越大；(2)农户分化对林地承包不履责规模具有显著的正向影响；(3)对低分化程度农户而言，林地承包不履责行为主要受林地面积、林地属性、林地土壤肥力、离家远近等林地自然禀赋条件的影响；(4)对高分化程度农户而言，户主学历程度、家庭老龄人口数量、林地细碎化程度、林地面积、林地属性、土壤肥力、离家远近、非农收入占比等都对林地承包不履责行为的发生及规模具有显著影响。此外，农户分化会增加村内林业经营性资本投资的规模，进而对农户林地承包不履责行为产生抑制作用。

第三部分，林地流转及其对农户林地承包经营履责的影响分析。基于国家林业和草原局集体林权制度改革监测项目组2011—2019年对全国7省3500个样本农户的监测调查数据，就林地经营权流转及对农户营林履责的影响进行了统计分析和实证研究。研究认为：(1)农户参与林地经营权流转意愿始终较弱的原因主要是：①担心林地流转以后流入方的生产经营活动会导致林地面貌改变，进而会引发林权纠纷；②怕林地流转以后想收回来困难，甚至收不回来；③担心林地流转时间太长会导致林地承包经营权丢失；④怕投资者经营不善导致除转让费收不回来外还给自己留下林地烂摊子。(2)当前林地流转存在的现实问题主要包括：①农户林地流出收入用于农户家庭的生产经营性投资所占份额很少，用于回馈林业生产投资的份额就更加微不足道；②少数林地流入农户对林地流入的目的不明确，林地流入后不能及时跟进营林履责；③由于农户对林地普遍存在“在位控制权”意识，对政府主导的以促进“三变”为目标的林地入股流转方式普遍不予认可，进而导致产业资本在参与林地流转方面很难有突破性发展；④据农户调查数据分析，林地流转后难以避免地会出现一些森林资源保护方面的问题，主要包括改变林地用途、林地流转后不营林、林权抵押后不履责、林木违规采伐等。

第四部分，农户林地承包经营履责行为规律的理论探讨。依据农户经济行为理论、林业生产函数理论对农户林地承包经营履责的行为规律进行了深入分析，同时运用SCP(结构-行为-绩效)分析范式，通过构建林业生产制度函数对农户林地承包经营履责行为规律的政策影响进行了分析讨论。分析认为：(1)当前我国集体林区农户既具有小农“经济人”的理性，又具有“风险厌恶”偏好，这就决定了农户必定要在其家庭生产要素资源的配置过程中寻求利益最大化的“劳动—消费均衡”的投资方向，而这个投资方向就会对林地承包经营履责产生诸多不利影响。(2)除“三权分置”改革政策外，其他现有林业改革政策各自在对林业改革与发展产生积极推动作用的同时，由于政策措施执行偏差的存在也给农户林地承包经营履责带来了或多或少这样或那样的不良影响。因此，要提高政策的执行效果，就必须对政策的执行措施进行必要的优化和创新。

第五部分，农户林地承包经营履责面临的现实问题及制度治理。运用经济学理论对农户林地承包营林生产过程的复杂性、营林生产过程中的外部性效应、农户家庭“小农”林业生产经营方式的相关问题进行了深入分析。分析认为：(1)农户家庭林地承包经营所存在的“营林生产收益的不确定性、生产要素资源配置的不确定性和森林资源产权变动的不确定性”都会给农户家庭的林地承包经营履责带来不确定性风险。(2)在市场经济条件下，营林生产外部经济性的合理校正措施应该是对营林生产经营主体提供等于社会边际收益的经济补偿，并同时对森林生态服务受益者征税。只有这样，农户林地承包经营履责的自觉性才能得到加强。(3)由于当前政府提供的公益林生态补偿“量少面窄”，生态补偿政策对农户的营林生产的激励效应极为有限。(4)当前以农户家庭为单位的林业生产面临着“生产规模小、市场交易成本高、经营能力弱”等三重困难，这三重困难都会严重影响到农户家庭的林地承包经营履责的主观意愿，并对现实的营林履责产生消极影响。

第六部分，农户林地承包经营履责治理机制的创新研究。在理论分析的基础上，探讨了农户林地承包经营履责治理机制的创新与模式设计的相关问题。分析认为：(1)“三权分置”下林地承包经营履责治理机制的创新，就是要构建一套包括法律、政策和生产组织形式在内的制度体系安排，以使林业生产者的个体目标与社会目标能够达成一致，从而在提高林地承包经营履责水平基础上促进林业发展。(2)“三权分置”下林地承包经营能否做到有效履责，关键取决于能否构建起科学的“激励—约束”机制与经营权“竞争—外部接管”机制。这需要创设一套有利于农户林地承包经营履责治理的制度体系，包括：①建立起以利益驱动为核心动力的林地承包经营履责激励机制；②建立起以国家法律约束和合同约束为手段的林地承包经营履责约束机制；③建立起多元林业主体友好合作为纽带的高效林业社会化服务机制；④建立起以强化林地承包经营履责为目标的经营权“竞争—外部接管”机制。

第七部分，农户林地承包经营履责的综合治理对策。在农户林地承包经营履责治理机制创新设计的基础上，从法律法规、林业政策和生产组织形式等多层面提出了农户林地承包经营履责的综合治理对策，包括：(1)在构建以经济利益为核心驱动力的林地承包经营履责激励机制方面，提出了“引导和鼓励林地农户积极流转林地经营权或自愿有偿退出林地承包权、完善和优化林业财政金融支持制度体系、创新森林生态效益补偿制度、创新利益链接机制推动林业合作组织发展、大力发展林业新型经营主体推动实现林业资源‘三变’转化”等五个方面的制度建设与创新方案；(2)在构建以“法律约束+合同约束”为手段的林地承包经营履责约束机制方面，提出了“完善承包经营合同管理制度、强化林地经营权流转制度约束、完善采伐限额管理制度、改进和完善政策性森林保险制度”等四方面的制度建设与创新方案；(3)以构建多元林业主体友好合作为纽带的高效林业社会化服务机制为目标，提出了建立“以乡镇林业站为核心、以村级集体组织为骨干、以市场经营主体为支撑、以信息化服务为引领”的林业社会化服务体系，进而在多元林业主体之间建立起“平等、合作、共赢”的社会化服务平台，促进多元林业经营主体之间的相互支持和友好合作，把对林业生产经营者的服务与监督管理融为一体；(4)以构建林地经营权“竞争—外部接管”的约束管理机制为目标，提出了“明确界定好‘三权’权能的法律边界、完善和充实集体所有权权能内容、在坚持‘大稳定’基础上赋予集体组织‘小调整’权力、赋予林地经营权‘物权’功能”等四方面的制度创新措施。

本专著成果的创新之处主要反映在：

(1)目前，在中国知网上几乎搜索不到“农户土地(耕地或林地)承包经营履责研究”方面的文献资料。因此，本著应该是国内学术界率先开展对于农村集体土地承包经营履责问题研究的专题著作，对于本领域研究所能起到的抛砖引玉作用是其所作出的突出贡献。

(2)本著综合运用多项理论(制度理论、农户行为理论、生产函数理论、外部性理论等)系统地分析了农户林地承包经营履责行为问题，研究创新了一套“激励—约束”相容的农户林地承包经营履责治理机制路径模式，并从四个方面提出了农户林地承包经营履责综合治理对策的具体制度创新措施。

(3)对于林业生态效益补偿措施的研究文献很多，本著着重提出了两个完善森林生态效益补偿制度的措施——建立“生态营林补偿基金制度”与“生态效用产权购买、合同管理”的产权交易制度，这是本著所提出的独立思考。这一制度措施的设计思路，主要是针对解决国家对于农户生态效益补偿标准长期偏低、严重影响农户林地承包经营履责积极性方面的问题来规划设计的。要调动社会多元主体投资生态林业建设，就必须保障林业生产经营主体在生态林业建设中的利益，有了利益保障，才能调动社会主体投资林业建设的积极性，才能提高集体林地承包经营履责的自觉性。

目　录

第1章 导论

1.1 农户林地承包经营履责行为研究概述

1.1.1 农户林业生产行为研究

农户林地承包经营履责行为，本质上属于农户林业生产行为研究的范畴，而农户林业生产行为研究又属于农户经济行为研究领域。因此，文献研究要从农户经济行为研究开始。

国外对于农户经济行为研究始于20世纪30年代，70年代后形成了几种经典理论：以A. 恰亚诺夫为代表的“劳动—消费均衡”学派、以西奥多·舒尔茨为代表的理性小农学派、斯科特的风险厌恶理论、贝克尔的新家庭经济理论、以黄宗智(美籍华人)代表的过密化小农理论与张五常(香港)的佃农理论等(胡豹，2004；高明等，2013)。

国内对于农户经济行为的研究始于20世纪80年代改革开放后，主要是运用上述西方农户行为理论来分析中国农户行为。具体可归纳为以下三个方面。

(1)农户经济行为的基本假设研究。韩耀(1995)研究认为，农户的经济行为具有理性与非理性、经济目标与非经济目标、自给性生产与商品性生产并存等特征。林毅夫(1998)以农村良种扩散为例，分析说明农户的行为一般都是理性的，不理性的行为恰恰是在外部条件约束下的理性反映。严瑞珍和孔祥智等(1997)研究认为，农民行为是理性与非理性并存的，在中国经济社会转型过程中，如果简单地把农民行为设定为“理性”那是不符合客观实际的。史清华(1999)通过对山西农村固定观察点数据资料的实证研究后认为，农户经营行为符合资源利用比较效率优先配置原则，农户经济行为往往是在外部环境约束条件下的理性选择。

(2)农户行为目标研究。大多数学者研究认为，农户生产经营目标具有多元性。卢迈和戴小京(1987)分析认为，在现实的生产活动中农户的决策目标具有追求收入增长和收入稳定的双重性。刘克春(2006)通过对农户农地流转行为的实证研究后认为，农户的农地流转行为是在多目标支配下进行的。但是，也有学者认为，农户的生产经营行为目标只是追求利润的最大化(宋洪远，1994；苍靖，

2003)。韩喜平(2001)在比较分析后认为，农户的经济活动一般基于多种动因，追求家庭利益最大化只是其中之一。

(3)农户生产行为影响因素研究。林海(2003)通过对农户林业生产行为的研究，把农户林业生产行为的影响因素归纳为直接因素(如资金、技术、利益等)和间接因素(如信息、政策、竞争及环境等)两个方面。池泽新(2003)和洪自同(2012)则把影响农户生产行为的因素归纳为内部因素和外部因素两个方面，内部因素主要包括家庭劳动力、资金、社会关系、心理素质等，外部因素则包括国家政策、社会经济条件和市场环境等。随着研究的不断深入，学者们就把影响因素范围不断扩大，研究的因素越来越多，具体可归类为以下三类：一是农户家庭与生产要素特征，如户主性别与年龄、土地质量与产权类型、家庭劳动力数量与质量、家庭收入水平及收入来源等；二是制度环境，包括生产性奖励补贴政策、惩罚措施等；三是非制度环境，包括乡俗民约等(徐薇，1998；张怡，2015；孔凡斌等，2009；石志恒等，2020)。

1.1.1.1 农户林业生产阶段性行为研究

农户林业生产行为，主要包括造林、森林管护(含抚育)和林木采伐等一系列生产行为(沈国舫，2001)。其中，造林和森林管护属于林业生产的投资行为，林木采伐则属于林业生产的收获行为。由此可见，农户家庭的林业生产行为可以分阶段进行分析。

(1)造林。造林就是指营造森林，它是在林地上采用植苗、扦插或播种等方式营造或更新森林的生产活动(沈国舫，2001)。随着集体林权制度“确权到户”改革落实到位，农户就逐渐成为集体林区占绝对优势的林业生产经营主体，农户家庭的造林活动也就成为我国集体林区森林资源数量与品质最为关键的影响因素(王洪玉和翟印礼，2009)。学者们主要从农户造林意愿、造林面积、造林资金与劳动力投入等方面开展对农户造林行为的测度研究(何文剑等，2014；吴伟光等，2017；左孝凡等，2018；杨仙艳，2019)。国内文献认为，农户家庭资源特征、造林技术水平、市场和制度因素、造林补贴等对农户造林行为具有重要影响(Zhang D. & E. Aboagye Owiredu，2007；徐晋涛等，2008；Zhou Y. & Chand S. 2013；Xie Y. & Gong P. 2014；刘璨等，2015)。杨萍等(2013)基于对江西省6个典型村庄的调查资料，从制度层面分析研究了农户造林意愿及行为的影响因素，提出影响农户造林行为最为关键的因素就是林地确权是否到位。杨超等(2015)基于Heckman模型和Tobit模型的对比分析发现参与林权流转、加入林业合作组织等都会对农户造林行为及造林规模产生显著影响。学者研究后认为，农户家庭劳动者总量、家庭人均收入、林地自然条件禀赋、户主风险偏好等均与林农的造林行为存在显著相关(李娅等，2007；贺东航和田云辉，2010)。

(2)森林管护。森林管护是指对森林资源开展病虫害防治、防火防盗、保护生物多样性以及抚育工作等。国外学者大多将森林管护当作营林生产的一个阶段性环节对其影响因素进行投资效益分析(Newman D. & D. Wear，1998；张道卫等，2013)。国内因为林业分类管理政策的影响，使学者对于商品林和公益林的研究焦点差异很大。在商品林管护研究方面，学者们着重研究了农户管护行为的影响因素以及管护绩效，发现林地资源条件、林改政策的认知与评价对农户管护行为具有显著影响(洪燕真，2011；冯娜娜、沈月琴等，2014)。在公益林管护研究方面，学者们主要研究了生态补偿政策、政府管制措施对农户森林管护投资意愿的影响(曹兰芳、曾玉林，2020；张伟雄，2021)；研究认为，偏低的生态补偿政策和更加严格的采伐管理限制，使得公益林农户森林管护意愿较弱(翁文源和唐斌彬等，2015；曹兰芳和曾玉林等，2020)。为此，不少学者提出政府应创新激励政策措施来激发农户对公益林管护的积极性(杨莉菲等，2013；翁文源等，2015；李玢瑶和张鑫，2020；李月圭和王力等，2021；朱文清和张莉琴，2022)。

(3)林木采伐。林木采伐是指在一定面积的林地上，对生长成熟的人工林或天然林，依法进行采伐更新的行为。林木采伐是林农收入的主要来源。国外研究认为，农户年龄、教育水平、家庭收入、林地条件、市场和制度因素对农户采伐行为具有显著影响(Feder G.，1991；Macours K.，2004；Jin S.，2009)。在国内，学者们采用多个省份数据实证分析了影响农户木材采伐行为的主要因素后认为，木材价格、贴现率、林地面积、采伐限额管理制度、产权制度等都对农户采伐行为具有重要影响(张英和宋维明，2012；曹兰芳和王立群等，2016；何文剑和张红霄，2016；孟记住等，2016)。与此同时，不少学者认为采伐限额管理制度对农户采伐行为的影响最为关键(王清军，2010；梅雨晴等，2017；王见等，2021)。

1.1.1.2 农户林业生产投资行为研究

林业生产投资行为是指林农家庭将林业生产资金、劳动力等生产要素投入林业生产过程之中的具体行为。投资是林业生产经营的基本前提，也是林业发展的根本保障。

国外文献研究认为，国家层面的林业政策与制度、市场层面的林产品供给状况、农户家庭层面的收入结构及林地的自然资源条件等是影响农户林业生产投资决策与投资行为的主要因素(Zhang D.，1996；Yi Y.，2011；Xie Y, Gong P.，2014)。国内文献对于农户的林业生产投资行为的研究则通常基于计划行为理论(王刚等，2013)和结构方程模型(温映雪和刘伟平，2023)来分析。研究认为，户主特征、产权制度、家庭因素及市场环境、政策落实情况与农户对改革的主观评价、林地产权类型、产权安全性感知等对农户营林生产投资具有显著影响(张红霄等, 2007; 孔凡斌, 2008; 王刚和宋维明, 2013; 刘璨等, 2015; 林伊宸等, 2018)。还有一些文献从产权角度出发, 具体分析林地产权类型和产权保障对农户林业生产投资行为的影响方向和影响程度(贺东航和田云辉, 2010; 李桦等, 2014), 而且普遍认为林改后的一段时期内产权制度变革的激励效应推动了农户营林生产投资的显著扩大, 林业发展绩效明显(张红霄和张敏新, 2005; 孔祥智, 2008; 刘伟平和陈钦, 2009; 贺东航和田云辉, 2010; 柯水发和李周, 2011; 高岚和张自强, 2014; 温雪和陈耿宣, 2015)。

1.1.1.3 农户林地流转行为研究

国外对于农户林地流转行为研究较早, 主要从林地产权制度、林地资源禀赋等方面进行研究(Alchian & Demsetz, 1972)。研究认为, 产权是影响农户林地流转行为的关键因素, 同时林地的自然资源条件也会对农户家庭的林地流转行为产生重要影响(Jacoby H. G., 2002; Feng S., 2010; Kimura S., 2011; Xu X., 2013; Komarek A. M., 2014; Lang H., 2014)。由于制度的不同, 国内对于农户的林地流转行为研究主要始于21世纪"确权到户"的集体林权制度改革以后(刘小进等, 2022)。研究文献普遍认为, 农户家庭层面的收入来源、林业收入占比、人均林地面积、户主特征, 环境层面的市场化程度、农户社会资本亲友数量、对林业信息了解程度、流转是否容易、干群关系、林地自然资源层面林地土壤条件和离家远近等都对农户的林地流转行为具有显著影响(冉陆荣等, 2011; 徐秀英等, 2018; 卢秋佳和魏远竹等, 2018; 于赟等, 2020; 李立朋等, 2022; 翟雨佳和于赟, 2022)。还有学者实证分析认为, 转入户的林地经营利润水平、转出户的非林就业收入占比及流转交易成本是影响农户林地流转行为的三个关键因素(柯水发等, 2011; 王雨格, 2018)。

1.1.1.4 农户林地经营方式选择研究

国外对于农户的林地经营方式研究范围较广, 文献从农户理性、租佃制度、信息分享、合作博弈等方面展开研究(Feder G., 1988; Lemel H., 1988; Zhang D., 1996; Machado, 2002; Gine X., 2005; Zhang D., 2011; Zhang Daowei, 2015)。国内对于林地经营方式的选择研究始于林地确权到户以后, 主要研究了林地细碎化所带来的生产成本上升和效率下降等问题。一些文献通过对集体林权制度改革的演化路径、发展模式与效率水平的对比分析, 认为生产效益水平从高到低的集体林地经营形式分别为大户经营、联户管理经营、家庭经营; 因此, 一些学者主张应大力推动由农户家庭经营向大户经营和联户管理经营发展(Li Gr, 2000; 李怡, 2013; 刘林和吴大瑜, 2020; 马橙和高建中, 2020)。一些学者通过实证研究发现, 农户对林地合作经营方式的主导倾向分别为加入合作组织、联户合作、企业+农户或其他模式(张浩和张红霄，2015；翁潮和董加云，2019)。还有一些文献通过对不同特征农户的生产经营方式分析后认为，单户经营有利于农户的自主决策和精细化管理，联户经营则有利于彼此约束并使得规模经济效益得到体现(陈章纯和柯水发，2017；李寒滇和余文梦，2018；王雨格和孟全省，2021)。此外，还有文献研究表明，已经产生规模收益递增的农户倾向于林地集中的规模化生产，没有产生规模经济收益的农户则更趋向家庭独立生产经营(刘林和吴大瑜，2020)；劳动努力程度高的农户往往倾向于家庭自主经营(王静和高建中，2021)。

1.1.1.5 农户林业生产行为研究述评

综上所述，现有文献从多维度研究了农户林业生产经营行为，成果丰硕，为客观揭示农户林业生产经营行为规律作出了重要贡献，尤其是国内研究成果为本著提供了重要文献基础。然而，当前对于农户林业生产行为的研究鲜有涉及“三权分置”改革下林地承包经营的责任约束，尤其缺乏对农户承包经营履责行为的研究。我国集体林权制度改革的核心是“确权到户”，其改革目标就是要把林业生产的责、权、利都明确到户，以此调动农户林业生产积极性，推动林业发展。事实上，林区客观存在的不同林地资源类型、不同家庭经济社会条件和分化程度、深化改革的政策措施都会对农户的履责行为产生影响，从而导致不同特征农户的履责行为出现差异——履责、部分履责与不履责(失责)(贾玉杰，2022)。尤其在“三权分置”改革推动林地经营权流转的新形势下，农户林地承包经营履责行为取向将更为复杂，如何有效治理农户林地承包经营履责行为问题就成为改革新形势下亟待研究的重要问题。

1.1.2 集体林权制度改革相关研究

集体林地“三权分置”改革是集体林权制度改革的深化与继续，因此，要研究集体林地的“三权分置”改革，必须要从研究21世纪初的集体林权制度改革开始。

国外学者对于我国的集体林权“确权到户”改革的相关研究，大致集中在以下三个方面：一是对集体林权“确权到户”改革政策环境的研究(Sen Wang G.，2004；Yi Y.，2011)；二是对集体林权“确权到户”改革过程中存在的政策和制度缺陷研究(Runsheng Yin，Shunbo Yao，Xuexi Huo，2013)；三是对集体林权“确权到户”改革后衍生出的各种股份合作模式的相关研究(Xie Y.，Gong P. C.，Han X.，2014)。此外，Song Yajie 等(1997)还从社区林业的视角对集体林权制度改革后的林地经营模式转变进行了相关研究。国外学者大多认为，中国乡村集体林业在生产和经营过程中所出现的问题是产权制度还不完善且较为单一所导致的结果，要想解决中国乡村林业发展问题就必须根据社会背景的差异因地制宜地对林业产权模式做出合理的调整(Yin Runsheng，1997；Peter H.，2005；Zhang Daowei，2015)。

从国内研究来看，学界对于集体林权制度改革的研究主要可分为集体林地"确权到户"改革研究、林地"三权分置"改革问题研究、其他配套改革政策研究等三个方面。

1.1.2.1 集体林地"确权到户"改革研究

21世纪以来，随着我国社会经济的变革与发展，集体林区长期存在的集体林权不明晰、林权不稳定等问题日益突出，释放集体林区林业生产活力，提升林业资源配置效率，明晰集体林区林权的需求与日俱增(张蕾等，2002)。众多文献认为，林地所有权的主体不清晰是本次集体林权制度改革的关键原因，除此之外还有林权边界界定不清晰、林权权属多变缺乏保障，产权分配的相关制度不规范，林权纠纷长期积累较多等原因(徐秀英，2005；戴广翠等，2012)。同时，也有学者认为，长期以来集体林权制度存在的制度形式单一、权利过为集中、产权主体模糊、权力职能不明确、集体组织内部的权利约束不够和无差异的共同拥有等因素，也是导致集体林权制度变革的重要原因(邱俊齐，2007；谢屹，2009，颜宇琪，2019)。张红霄(2015)研究认为，合理的林权制度安排有利于林业产出效率的提高和扩大森林资源的增长。

在对"确权到户"变革根源研究方面，学界普遍认为21世纪集体林地"确权到户"制度变迁在本质上是对林业"三定"改革的彻底化(张海鹏和徐晋涛，2009；谭世明，2009)。根据制度变迁的供求规律和集体林权制度的特殊性，学界研究认为集体林地"确权到户"制度变迁是由内在需求和外部现实动因共同诱发的(谭世明等，2008)。其中，内在需求诱因主要包括(柯水发和温亚利，2005)：第一，资源稀缺。林业资源的稀缺性与集体林区经济发展的迫切性决定了"确权到户"制度变迁的必要性。第二，经济效率的激励和利益的刺激、诱导。一方面确权到户的集体林权制度变迁解决了林地资源公平分配问题，从而激发农户对林业生产投入的积极性；另一方面明晰林权可以降低交易费用，提高林业资源配置效率，从而激发农户营林生产热情(何文剑等，2016)。第三，需求的变化。随着中国经济的发展，人们对林业的需求和偏好从以木材、非木制林产品为主向以生态需求为主转变，这也会对林业产权制度安排提出新的要求。集体林地"确权到户"制度变迁的外在现实动因主要包括：对历史、文化的理解不清和对土地问题复杂性的认知不明；森林资源管理权限和方式存在纷争；林地、林木权属关系模糊，经营自主权没有真正落实；林业投入和激励的认识纷争等(谭世明等，2010；曹兰芳，2014；周舟，2020)。

1.1.2.2 林地“三权分置”改革问题研究

国内对于集体林地“三权分置”改革研究的可参考性文献与对农地“三权分置”改革研究的相比显得太少，相关的研究主要集中在改革成因、改革影响和改革效果等三个方面。

(1)集体林地“三权分置”改革成因研究方面。文献研究认为，集体林区林业生产力远远低于同期国有林区林业生产力水平的主要原因在于：以家庭承包经营为主体的集体林经营形式导致了林地细碎化，经营单位原子化，这样就损失了集体林地经营效率(刘璨，2020)。研究统计显示，南方集体林区农户户均的林地经营面积约为1.8公顷(朱文清和张莉琴，2019)。由于全国各地户均林地面积差异较大，有学者认为农户家庭林地经营面积大于0.8公顷就可以看作是大规模经营农户(孔凡斌等，2020)。政府实施集体林地“三权分置”改革，在分离集体林地所有权与承包经营权的基础上，将林地承包经营权进一步分离为承包权和经营权。

(2)集体林地“三权分置”改革影响研究方面。当前，学界对于集体林地“三权分置”改革的影响研究主要集中在促进流转、明晰产权和提高林业产出效率等方面。有学者认为“三权分置”改革实施之前，林农林地流转的积极性不高；改革政策实施后，在很大程度上促进了集体林区的林地流转和规模化经营(辛瑞等，2020)。有文献认为，由于林业的生产周期长，如果没有合理的产权界定和合同约束，流转过程中会导致林地经营者的收益权很难得到保障(Holden S.T.，2013；贺超等，2022)。在当前的三权分置背景下，有学者研究认为，林地经营权的流转有助于提高林业的规模效益(蒋瞻等，2018)。现代林业只有走规模化、产业化道路，才能获得可持续发展的动力(Mitchell A.，1997)。“三权分置”改革后所构成的集体林权结构成为可以分割的产权束，可以将其视为对集体林产权空间的扩展(Kastner T.，2011)。总之，学界普遍认同“三权分置”改革会促进林地的流转，推动林地的规模化经营，并提升林业的规模效益(蒋瞻等，2018；辛瑞等，2020；贺超等，2022)。

(3)集体林地“三权分置”改革效果研究方面。当前，学界涉及集体林“三权分置”改革效果的研究多是以成功案例分析的形式(李茵萍，2017)。文献认为，集体林地“三权分置”改革，通过构建新的林权结构会使得林地产权界定更加的清晰(张红霄，2015)，清晰的产权界定是激励农户进行林业投入的关键因素(Qin P.，2013)；中国特有的集体林产权制度和林业资源产权的特殊性，注定在集体林地产权交易过程中会产生较高的交易成本，如果要较低交易成本就必须从源头上给予集体林地以清晰的产权界定(温映雪等，2022)。还有学者通过实证研究发现，清晰的产权可以降低产权交易时的交易成本和融资成本(王茹月，

2016)，使林地经营者的营林意愿增强(余柏英，2013；张红宇，2014)。但也有学者研究认为，“三权分置”改革虽然能够在一定程度上改进林业生产关系，促进林业发展和林农增收，但背后也会出现一系列风险，包括林地流转后履责不力和改变林地用途等问题(曾玉林，2016)。

1.1.2.3 林地“三权分置”改革相适应的配套政策措施研究

当前，学界对于林地“三权分置”改革相适应的配套政策措施研究，主要包括鼓励林地流转、改革林木采伐管理制度、积极构建林业社会化服务体系等。

(1)促进林地流转的政策措施研究。林地流转是林农通过林地交换、租赁、拍卖、股份合作等途径把闲置或利用率低的林地转让给其他农户以实现林地资源的最佳利用(曹兰芳，2014)。自 2012 年以来，鼓励林地流转的政策一直都被写入“中央一号文件”之中(于艳丽等，2017)。祝海波和尹少华(2006)分析认为，在市场经济的大环境下，对林业生产要素资源的优化配置已经成为有效解决林业生产比较利益长期偏低问题的根本出路。徐秀英和沈月琴等学者(2000)认为，林地流转能够减少生产资料的浪费，破解林地细碎化问题，提高林业生产的规模化经营效率。陈秉谱等(2018)基于甘肃省 6 县 30 乡调查数据研究后发现，制约农户林地流转的因素主要有青壮年劳动力的大量转移、林地细碎化程度较高、林业补贴的不确定性和流转信息获取不易等。林地承包权保障了林地资源的配置效率，通过鼓励农户流转林地经营权提升林地利用效率，在维护和保障农户森林资源权益的同时，剥离林地的社保功能，实现林地适度规模经营目标，以克服家庭承包经营规模不经济问题(陈杰和李桂芹，2011)。同时，在乡村振兴过程中，有学者研究认为，通过林地流转可以优化资源配置，增加家庭收入，进而发挥减贫作用(左孝凡等，2018；钱腾等，2017)。但也有学者实证研究后认为，当前林地流转由于利益导向不明显，并不一定具有明显的减贫效应(蒋宏飞和姜雪梅，2012)，甚至还有可能会加剧集体林区的相对贫困(张自强和周伟，2020)。

(2)改革林木采伐管理制度研究。集体林权制度改革以后，政府为保障和突出生态优先的林业功能，仍然通过林木采伐管制政策等措施行政干预农户家庭的林业生产经营决策。学界认为，政府应适度减少行政干预，主要通过经济政策手段引导农户林业生产经营，才能真正赋权于农，提高集体林权制度改革的配置效率(李周，2008)。特别是对以发挥经济效益为主的商品林，在保障采伐量小于生长量前提下，要尽可能满足社会对木材和林产品需求，进而满足农户经济效益最大化(李周，2008)。田明华等(2003)提出商品林应该完全取消采伐限额管制，否则应当给予商品林生产者相应的补偿。Ellis(2008)对自然保护区内森林禁限伐政策进行案例对比研究后发现，较之于非保护区，保护区的森林退化程度甚至更为严重，即禁限伐政策很难起到保护森林资源的作用。何文剑等(2016)在制度变迁分析的基础上，提出一味地提高森林采伐管制力度反而会进一步激励森林经营者的超采行为。

(3)构建林业社会化服务体系研究。在集体林权制度改革以后，林业社会化服务正在成为提高林业产业整体效率、保证林业长期稳定发展的重要机制之一(曾玉林等，2016)。尤其在集体林权制度改革之后，社会各界更加密切关注林业的可持续经营，新型林业社会化服务已经成为一个重要的研究领域(郑傲等，2019)。有文献研究认为，林农家庭自身的异质性将会导致农户在林改过程中获益的不公平，政府有责任为基层弱势群体由于行动能力差异带来的获益差别化提供服务(骆耀峰等，2013)。林改之后，林业经营主体多元化、经营模式多样化，已经给我国林业发展提供了崭新动力，林农对于林业社会化服务的需求正在迅速增长(宋璇等，2017)。众多文献表明，当前我国的林业社会化服务供给模式还是以政府供给为主，供给内容很难满足林农的多元化需求(郑苗苗等，2013；郑傲等，2019)。为了更好地实现中央提出的“市场有效、政府有为”的林业社会化服务体系构建，需要大力推进建立“政府+市场+社会组织”三位一体的服务供给体系，充分发挥各类主体的优势，实现林业社会化服务的高效率和高质量(蔡志坚等，2008；曾玉林等，2016；宋璇等，2017)。林农对于现有的社会化服务供给满意度较低，政府需要在创新建立林业社会化服务制度建设中发挥更加有效的引领作用：一是要以林农为核心，以需求为导向，丰富公益性林业服务的内容，并根据林农对不同服务的需求程度逐渐拓展和完善林业社会化服务体系；二是要改变现有的直接投资模式，政府要转变角色，推动构建公共服务的市场模式(曾玉林等，2016；宋璇等，2017；郑傲等，2019；黄华金等，2021)。

1.1.2.4 集体林权制度改革研究评述

“确权到户”的集体林权制度改革，使得农户家庭成为我国广大集体林区占绝对优势的林业生产经营主体。现有文献从对集体林权制度改革的分阶段目标的解析、主体改革及配套改革政策对农户林业生产行为的影响等方面进行了广泛而深入的研究，并取得了丰硕成果。现有文献为本著提供了重要的理论参考和方法借鉴。但是，现有文献的研究也存在一些不足。

21世纪以来，我国的集体林权制度改革的最终政策目标是要把林业生产的责、权、利都明确到户，以此来调动农户林业生产的积极性、推动林业产业发展和乡村振兴。然而，现有研究文献大多是从农户的权利和利益角度来诠释集体林权制度改革的政策取向，来分析和研究集体林权制度改革的政策绩效和成果，而鲜有文献从国家推行集体林权制度改革的整体政策目标来分析和解读在集体林权制度改革过程中农户家庭林地承包经营的责任和义务——即履责情况。这样来片面解读集体林权制度改革的政策取向，显然有悖于国家推行集体林权制度改革的制度设计与选择初衷，这样来分析和评价集体林权制度改革的成果和绩效，在理论上也就大大削弱了其研究结论与成果推广应用的价值。

我国集体林权制度改革应是新时期根据我国集体林业发展战略目标的功能转变所作出的一项制度变迁。在这项制度变迁过程中，强调林业的生态功能与经济功能并举、经济功能应服从于生态功能，这也应该是与21世纪以来我国推行的乡村振兴战略目标高度吻合的。因此，集体林权制度改革以后，农户营林生产“履责与不履责”就成为剖析“制度改革—成本绩效”的关键因素。把握农户林地承包营林履责与部分履责及不履责的行为规律及其影响因素，是完善和调整林业改革政策措施的关键。通过完善和调整相关政策措施来激发集体林区各类农户营林履责的积极性、制约其不履责或违责的行为发生，才能从根本上提高集体林业发展的驱动力，在保障国家生态安全、建设生态文明的前提下提高农户家庭收入水平和改善农户家庭生活条件，实现乡村振兴。

1.2 基础理论

1.2.1 制度理论

农户林地承包经营履责治理问题，实质上就是一个制度体系的构建问题。因此，制度理论是本著研究最重要的基础理论。

1.2.1.1 制度的概念与特征

诺斯(1990)认为：“制度是一个社会的游戏规则，或更正式地说是人为设置的形成人与人之间相互交易的约束规则。” T. W. 舒尔茨则把制度界定为“管束人们行为的系列规则，这些规则可以涉及社会、政治及经济行为”。对于集体林地的承包经营，也需要有与其相适应的游戏规则，这就构成了现实中的林地承包经营履责制度。

与制度相联系的概念有制度环境、制度安排和制度结构(林红玲，2002)。

“制度环境”是指用来建立社会生产、交换与分配基础的一系列政治的、社会的和法律的基本规则；制度环境是一个国家的基本制度规定，它决定并影响制度安排。

“制度安排”是指支配经济主体之间合作或竞争的一种规则安排。“制度安排”可以是正式的，也可能是非正式的。制度安排具有“嵌入性”，它可以存在于特定的制度结构中与其他的制度安排相互作用、共同实现其功能价值。制度变迁通常就是指这种制度安排的变迁。譬如“确权到户”的集体林权制度改革就是对集体林业产权制度安排的变迁。

“制度结构”是一个社会各种具体制度的总和。一定社会的制度结构其作用的有效发挥有赖于制度结构整体性的完好。制度结构的整体性和制度安排的“嵌入性”，意味着社会制度变迁只能以制度结构的整体变迁形式实现从特定制度安排及制度结构的不均衡状态到均衡状态。

制度结构或者说制度体系具有层次性和相关性两方面特征(张旭昆，2002)。

(1)制度的层次性。制度的层次性是指一个社会现行的各项制度从整体上看构成一个层级系统，其中，有一些是最基本的制度，其他的制度则由它们衍生而来，可称为衍生制度，即制度可分为“基本制度”和“衍生制度”。基本制度是一个社会占统治地位的社会关系的本质规定和社会成员利益实现的基本形式和格局的规定；衍生制度往往是对基本制度内涵的具体规定和具体实施措施。

(2)制度的相关性。制度的相关性是指对各项具体制度首先按衍生关系进行分类，把具有衍生关系的制度归为一个制度子系统，则各个制度之间可能存在耦合、互斥或独立的三种关系。制度之间的这种相关性，意味着对某种制度的需求往往会引申出与之相耦合的制度子系统的需求，同时又产生对那些与之互斥的制度的排斥。

1.2.1.2 制度构成的基本要素

新制度经济学认为，制度提供的一系列规则由社会认可的非正式约束、国家规定的正式约束和实施机制所组成。这就是制度构成的基本要素(卢现祥，2003)。

(1)正式约束。正式约束是指由国家政府部门制订出来的一系列政策法规，包括政治制度、经济制度和其他社会制度，以及由这一系列制度所组合而成的制度(等级)结构。

(2)非正式约束。非正式约束是指人们在长期的社会交往过程中形成的一种人与人之间行为规则的稳定预期。这种预期并不是基于正式约束，而是来自社会的共同认知。譬如，人们的思想信仰和意识形态、社会的道德规范和习俗等都属于这种非正式约束的范畴。

(3)实施机制。判断一个制度是否有效，除了看制度的正式约束与非正式约束是否完善以外，更主要的是要看这个制度的实施机制是否健全。离开了实施机制，制度就形同虚设。“有法不依”要比“无法可依”更糟。确立实施机制的必要性在于：一是交易的复杂性。交易越复杂，确立实施机制就越有必要。二是人的有限理性与机会主义行为动机。三是交易双方存在的信息不对称。信息不对称，就容易导致履约的偏离。实施机制所具有的强制性的存在就是保障契约能够得以实施的基本前提。强有力的实施机制会将违约成本设置极高，从而使任何违约行为都变得得不偿失。经济学认为，当发生违约行为(包括违法行为)的预期收益超过实施履约活动所能带来的收益时，人们就会“铤而走险”破坏制度，这时就需要确立制度的实施机制。

1.2.1.3 制度的主要功能

如图1-1所示，一般说来，制度具有以下几方面的主要功能（徐秀英，2005）。

（1）降低交易成本。制定制度的目的就是为了降低交易费用。有效的制度，能做到降低交易中的不确定性，抑制人们的机会主义行为倾向，引导交易主体获得使之具有正确行为决策模式的信息，从而降低交易成本。

（2）为经济提供服务。西奥多·舒尔茨认为，制度的基本功能就是为经济提供服务。在舒尔茨看来，虽然每种制度都有其特定功能，但为经济服务的功能都是最基本的。

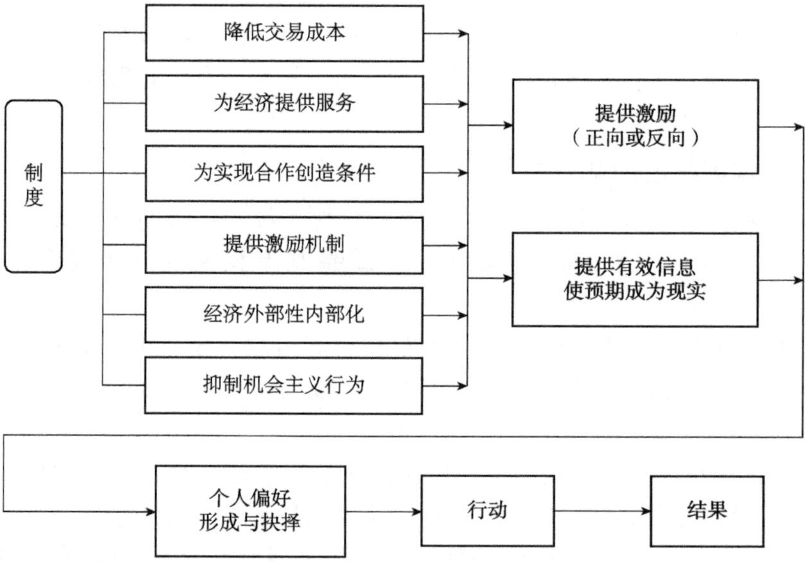

图1-1 制度的功能作用及对私人行为的影响①

（3）为实现合作创造条件。传统经济学过度强调了交易当事人之间的竞争而忽略了他们之间实际上存在的合作。竞争与合作是一个矛盾的对立统一体，如果说竞争能够带来活力与效率的话，那么，合作则能够带来和谐与效率。实际上，制度就是人们在社会活动中经过博弈而达成的一种合作行为的契约状态。制度为

① 此图参照卢现祥《西方新制度经济学》（2003）“制度功能及其对私人行为的影响”的图示，稍有修改。

人们的社会经济合作创造了条件。

(4)提供激励机制。创造激励机制是制度的一个不可忽视的重要功能。譬如，营林生产财政补贴制度就对林农开展营林生产具有重大的激励作用。

(5)有助于外部性经济的内部化。外部性经济的内部化是产权制度的重要功能。科斯认为，许多经济负外部性问题的产生都源于产权的界定不清，产权制度的主要功能就在于它能够通过建立排他性的产权制度将外部性问题内在化。

(6)抑制机会主义行为。抑制机会主义行为也是制度的一个重要功能。制度可以通过设置约束惩罚措施来达到抑制机会主义行为的目标。

本著第7、8章将基于上述制度理论来系统分析研究农户林地承包经营履责治理机制的构建以及机制构建的制度创新与制度完善的对策研究。

1.2.2 农户行为理论

农户经济行为研究始于20世纪30年代，70年代后形成了几种经典理论，主要有“经济人”小农理论、“风险厌恶”理论和“劳动—消费均衡”理论等。

1.2.2.1 “经济人”小农理论

“经济人”小农理论的代表性的人物是美国学者西奥多·舒尔茨(Theodore W. Schultz)。“经济人”小农理论的基本观点是：传统社会的农民与现代资本主义社会的农场主在经济行为上没有本质的差别，都遵循经济学的“利润最大化”原则，主张用分析资本主义企业的经济学原理来解释农户的经济行为。

舒尔茨认为：“小农的经济行为，绝非像西方社会一般人心目中那样懒惰、愚昧，或没有理性。事实上，他是一个在传统农业的范畴内，有进取精神并能对资源作出最适度合理利用的人。”在舒尔茨看来，作为经济“理性”的小农，对利益的追求毫不逊色于任何资本家，他们在购买生产要素从事生产经营活动时，无不力求使生产利润达到最大值，即要以最小的生产成本获取最大的经营收益。舒尔茨在其代表性著作《改造传统农业》(1964)中提出，为了获得最大利润，小农在分配资源时总是能很精明地考虑到边际成本与边际收益的关系，“专家尽管精于农业，但很难找到小农对于生产要素的配置有什么明显的低效之处”(舒尔茨，1968)。舒尔茨的结论是：传统农业贫穷，但却是有效的；传统农业的停滞主要在于传统生产要素的长期不变。因而，改造传统农业的最有效途径就是要引进先进技术，并向小农提供可以利用的现代化生产要素。后来，塞缪尔·波普金(Samuel Popkin)进一步拓展了舒尔茨的观点，他认为农户是理性的追求家庭福利最大化者，并且试图说明农户的“理性”是一种在权衡长、短期利益之后，为追求家庭利益最大化而做出的最合理的生产抉择。

1.2.2.2 “风险厌恶”理论的基本内容

风险厌恶理论的主要代表人物是詹姆斯·C. 斯科特(James C. Scott)。

风险厌恶理论是运用“风险”和“不确定性”因素对农户经济行为进行研究的一种“决策理论”。该理论假定：农户是风险厌恶者，农户的风险厌恶阻碍了其对农业新技术的应用与传播，农户对“风险”的厌恶程度会随着收入财富的增长而下降。与“利润最大化理论”一样，“风险厌恶理论”也假定农户是利益最大化目标的追求者，区别在于，“风险厌恶理论”考虑到了“风险”与“不确定性”。因此，“风险厌恶理论”并非是一种系统的、特有的农户经济行为理论。

斯科特在研究缅甸、爪哇等东南亚国家和地区的农民行为后发现，研究区域内的小农生产的首要目标是满足家庭成员的生计需求，故安全和生计是农户追求的主要目标。斯科特认为，“生存伦理”和“安全第一”才是农民经济行为的基本准则。农民从事农业生产时，生产方式也基本上是一成不变的，总是力图选择一种相对较为安全的技术。虽然采用这种安全技术开展生产经营活动会减少收入，但由于农户大多是风险回避型的，他们不愿意接受技术改进与创新，所以对于社会的长期发展来说，这样的生产是缺乏效率的。

风险厌恶理论认为：信息的缺失、自然灾害的发生、法律制度的不规范、市场秩序的紊乱等都是生产过程中的“风险”与“不确定性”因素，农户的生产行为不仅很容易受到这些因素的约束，而且当发生社会制度改革或自然条件改变时，也很难避免这些“不确定性”因素的影响。

风险厌恶理论由于把“风险”和“不确定性”因素纳入了农户生产行为的分析之中，因此比传统经济学的“效用最大化理论”对农户的经济行为更具解释力。然而，其风险关注的焦点由于仅局限于市场风险，而忽视了社会结构性因素和社会保障缺失造成的非市场风险因素，因此对农户经济行为的分析存在缺陷。

1.2.2.3 “劳动—消费均衡”理论

“劳动—消费均衡”理论，其先驱是苏联著名经济学家 A. 恰亚诺夫。恰亚诺夫通过对小农家庭经济与资本主义经济的比较，阐明了小农经济的特征与资本主义经济学的不适用性。恰亚诺夫最主要的两个理论是生命周期论和边际效用论。

(1)生命周期论

恰亚诺夫认为，农户的家庭经济活动量会受到家庭人口结构、规模和生命周期变化的影响。其中，家庭人口结构是最为关键的因素，它“首先决定了家庭经济活动规模的上限与下限①”。而随着家庭世代轮替的变化，家庭人口结构中的劳动者数量(p)与消费者数量(e)的变化，家庭内部就会面临不一样的经济生活

① A. 恰亚诺夫. 农民经济组织[M]. 萧正洪，译. 北京：中央编译出版社，1996：20.

压力，进而会影响家庭在劳动力投入决策上的差异。当劳动者数量(p)等于消费者数量(e)时，农户家庭的生活压力最小，自我剥削程度最低。基于这一分析，恰亚诺夫对农户家庭经济行为选择的第一个判断是：对经济活动的劳动量投入主要取决于消费者的数量而非劳动者的数量。由此可以看出，恰亚诺夫对农民家庭经济行为分析的结论是消费决定论而非生产决定论(袁明宝，2015)。

恰亚诺夫同时认为，劳动力的付出与开发程度本身会受到来自体力劳动对辛苦和乏味的感知程度的影响，这就决定了农户家庭的劳动量不可能无限地付出①。于是，恰亚诺夫对农户家庭经济行为选择的第二个判断是：农户家庭成员劳动体能的耗费会受到劳动本身辛苦强度的制约。也就是说，“农民劳动付出的程度需要依据对需求的满足程度和劳动的艰苦程度之间的某种平衡关系来确定②”。基于以上判断，恰亚诺夫开展了对边际劳动消耗的辛苦程度与劳动所能获得满足的边际效用的主观评价之间的均衡点的分析。

(2)边际效用论

恰亚诺夫分析农民家庭经济行为是通过“劳动—消费均衡”曲线图来进行阐释的(图 1-2)。图中，横坐标代表农民家庭经济的总收入，纵坐标代表农民对所付出的劳动辛苦的感知程度与所获得收入对家庭需求的满足程度。曲线 AB 表示为获得相应的家庭收入所付出的劳动辛苦程度；曲线 CD 表示获得相应收入对家庭需求的满足程度或者说边际效用水平。对于曲线 CD，恰亚诺夫分析说：获取第 1 个或第 2 个单位收入时所付出的辛苦可能是微不足道的，对于获取的第 3 个或第 4 个单位收入的效用评价会非常高，因为其家庭获此收入将能够应付其一段时期的最基本需求。但随着所获收入的增多，劳动者就会发现每多挣一个单位的收入就会要付出成倍的劳动辛苦程度。

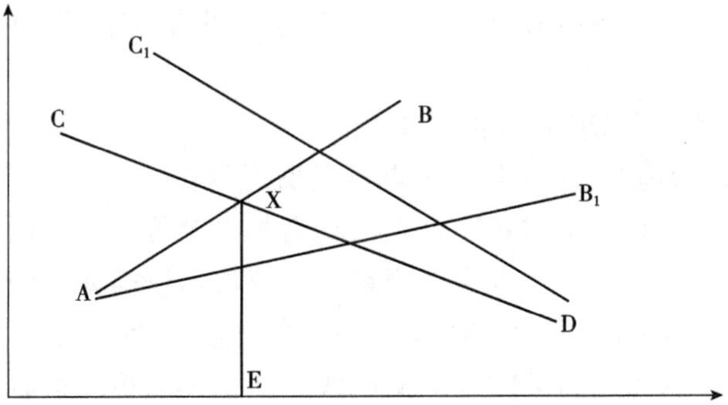

图 1-2 恰亚诺夫“劳动—消费均衡”曲线图

① 弗兰克·艾利思．农民经济学(第二版)[M]．胡景北，译．上海：上海人民出版社，2006：121.
② 弗兰克·艾利思．农民经济学(第二版)[M]．胡景北，译．上海：上海人民出版社，2006：53.

随着家庭收入的逐步增加，农户家庭成员对于边际收入的主观满足评价会随之降低，而对于所付出劳动的辛苦感知程度则会成倍增加。在图 1-2 中，曲线 CD 显示了农户对边际收入主观满足程度评价的变化情况，曲线 AB 显示了农户对边际劳动主观辛苦程度评价的变化情况。曲线 CD 与曲线 AB 必然会相交于一点(设为 X)，在这点对于边际劳动所获收入的主观满足程度评价等于对边际劳动所付出的主观辛苦程度评价，这一点就是劳动的辛苦程度与需求满足程度的均衡点 X。对于均衡点以后的劳动边际效用都会低于对获取该单位收入所要付出的劳动辛苦程度的评价。基于这一分析，恰亚诺夫得出的结论是：农户劳动付出一旦达到这个均衡点他们就会失去再付出更多一点劳动的动力。

在此基础上，恰亚诺夫还从劳动生产率的提高和家庭消费需求的提高两个层面对劳动辛苦程度和需求满足程度对均衡点变动的影响做出了进一步的分析。①劳动生产率的提高，意味着同样的劳动付出可以获得比之前更多的收入，曲线 AB 会下沉到 AB_1，从而出现新的均衡点。劳动生产率的提高，也意味着付出相同的劳动会获得更高需求满足的主观评价，从而达到单位劳动辛苦程度降低和收入增加的效果。②同理，当农户家庭消费者增多、消费需求增长时，农民需要更多的劳动付出所获得的收入才可以获得更多的需求满足，这也就意味着农户需要付出更多的劳动辛苦程度以获取更高收入来满足家庭成员的更多消费需求。

由此可见，恰亚诺夫是借用了微观经济学的无差异收入曲线分析方法来对“劳动—消费均衡”点进行讨论，换句话说，恰亚诺夫在分析“劳动—消费均衡”点的时候并没有明确指出劳动与消费的具体数量点，只是模糊地说明了农民家庭的劳动偏好选择。也就是说，我们不需要知道具体的效用差距数量。在讨论均衡点变动时，也不需要明确均衡点的具体数量变化，而只要懂得均衡点会在相关因素影响下发生变化，也就懂得了农户家庭对于付出更多的劳动辛苦程度的选择偏好。

(3)“劳动—消费均衡”理论的基本观点

“劳动—消费均衡”理论的基本观点可以概况为：

①从经营目标来看，个体农户是以家庭为基本单位，经营活动主要由家庭成员来完成，生产的目的是最大限度地满足家庭成员消费需要。迫于生计，农民通常也作出一些有悖常理的选择。例如，在一些人多地少、劳动力相对剩余的地区，农户往往靠投入大量劳动的办法从小块土地上攫取更多的收益来满足家庭的基本消费需要。基于报酬递减规律的影响，他们的劳动边际收益很低，通常低于市场工资甚至接近于零。恰亚诺夫把农户的这种劳动边际收益低于市场工资的现象称为农户的“自我剥削”(Thorner D.，1966)。

②恰亚诺夫认为，应该从两个不同的视角来分析劳动单位收入的实际意义或

作用。一是从消费层面看，它能满足家庭成员的消费需要，带来生活的享受与快乐，恰业诺夫称之为“收入正效用”；二是从生产过程看，为获得每一单位收入，农户都得付出艰辛劳动，这对他们来说是一种负担，恰亚诺夫称之为“劳动负效用”。一般的情况下，收入正效用随着收入的增加而递减，劳动负效用随着收入的增加而递增，两者逐渐趋于均衡。农户往往在权衡收入正效用与劳动负效用之后才会决定其劳动的投入量。当“收入正效用>劳动负效用”时，农民就会追加劳动投入；当“收入正效用<劳动负效用”时，尽管追加劳动会增加收益，但要遭受更多的劳累辛苦，农民就会减少劳动投入，只有在均衡点时的劳动投入量才是农民主观评估的最佳状态。

③农户对于收入正效用与劳动负效用均衡点的主观评估主要取决于家庭成员数量。对于那些家庭成员较多的农户，尤其基本生活需要很难得到满足的生存型农户来说，通过劳动获取收入比追求闲暇更重要，他们对收入正效用的主观评价相对会较高，而对劳动负效用评价则相对较低，因此就可能造成正、负效用均衡点的边际收益低于市场工资或很少，于是就会出现“自我剥削”现象。这种现象在 20 世纪 50~60 年代尤其是新中国成立前的中国农村普遍存在。

不仅劳动力，其他生产要素的投入也是如此。例如新中国成立前，为了满足家庭基本生活需要，农民通常接受苛刻的条件，支付高额地租来租种地主的土地，恰亚诺夫把这种地租称为“饥饿地租”。与“自我剥削”相类似，“饥饿地租”同样是不合理的。在恰亚诺夫看来，农户的主要目的是满足家庭成员消费需要而不是利润最大化，故此，在特定情况下农民可能有一些有悖利润最大化原则的经济行为。按照恰亚诺夫的观点，处于前市场时代的小农经济有自己独特的运行机制，现代市场经济运行规律对其缺乏适用性(郑杭生和汪雁，2005)。

1.2.3 产权理论

20 世纪 60 年代以来，以科斯、威廉姆森、阿尔钦等为代表的经济学家在批判传统西方微观经济学和福利经济学所存在的根本缺陷基础上，建立了现代西方产权经济学理论。该理论认为，没有产权的社会必定是一个效率绝对低下、资源配置绝对无效的社会。

1.2.3.1 产权的界定

对于产权的界定，不同的学派有不同的观点。主要可区分为两类。

(1)将产权理解为权利。譬如，诺思认为产权本质上是一种排他性的权利。阿尔钦则强调产权是一种法律规定的权利，且这些权利可以在市场上与其他权利进行交换。巴泽尔认为产权是指对财产进行利用、收益和转让的权利。综合上述学者观点，可以认为产权实质上是由使用权、收益权、交易权等一系列权利组合而成的权利束。

(2)将产权理解为一种人与人之间的关系。譬如，配杰威齐把产权界定为"由于存在稀缺物品和其特定用途而引起的人与人之间的关系"。在人与人之间的相互关系中，人们必须遵守与物相对应的行为准则，否则将承担不遵守这种准则的处罚成本。这种准则即是产权所表现出来的对人们行为的约束。在马克思主义产权理论中将产权界定为经济权利关系，这种关系主要体现为作为人的主体围绕财产这一客体建立和形成的经济利益关系。

1.2.3.2 产权的形式与特征

产权在形式上，主要包括私有产权、共有产权和国有产权三种基本形式。

产权的特征主要包括以下三个方面。

(1)产权的排他性。所谓产权的排他性，是指当产权主体行使特定产权权利时，可以排除其他任何人对同一权利的行使。正如诺思所定义的，产权本质上就是一种排他性权利。只有具有排他性的产权，才能使产权主体独自地占有和使用财产并享有财产所产生的收益。因此，产权理论认为，产权是否具有排他性是衡量产权是否完整的客观条件之一。

(2)产权的可分解性。产权的可分解性，是指产权中的各项权能可以指定给不同主体行使。譬如，马克思主义产权理论就认为组成所有权的占有权、使用权、收益权和处分权都可以与所有权人分离，所有权人并不因此而丧失其所有权。如当前农村三权分置条件下，集体土地产权就可以把集体土地所有权、农户承包权和生产者经营权分离开来。

(3)产权的可转让性。产权的可转让性包括两方面的含义：一是产权的全部权利永久性的让渡；二是产权的部分权利在一定时期内的让渡。譬如，农户将承包林地通过租赁方式让渡给外来企业，由企业使用经营林地，农户获取租金。但产权的可转让性是建立在产权的可分解性基础之上的。

1.2.3.3 产权对经济绩效的影响机理

制度经济学认为，产权建立的主要目的是提高经济绩效。产权对绩效的影响主要包括以下两种效应。

一是外部性问题内部化所带来的激励或约束效应。正如产权经济学理论所表述的，产权的起源主要是为了解决市场失灵导致的外部性。外部性可分为正外部性和负外部性。科斯认为，产权的明晰界定可以将正外部性问题内部化，即通过产权界定，可以使人们获取原本无法获取的那部分收益，在成本不变的情况下，收益的增加必然会激励产权主体扩大投资或追加劳动。对于负外部性，产权经济学认为，产权一旦在共有体内部明晰界定，就会使得个人过度利用资源带来的损失或成本被纳入个人的成本之中，从而起到对人们过度利用资源的制约作用。

二是产权的资源配置效应。根据科斯定理，产权制度的建立可以有效降低产权主体之间的交易费用，从而促进产权主体间的自由交易而提高经济效率。陈志刚等(2006)认为，产权界定可以通过三种途径改变或影响资源配置效率：①产权界定可以减少资源浪费，从而提高经济效率；②产权在不同主体之间的流动会改善资源的配置状况；③产权结构变化会影响到资源配置的调节方式。

1.3 研究的基本范畴

1.3.1 农户林地承包经营履责评价的法律依据及指标体系构建

农户林地承包经营履责，是指农户在林地承包经营过程中，在林地利用、资源管护和林木采伐等生产活动中表现出来的责任履约行为。农户的林地承包经营履责行为，像一般公民的遵纪守法行为一样，主要是一种人们对于国家林地承包经营法律和政策的服从行为。因此，对于农户林地承包经营履责评价指标体系的构建，应主要依据国家的法律法规和相关政策来制订。

《中共中央国务院关于全面推进集体林权制度改革的意见》(中发〔2008〕10号)明确规定：农户“承包集体林地，要签订书面承包合同，合同中要明确规定并落实承包方、发包方的造林育林、保护管理、森林防火、病虫害防治等责任，促进森林资源可持续经营。基层林业主管部门要加强对承包合同的规范化管理。”

中华人民共和国《中华人民共和国森林法》《中华人民共和国土地承包法》《中华人民共和国合同法》等相关法律文件对农户承包集体林地的责任与义务也作出了明确规定。综合上述法律规定，农户承包经营集体林地应该履行的责任义务如下。

①维持承包林地的林业用途，不得用于非林建设或者使之闲置荒芜。属生态公益林的，不得改变公益林性质。②落实造林和管护措施。荒山荒地应自承包合同生效之日起3~5年内参照国家有关造林标准造林，林木采伐后应在当年或次年更新。依法保护好野生动、植物资源，做好护林防火和森林病虫害防治工作，一旦发生火灾和森林病虫害及林木盗伐事件，应积极采取措施，并及时向有关部门报告。③依法保护和合理利用林地，不得自行或准许他人在承包林地内实施毁林开垦、采石、挖沙、取土等给林地造成永久性损害的行为。要依法经营，不得因发展林地经济而对林地造成永久性损害和水土流失。④在承包林地内发生毁林、乱占和滥用林地行为时，应积极采取措施予以制止，并及时向有关部门报告。⑤承包期内林地承包经营权采取转包、出租、互换方式流转的，当事人双方应签订书面合同并报集体组织备案。采取转让方式流转的，须经集体组织同意后

按法定程序进行。

以上五个方面的责任义务条款都在需要农户签订的《林地承包合同》中载明。因此，这些条款就理所当然地成为农户林地承包经营必须履行的责任。

根据以上法律对于农户林地承包必须履行的责任义务规定，同时结合当前国内外现有文献研究，本论著拟从营林生产履责方面确立宜林地造林、中幼林抚育、林木有效管护 3 个考察项目，在森林资源保护履责方面确立是否改变林地用途、是否积极开展森林防火抗灾、林地流转是否合法依规三个考察项目，在森林资源利用履责方面确立是否有违规采伐林木等共计 7 个考察项目来开展对于农户林地承包经营履责问题研究的指标体系构建。构建出的农户林地承包经营履责评价指标体系见表 1-1。

表 1-1　农户林地承包经营履责评价指标体系的构建

农户责任	责任分解	农户林地承包经营履责的具体评价指标
营林生产履责	1. 宜林地造林	(1)是否存在宜林地
		(2)宜林地面积
		(3)每年平均造林工作时间
	2. 中幼林抚育	(4)承包经营林地是否全部抚育
		(5)实际抚育面积占家庭承包经营林地面积的比重
		(6)每年抚育工作时间
	3. 林木有效管护	(7)家庭承包经营林地是否全部得到有效管护
		(8)有效管护面积占家庭承包经营面积的比重
		(9)年均管护工作时间
资源保护履责	4. 改变林地用途	(10)毁林开垦情况
		(11)是否有林地采石或挖沙
		(12)是否有毁林修建住房
	5. 森林防火抗灾	(13)参与森林防火情况
		(14)参与森林病虫(鼠)害防治情况
	6. 林地流转合法依规	(15)是否签订合同
		(16)是否报集体组织备案
资源利用履责	7. 林木依法依规采伐	(17)是否有盗伐林木
		(18)是否有超限额采伐林木

以上构建的农户林地承包经营履责评价指标体系，大多数指标是可以量化的，也有少数指标是不可以量化的。无论是可量化的还是不可量化的，作为一种分析问题的框架结构应该都是可行的。

林农林地承包经营履责行为，本质上就是农户遵循国家相关法律、按照林地承包经营合同约定的责任义务积极开展林业生产的行为。因此，本著对于林农林地承包经营履责行为的研究都是基于我国集体林权制度改革政策和国家相关法律法规的具体规定来进行界定和分析的。

1.3.2 农户林地承包经营履责治理研究的基本思路

本著以农户林地承包经营履责行为作为研究对象。农户林地承包经营履责行为是农户在林地承包经营过程中，在林地利用、资源管护和林木采伐等生产活动中表现出来的履行国家法律和承包合同所约定的责任义务的相关行为；实际上也就是农户正常的林业生产行为。集体林权制度改革以来，随着农村社会经济结构的发展变化，农户林地承包经营履责行为已经伴随着农户的分化而出现了明显分化。本著研究遵循“提出问题→分析问题→解决问题”的基本逻辑思路，综合运用文献研究、统计分析和规范分析相结合的研究方法，依据集体林区样本农户的专题调查数据和监测数据，在对数据进行深入地统计分析和实证分析的基础上，揭示出“三权分置”下农户林地承包经营履责现状、问题、影响因素及农户分化和林地流转带来的农户营林失责系列风险；然后，在理论分析的基础上，揭示出农户林地承包经营履责行为分化的内在规律及影响机理；最后，研究并提出强化农户林地承包经营履责的综合治理对策。本著的逻辑结构如图 1-3 所示。

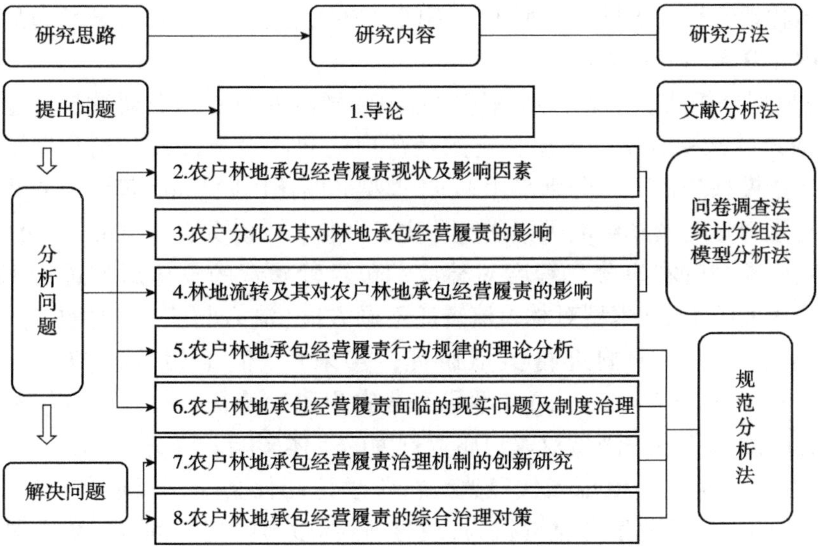

图 1-3 本著逻辑结构示意

1.3.3 研究方法

本研究采用定性分析与定量分析相结合、理论分析与实证分析相结合的研究方法。采用的研究方法主要有：文献分析法、问卷调查法、统计分组法、模型分析法、归纳推断法与规范分析法。

(1)文献研究法。为全面分析与把握国内外的研究现状，本著较为系统地收集、整理了国内外关于农户林业生产经营行为(包括林业生产阶段性行为、投资决策行为、林地流转行为等)和集体林权制度改革相关研究领域的学术论文、学位论文以及网络资料等科研成果。同时系统地查阅了有关集体林权制度改革和林业分类经营管理的法律法规与政策文件，比较深入地掌握了我国集体林权制度变革的演化历程，对农户林地承包经营履责行为有较全面、深刻的认识，为本著研究奠定了基础。

(2)问卷调查法。本著基于国家林业和草原局“集体林权制度改革监测”2011—2018年的8年农户监测的问卷调查数据，采用“重点调查结合抽样调查”的方法，在我国南方重点集体林区中选择湖南、江西、云南、福建四省的8个林业重点县的40个村400个样本农户开展有针对性的问卷调查，采集反映农户分化与农户林地承包经营履责的相关数据进行有针对性的具体分析。

(3)统计分组法。基于专题调研数据和监测调查数据，对样本区域的农户林地承包经营履责的现状、问题及根源进行分组研究，以分类比较不同农户家庭特征、不同林地特征、不同林地属性、不同农户分化程度与农户林地承包履责行为之间的内在联系与具体影响。

(4)模型分析法。本著分别基于四省400样本农户专题调研数据和全国7省3500个农户的检测数据，根据特定的经济理论和假设条件，分别开展了如下几方面的计量模型分析：①分别采用Logit模型和断尾回归Tobit模型对农户营林履责意愿与履责强度及其影响因素进行了实证分析；②分别运用Logit、OLS、Tobit和中介效应模型就农户分化程度对林地承包经营履责的具体影响进行了实证分析；③采用面板Logit模型对林地流转的不同方向(流入与流出)对农户营林履责与违责行为的具体影响进行实证研究；④采用“似不相关回归”(Seemingly Unrelated Regression Estimation)模型研究各农户家庭特征、林地特征、林地流转行为、林改配套政策等因素对农户履责行为的具体影响。

(5)规范分析法。根据当代经典经济学理论和社会学、管理学原理，对“三权分置”下的农户林业生产履责行为、农户营林履责的现实问题、农户林地承包经营机制构建与模式设计等系列问题进行规律性的探究和问题分析；研究并把握农户营林生产履责行为的基本规范以及不同环境条件下(包括家庭条件和政策制度环境)不确定性影响的一般行为规律；研究当前农村社会经济条件下农户家庭林地承包经营履责所面临的现实问题与制度治理的取向；研究并提出强化农户林地承包经营履责的治理机制构建、模式设计与综合治理的制度创新等。

1.3.4 研究数据来源及说明

本著研究数据主要来自两个方面。一方面，根据研究需要，特别选取了我国南方重点集体林区的湖南、江西、福建、云南四省的林业重点县 40 个样本村 400 个样本农户开展专题调查，取得了本研究的专题数据资料；另一方面，主要依托国家林业和草原局“集体林权制度改革跟踪监测研究”项目组对全国 7 省 3500 个样本农户在 2011—2018 年 8 年监测期间采集的农户问卷调查数据(在此特别地对国家林业和草原局集体林权制度改革监测项目组表示衷心感谢)。详细的数据来源说明参见本论著第 2~4 章各章的数据来源部分。

第 2 章 农户林地承包经营履责现状及影响因素

毛泽东同志曾经讲过："没有调查就没有发言权。"要想开展对于农户林地承包经营履责治理问题的研究，就必须从对农户林地承包经营履责现实情况的调查研究开始。

2.1 农户林地承包经营的基本情况

2.1.1 数据来源

2019 年 7—9 月，笔者根据本问题研究的实际需要，依据本著第 1 章 1.4 所构建的农户林地承包经营履责评价指标体系(表 1-1)，分别针对样本村和样本农户设计调查问卷，开展了对于农户林地承包经营履责问题的专项调查。

调查工作中，为提高调查数据的有效性，采用了"重点调查+抽样调查"的统计研究方法。首先，在我国南方集体林区选取了森林资源较丰富的湖南、江西、福建和云南四省作为重点调查省份；其次，在四个重点调查省份中各选取 2 个林业重点县作为重点调查对象县，然后在每个重点调查县中采用抽样调查的方法随机选取 5 个样本村，再在每个样本村随机选取 10 个样本农户来开展问卷调查。在样本农户选取中，为确保取样的有效性，先将各村村民按照户籍进行排序，再从中随机抽取 10 个代码农户，使其成为随机调查对象。若发现农户不在家无法调查，则在户籍表中随机选择其他农户作为备选样本。本次调查共采集到 40 个样本村 400 个样本农户的有效调查问卷。下面主要以该项调查数据来开展对当前农户林地承包经营履责的基本情况进行分析。

湖南、江西、福建、云南四省是我国南方重点集体林区的重点省份。第九次(2014—2019 年)全国森林资源清查数据显示：湖南省的森林面积 1053 万公顷，森林覆盖率 49. 69%，森林蓄积 40716 万立方米；江西省森林面积 1021 万公顷，森林覆盖率 61. 16%，森林蓄积 50666 万立方米；福建省森林面积 807 万公顷，森林覆盖率为 66. 80%，森林蓄积 72900 万立方米；云南省林地面积达到 2827 万公顷，森林覆盖率达到 65.04%，森林蓄积 206700 万立方米。以上数据表明，四个样本省份拥有丰富的森林资源和良好的森林覆盖率。同时，以上四省还是全国率先实行集体林权制度改革的试点省份，目前已全部完成"确权到户"与"三权分置"改革的工作任务。显然，选择这四个省份作为分析研究农户林地承包经营履责问题的重点调查对象，具有较强的科学合理性。

2.1.2　样本区农户林地承包与确权到户情况

从本次调查的 4 省 8 县 40 个行政村的基本情况来看（表 2-1），95.29%的集体林地已经确权，在确权集体林地中，农户家庭承包经营林地占 71.83%，集体统一经营林地占 10.22%，其他经营（主要是社会工商资本经营）占 17.95%。分县情况看，江西遂川和湖南慈利两县农户家庭承包经营占比最高，分别达 96.78%和 96.38%；湖南茶陵和云南永胜两县的其他经营林地占比最高，分别达到 48.63%和 22.71%；云南永胜集体统一经营占比最高，达 23.08%，其次是福建的武夷山集体统一经营占比，为 13.85%。

表 2-1　样本村集体林地承包确权到户情况分析表

省份	样本县	样本村集体林地总面积（亩）	确权林地						
			总面积（亩）	家庭承包经营		集体统一经营		其他经营	
				面积（亩）	占比（%）	面积（亩）	占比（%）	面积（亩）	占比（%）
江西	遂川	142507	133497	129197	96.78	2200	1.65	2100	1.57
	宜丰	49522	48742	41232	84.59	4470	9.17	3040	6.24
云南	绿丰	325890	304510	231492	76.02	23918	7.86	49100	16.12
	永胜	218561	210305	114012	54.21	48530	23.08	47763	22.71
湖南	茶陵	112640	102200	49150	48.09	3350	3.28	49700	48.63
	慈利	59980	59326	57180	96.38	946	1.60	1200	2.02
福建	武夷山	129950	129900	87900	67.67	18000	13.85	24000	18.48
	尤溪	46313	45713	32716	71.57	4292	9.39	8705	19.04
合计		1085363	1034193	742879	71.83	105706	10.22	185608	17.95

从农户反映的家庭林地承包基本情况看（表 2-2）：户均承包林地面积为 104.38 亩①，其中户均林地面积最多的是云南永胜（288.86 亩），最少的是福建

① 据统计，我国南方集体林区农户户均林地经营面积约为 27 亩（朱文清和张莉琴，2019）。与此相比，我们得到的这个样本农户户均林地面积较大，其原因在于这些被调查的农户都处于林地资源丰富地区。1 亩＝1/15 公顷。以下同。

武夷山(31.47 亩)。户均承包林地块数为 3.55 块，其中，户均林地块数最多的是江西遂川(8.06 块)，最少的是云南绿丰(1.94 块)。有家庭林权证的农户占比为 90.25%，没有家庭林权证的农户占比为 9.75%；从省域比较看，江西样本户林权证到户率最高，达 99%；福建省林权证到户率最低，为 67%，其中，武夷山没有家庭林权证的农户数占比为 30%，尤溪没有家庭林权证的农户数占比达 36%。从有无承包合同看，有签订林地承包合同的农户数占比为 71.25%，没有签订林地承包合同的农户数占比为 28.75%①；从县域情况看，云南永胜农户林地承包合同签订率最高，为 94%，湖南茶陵农户林地承包合同签订率最低，仅为 24%。

表 2-2　农户家庭林地承包基本情况

省份	样本县	户均林地面积(亩)	户均林地块数(块)	有无林权证(户)		有无承包合同(户)	
				有	无	有	无
江西	遂川	144.09	8.06	50	0	33	17
	宜丰	112.43	3.48	49	1	40	10
云南	绿丰	82.09	1.94	49	1	46	4
	永胜	288.86	2.46	49	1	47	3
湖南	慈利	32.85	5.02	50	0	40	10
	茶陵	108.98	2.78	47	3	12	38
福建	武夷山	31.47	2.58	35	15	38	12
	尤溪	34.26	2.06	32	18	29	21
合计		104.38	3.55	361	39	285	115
占比(%)		—	—	90.25	9.75	71.25	28.75

通过调查访谈了解到：当年耕地承包到户时，大家对签订承包合同还是比较上心的。但是到了林地承包时，对于签订承包合同，从“官员”到农户就都不太当回事了，一般都是走过场，土地一分了之。所以，对于林地承包，在集体组织和农户之间实际上很少有真正意义上的承包合同签订程序，即使有签订承包合同，也只需农户按按手印就可以了，根本没有人去强调和明确承包者的责任和义务。因此，当调查问及“是否知晓林地承包的责任与义务”时，几乎所有农户的回答都是“不知晓”。由此可见，作为“确权到户”改革中的重要环节——林地承包经营合同签订的不规范，是造成当前合同对农户林地承包经营履责约束不力的根本原因(贾玉杰，2022)。

① 由农户访谈了解到，没有签订林地承包经营合同的原因，多数是因为林地承包时农户对村内林地承包分配方案有意见，农户拒签，以后就不了了之了。

从调查数据汇总情况看，在确权林地总面积中确权到户面积占 71.83%，不足 3/4；其余有占 28.17%的集体林地或是工商资本经营或是集体统一经营(大多是名义上的集体统一经营，实质上已被集体组织转让经营)。从农户家庭承包经营林地来看，有差不多三成的农户家庭没有与集体组织签订林地承包合同。由于林地承包合同上载有明细的林地承包者的权利、责任和义务，如果农户没有实际参与林地承包合同的签订，则说明他们对林地承包的权利、责任和义务不能明确了解，也就难以让他们自觉做好对承包林地的营林履责了。

2.1.3　样本农户 2018 年林业生产基本情况分析

2.1.3.1　样本农户林业生产总体情况

2018 年样本农户家庭营林生产活动情况见表 2-3。在被调查的 400 个样本户中有开展营林生产活动的农户数为 259 户，占 64.75%，而没有开展任何营林生产活动的农户数为 141 户，占 35.25%；营林生产共投入劳动力人数为 177 人，占农户家庭劳动力总人数的 15.15%。其中，有造林生产活动的仅 87 户，占 21.75%；有抚育、管护(主要是管护)活动的 231 户，占 57.75%，而没有任何管护活动的有 169 户，占 42.25%；有木竹采伐活动的 34 户，占 8.50%。通过与农户的深入访谈得知，有造林生产活动的农户一般都是家庭承包林地较多、以农林业生产为主业的农户，他们普遍都把林地看得较重，经常会上山看一看，发现有可造林的地方都会尽可能地去植树造林；有林地管护行为的农户家庭大多是家庭中的老人隔三差五地上山去巡视和看护山林；真正有营林生产行为的农户数不到样本农户总数的 20%。

表 2-3　2018 年样本农户家庭营林生产活动统计　　单位：户

省份	样本县	有无营林生产		营林生产人数(人)	造林生产		抚育、管护		木竹采伐	
		有	无		有	无	有	无	有	无
江西	遂川	28	22	13	4	46	21	29	10	40
	宜丰	32	18	17	11	39	26	24	11	39
云南	绿丰	47	3	43	18	32	43	7	0	50
	永胜	35	15	41	19	31	33	17	1	49
湖南	茶陵	29	21	14	17	33	28	22	0	50
	慈利	36	14	26	8	42	34	16	2	48
福建	武夷山	31	19	9	4	46	27	23	5	45
	尤溪	21	29	14	6	44	19	31	5	45
合计		259	141	177	87	313	231	169	34	366
平均占比(%)		64.75	35.25	15.15	21.75	78.25	57.75	42.25	8.50	91.50

调查数据显示，本轮集体林权制度改革以来，改革初期爆发出来的农户林业生产(特别是造林)积极性已大幅衰减，多数农户家庭的主业已经发生改变。由于承包林地上有采伐价值的林木(中熟林和成熟林)普遍被采伐殆尽，加之政府严格的限额采伐管理措施，以至于当前的营林生产已经成为“只见投入、不见产出”的单向投资活动，这就造成了一些农户把承包到户的集体林地当成了“鸡肋”，进而呈现出能自觉履行营林生产责任的农户数日渐减少、而营林生产责任不落实的农户数越来越多的消极现象。

2.1.3.2 农户营林生产要素投入情况分析

在林业生产过程中，投入要素主要包括劳动力、资金、土地、经营者才能。林地承包到户以后，由于农户林业生产经营能力和林地规模在短时期内比较稳定，因此，分析评价农户林地承包经营责任落实情况的关键指标就是有没有、有多少营林资金和劳动力的投入。

2018 年，样本农户全年营林生产投入要素情况见表 2-4。数据显示，2018 年农户家庭户均林业总支出为 8682.06 元。从地区间的比较来看，差异很大。其中：家庭营林生产投入最多的是福建的武夷山，户均家庭营林生产支出达 21516.88 元①。调查了解到，该地 50 个样本户家庭营林生产支出高的原因是当地成立了“茶叶生产经营合作社”，农户大量种植茶叶，在化肥、人力、机械或畜力支出方面都比较大。其次是云南永胜，户均林业生产支出为 15372.61 元。该县 50 个样本农户家庭营林生产支出较高的原因是，永胜是一个林业大县，农户主要以林牧业为主，农户对林业生产都比较重视。家庭营林生产投入最少的是福建尤溪，样本农户家庭营林生产支出户均仅 2637.35 元；据当地农户反映，主要是因为大量劳动力外出务工和转移就业，因此农户对林业生产投资很少。如果把主要从事茶叶生产的武夷山市 50 户农户排除之外，那么，其他 350 户农户家庭的户均林业生产支出就发生较大幅度的减少(见表 2-5)。

表 2-4 2018 年普通样本农户林业生产投入情况统计②

省份	样本县	农户家庭林业生产户均支出(元/户)						
		总支出	种苗	化肥农药	自投劳动力	雇用劳动力	机械或畜力	其他
江西	遂川	7149.70	544.80	5.00	1673.60	4916.30	10.00	0.00
	宜丰	5510.10	102.20	69.00	3534.20	1774.40	30.30	0.00

① 由于茶叶生产属于传统的农业种植范畴，一般被统计在农业范畴内。但该县把茶叶生产统计在林业范畴内，故此，农户也就把它与其他林业支出数据混在一起填报了。

② 由于茶叶生产不属于传统的林业范畴，很多地方统计在农业范畴内，所以存在统计误差。但该县把茶叶生产统计在林业范畴内，故此，农户也就把它当成是林业支出数据填报了。

（续）

省份	样本县	农户家庭林业生产户均支出(元/户)						
		总支出	种苗	化肥农药	自投劳动力	雇用劳动力	机械或畜力	其他
云南	绿丰	7828.19	275.70	806.94	6290.45	100.00	355.10	0.00
	永胜	15372.61	339.13	444.35	10960.87	3343.48	273.91	10.87
湖南	茶陵	4830.00	163.60	185.00	3441.40	1000.00	0.00	40.00
	慈利	4611.68	16.20	211.88	4196.60	187.00	0.00	0.00
福建	武夷山	21516.88	148.00	3953.80	8128.40	7372.68	1822.00	92.00
	尤溪	2637.35	27.76	296.94	1679.59	553.06	80.00	0.00
平均		8682.06	202.17	746.61	4988.14	2405.87	321.41	17.86

注：表中“自投劳动力”和“雇用劳动力”是按照农户给出的工日数乘以当地工日价格得到的估算值。

表 2-5 2018 年 7 个样本县样本农户林业生产投入情况统计

样本县	农户家庭林业生产户均支出(元/户)						
	总支出	种苗	化肥农药	自投劳动力	雇用劳动力	机械或畜力	其他
逐川	7149.70	544.80	5.00	1673.60	4916.30	10.00	0.00
宜丰	5510.10	102.20	69.00	3534.20	1774.40	30.30	0.00
绿丰	7828.19	275.70	806.94	6290.45	100.00	355.10	0.00
永胜	15372.61	339.13	444.35	10960.87	3343.48	273.91	10.87
茶陵	4830.00	163.60	185.00	3441.40	1000.00	0.00	40.00
慈利	4611.68	16.20	211.88	4196.60	187.00	0.00	0.00
尤溪	2637.35	27.76	296.94	1679.59	553.06	80.00	0.00
平均	6848.52	209.92	288.44	4539.53	1696.32	107.04	7.27

注：表中“自投劳动力”和“雇用劳动力”是按照农户给出的工日数乘以当地工日价格得到的估算值。

见表 2-5，2018 年农户家庭户均林业总支出为 6848.52 元，比表 2-4 户均林业支出较少了 1833.54 元。因此，表 2-5 的统计数据较表 2-4 更具客观有效性。

根据表 2-5 的分析：由林业资源比较来看，多林地区农户家庭营林投资相对较多，如云南永胜与绿丰、江西逐川等。从营林生产支出项目来看，主要是劳动力投入，其中，家庭自投劳动力支出户均 4539.53 元(主要是看护山林用工)，雇用劳动力支出户均 1696.32 元(主要是林业大户)。而种苗支出户均仅约 209.92 元，化肥农药支出户均 288.44 元。这就充分说明，目前真正意义上的农户家庭营林生产支出占比较少。

表 2-6 是包括劳动力投入在内的 2018 年样本户家庭营林生产支出情况等

级分类表。从统计数据看，样本户中全年营林生产0投入的农户家庭占30.75%，不足1000元的农户家庭占12.00%，在1001~5000元的农户家庭占24.25%，在5001~10000元的农户家庭占13.00%，只有20.00%的农户家庭全年营林生产投入超过了10000元。从个体情况来看，营林生产投入超过10000元的农户主要是各地以林业生产为主业的林业大户和武夷山地区的茶农。从地域比较看，在云南永胜，全年营林生产0投入的农户数达到了样本数的48%；福建尤溪营林生产年投入少于1000元的农户数达到了56%。只有福建武夷山地区，由于有“茶叶生产经营合作社”的生产组织，绝大多数农户家庭都有较高茶叶生产投入，从而使家庭林业生产年均投入在10000元以上的农户数占到了样本户总数的64%。

表2-6 2018年样本农户家庭营林生产支出分类统计

省份	样本县	农户家庭营林生产投入分类户数(户)				
		0元	0~1000元	1001~5000元	5001~10000元	10000元以上
江西	遂川	18	8	13	6	5
	宜丰	14	7	15	7	7
云南	绿丰	7	10	18	8	7
	永胜	24	3	8	2	13
湖南	茶陵	19	5	5	15	6
	慈利	12	7	17	7	7
福建	武夷山	7	2	8	1	32
	尤溪	22	6	13	6	3
合计(户)		123	48	97	52	80
占比(%)		30.75	12.00	24.25	13.00	20.00

2.1.3.3 农户营林生产收益分析

2018年样本农户林业收入户均14057元，林业收入占户均总收入74788元的18.80%。农户家庭户均林业收入中，第一是经济林收入11504元/户，占81.84%；第二是竹林收入1721元/户，占12.25%；第三是林下经济收入1435元/户，占10.21%；第四是转移性林业收入1012元/户，占7.20%；第五是用材林收入962元/户，占6.84%；第六是林业财产性收入333元/户，占2.37%(主要是林地使用权转让)；第七是涉林打工收入240元/户，占1.71%；最后是其他收入100元/户，占0.71%(表2-7)。

表 2-7　样本农户户均收入情况　　单位：元/户、%

		湖南		江西		福建		云南		总户均	占比（%）
		茶陵	慈利	遂川	宜丰	武夷山	尤溪	绿丰	永胜		
户均总收入		66055	69884	86968	99133	91223	76063	47896	61084	74788	—
户均林业收入		3505	5583	6211	10363	65047	12302	3398	6049	14057	—
其中	用材林	0	80	360	6250	0	100	902	0	962	6.84
	竹林	0	48	3105	2336	6574	1668	40	0	1721	12.25
	经济林	600	240	80	0	84320	952	1540	4300	11504	81.84
	林下经济	90	44	380	23	0	9376	666	900	1435	10.21
	涉林打工	512	1220	0	0	0	191	0	0	240	1.71
	财产性	1461	0	0	1200	0	0	0	0	333	2.37
	转移性	542	3917	1817	554	153	15	250	849	1012	7.20
	其他	300	34	469	0	0	0	0	0	100	0.71
林业占比（%）		5.31	7.99	7.14	10.45	71.31	16.17	7.09	9.90	18.80	—

首先，从林业收入占家庭总收入的比重情况看，福建武夷山地区由于建立了“茶叶生产经营合作社”组织，农户依靠特色林业种植（茶叶）而使家庭林业收入占总收入的比重达到了71.73%；其他地区农户家庭林业收入占比大多在10%以下，特别是湖南省茶陵县农户家庭林业收入占比平均只有5.31%。在市场经济条件下，农户收益最大化的生产经营目的决定了农户在个体经济维度上有效配置生产要素的行为选择；也就是说，林业收入的高低，会直接影响到农户的营林生产投入和落实承包林地责任的积极性。

其次，在林业收入结构中，用材林收入是传统的主业收入，可2018年用材林收入户均不到1000元，这么低的林业主业收入，怎么可能提振农户造林、抚育、管护等营林生产的积极性呢？值得一提的是，2018年林业转移性收入排在了农户家庭林业收入的第四位，其中主要成分是政府发放的公益林生态补偿金——作为对公益林农户限制采伐的一种补偿。公益林生态补偿虽然已经成为农户家庭收入的一个重要来源，但是由于其补贴标准是按照林地类型及面积大小来划定，基本上与农户承包林地的责任落实情况不挂钩，所以，其对促进林农落实林地承包营林生产责任产生的激励作用有限。在利益机制面前，要提高农户营林生产的积极性和林地承包履责的自觉性，关键是要提高农户营林生产的比较收益和营林主业收入在林业收入中的份额。

2.2 农户林地承包经营履责的基本情况

集体林权制度改革的政策目标，是要通过“明晰产权、确权到户”，在把集体林地产权明确到户的同时也把营林生产责任落实到户，以此促进林农林业生产的积极性，推动林业发展。“确权到户”的集体林权制度改革自2005年在福建、江西等省试点到2009年全国范围内铺开已经过去了十几年，当前集体林权制度改革是否达到了改革的政策目标、农户的林地承包责任落实情况如何，这既是党中央、国务院推动“绿色发展、绿色惠民”的工作基础，更是林地“三权分置”新形势下为促进林业发展亟待解决的重要问题。

2.2.1 农户林地承包经营的分类履责情况

农户林地承包经营履责情况，这里是指对农户林地承包到户以后在营林生产履责(造林、抚育)、林地管护履责(防火防盗防虫害)和林木采伐履责等方面的履责情况进行分析和评价。21世纪确权到户改革以来，绝大多数集体林地已确权到户，农户家庭已经成为集体林区营林生产的主体。农户对承包林地是否有效地进行了承包经营履责，是检验和评价集体林权制度改革工作成败的重要标尺。

为了解农户林地承包责任落实情况，课题组从五个方面设计调查问卷，让农户进行自我评价，数据整理结果见表2-8。由表2-8数据可得，根据农户的自我

表2-8 农户林地承包营林履责的自我评价 单位：户、%

省份	样本县	是否全部造林		是否全部抚育		是否有效管护		有无违规采伐		有无改变林地用途	
		是	否	是	否	是	否	有	无	有	无
江西	遂川	47	3	33	17	39	11	0	50	2	48
	宜丰	45	5	29	21	42	8	0	50	5	45
云南	绿丰	44	6	24	26	46	4	1	49	3	47
	永胜	46	4	18	32	48	2	2	48	2	48
湖南	茶陵	41	9	27	23	37	13	0	50	5	45
	慈利	43	7	39	11	43	7	0	50	2	48
福建	武夷山	48	2	34	16	47	3	0	50	4	46
	尤溪	47	3	37	13	49	1	0	50	3	47
合计		361	39	241	159	351	49	3	397	26	374
占比		90.25	9.75	60.25	39.75	87.75	12.25	0.75	99.25	6.5	93.5

评价，当前农户造林履责率、抚育履责率、有效管护率、无违规采伐率、无改变林地用途率分别为 90.25%、60.25%、87.75%、99.25%和 93.5%，由此，可以简单地计算出农户自我评价的履责率大约为：

$$90.25\% \times 60.25\% \times 87.75\% \times 99.25\% \times 93.50\% = 44.28\%$$

2.2.1.1　农户营林生产履责的基本情况

（1）造林情况

对于在承包地上的宜林地是否全部造林的问题，90.25%的农户认为自家宜林地都已全部造林，但有 9.75%的农户反映由于各种原因宜林地尚未造林。宜林地尚未造林的原因主要包括：①火烧以后尚未获得赔偿（9 户，占 23.08%）；②采伐后因资金劳动力短缺尚未造林（6 户，占 15.38%）；③立地条件太差不好造林（12 户，占 30.77%）；④太过偏远（7 户，占 17.95%）；⑤被集体统一转包出去了（3 户，占 7.69%）；⑥公祖山（坟地）不便造林（2 户，占 5.13%）（图 2-1）。

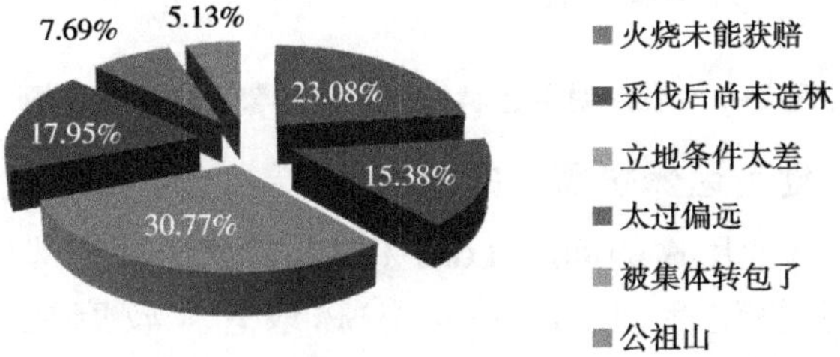

图 2-1　农户对宜林地未能及时造林的原因解释

（2）中幼林抚育情况

对于中幼林是否及时抚育的问题，有 60.25%的农户自认为该抚育的林地已经全部抚育，39.75%的农户自认为还存在有该抚育的林地尚未抚育。对于没有及时抚育的原因，农户的解释为：①没时间（24 户，占 15.10%）；②没资金（30 户，占 18.87%）；③没劳动力（37 户，23.27%）；④没收益（44 户，占 27.67%）；⑤已经封山育林了（15 户，占 9.43%）；⑥其他（9 户，占 5.66%）（图 2-2）。

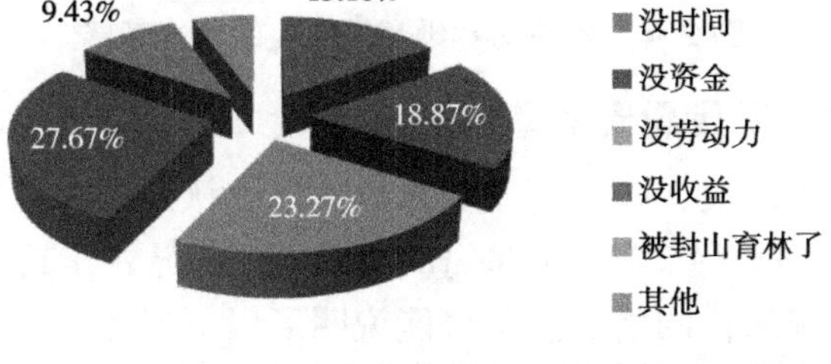

图 2-2　农户对承包林地未能及时抚育的原因解释

(3)林木管护情况

对于山林是否得到有效管护的问题，87.75%的农户自认为对承包林地林木进行了有效管护，12.25%的农户自认为还没能有效地管护好山林。对于没能有效管护好的原因，农户给出的解释是：①林权证至今没能拿到手(13户，占26.53%)；②存在林权纠纷(8户，占16.33%)；③林地有发生病虫鼠害(7户，占14.29%)；④林地有被火烧(14户，28.57%)；⑤林木有被盗伐(5户，占10.20%)；⑥其他(2户，占4.08%)(图2-3)。

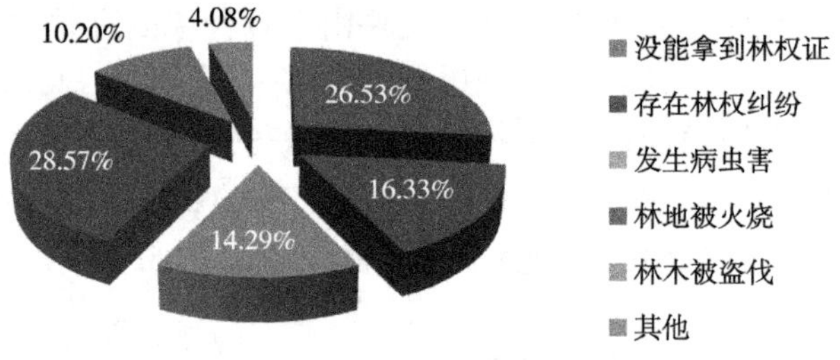

图2-3 农户对承包林地未能有效管护的原因解释

2.2.1.2 农户林地用途保护履责的情况

对于有无改变林地用途的问题，6.5%的农户承认家庭部分林地有被改变用途的情况发生。主要包括(图2-4)：①林地有被政府征收修路(4户，占15.38%)；②林地有被用作家庭建房(11户，占42.31%)；③林地有被企业购买用作采石采矿(4户，占15.38%)；④林地有被开垦改作农用地(6户，占23.08%)；⑤其他(1户，占3.85%)。

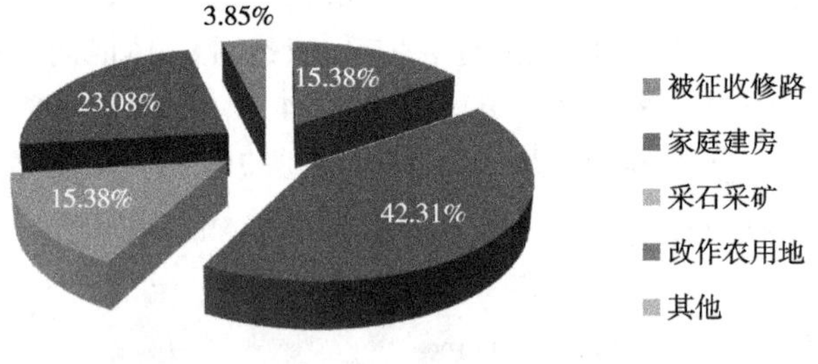

图2-4 农户对林地用途改变的情况解释

2.2.1.3 农户林木采伐履责的基本情况

对于是否有违规采伐，除云南省3家样本户承认因批准采伐指标太少有过擅自采伐(补交罚款后都得到了林业部门的追认)的情况外，其他样本户都否认自家林地上发生过违规采伐的情况。这可能说明了以下三点：一是地方政府在执行限额采伐政策方面确实做了不少工作，政策执行到位；二是农户已经充分认识到了限额采伐的重要性，并已经能够在生产实践中自觉地贯彻执行；三是分山到户后经过多年来的过度采伐，林地上可采伐的林木已经太少。

从表 2-8 农户对林地承包责任落实情况的自我评价统计结果来看，当前确实存在少数农户林地承包责任落实不力的情况。通过上述数据分析可知：当前约有一成农户没有在承包林地上及时造林；约有四成农户没有对林木进行及时抚育；有一成以上农户没有对林地进行有效管护；有少数农户因主客观原因不同程度地改变了林地用途；此外，还有极少数农户存在有违规采伐现象。

2.2.2　宜林地造林履责的落实情况

宜林地，是指适合造林的山林土地。林业上把采伐迹地、火烧迹地、林中空地以及不能种植农作物而适于种植林木的一切荒山荒地，统称为宜林地。由于宜林地造林是衡量和考核农户林地承包经营履责情况的关键核心指标，故此，我们需要从农户家庭和村集体两个方面来进行考察和分析。

2.2.2.1　农户调查层面的宜林地造林履责落实情况

从农户层面的调查数据来看(表 2-9)，截至 2018 年年底 400 个样本农户中有 74 户(占 18.50%)家庭或多或少存在有宜林地的情况，宜林地面积共计有 2362.7 亩，占样本户承包林地总面积(41751.3 亩)的 5.66%。

表 2-9　样本农户家庭宜林地现有情况

省份	样本县	宜林地农户数(户)	宜林地面积(亩)	近期打算造林农户数(户)	没打算造林农户数(户)
江西	遂川	5.00	108.00	3	2
	宜丰	3.00	93.00	1	2
云南	绿丰	16.00	249.50	7	9
	永胜	15.00	903.90	8	7
湖南	茶陵	16.00	876.50	3	13
	慈利	12.00	101.30	7	5
福建	武夷山	3.00	16.00	2	1
	尤溪	4.00	14.50	1	3
总计(户)		74.00	2362.70	32	42
占比(%)		18.50	5.66	43.24	56.76

比较本次专项调查与以前的林改监测调查发现，无论是存在宜林地的农户数占比还是宜林地面积占比，都有显著增加。对此笔者进行了认真的分析，分析认为，在林改监测中对于农户的宜林地调查大多只停留在采伐迹地和火烧迹地两个

层面，而忽视了对于荒山荒地的数据挖掘。本次调查特别强调了对于农户承包林地总面积当中的荒山荒地——主要是针对无人工造林的灌木林地的调查，把一些无人工造林的灌木林地纳入了宜林地的重点调查范围，因此，使得宜林地农户数占比和宜林地面积占比都有了明显增加。分析后认为这是合理的，因为在南方集体林区，很多灌木林地就是多年前的采伐迹地和火烧基地，由于没有及时造林和人类的有效管护导致其出现严重的水土流失后形成的。在南方，对这些相对贫瘠的灌木林地是应该、也完全可以恢复造林的。在当前林地资源稀缺的情况下，不对相对贫瘠的灌木林地造林就应该属于林地承包不履责的行为范畴。

从农户家庭现有宜林地的分类情况来看(表 2-10)，排在第一位的是荒山荒地，共计 1454 亩，占宜林地面积的 61. 54%，主要发生云南的永胜、绿丰和湖南的茶陵，江西的逐川和宜丰也有不少。据农户们说，荒山荒地主要发生在偏远地段，由于交通不便，造林成本高，管护困难，农户的造林积极性不高。排在第二位的是火烧迹地，共 681 亩，占宜林地面积的 28. 82%，主要发生在湖南的茶陵和慈利。据茶陵县被访的 8 家农户反映，2015 年在与江西接界的一大片山区发生了特大森林山火，烧毁了数千亩林地，直到现在也没有得到赔偿，所以他们也就一直没有恢复造林。慈利县有 6 家农户，共计两三百亩林地(其中，2 家样本户有 64 亩)2013 年被火烧掉后由于未能得到赔偿就一直未能更新造林。排在第三位的是林间空地，共 101. 4 亩，占 4. 29%，主要发生在云南的永胜、绿丰和湖南茶陵。茶陵的林间空地主要是坟山，据当地老百姓说，坟山是公祖山，即使分山到户也不得随意造林，公祖山的处置权在“家族”。排在第四位的是采伐迹地，

表 2-10　样本农户家庭现有宜林地分类情况　　单位：亩、%

省份	样本县	采伐迹地	火烧迹地	荒山荒地	林间空地	采矿迹地
江西	逐川	5	0	96	7	0
	宜丰	0	0	87	6	0
云南	绿丰	20	0	160	46. 5	23
	永胜	4. 5	0	865	9. 6	24. 8
湖南	茶陵	40	617	189	30. 5	0
	慈利	0	64	36	1. 3	0
福建	武夷山	2	0	14	0	0
	尤溪	0	0	7	0. 5	7
总计		71. 5	681	1454	101. 4	54. 8
占比		3. 03	28. 82	61. 54	4. 29	2. 32
排序		4	2	1	3	5

共71.5亩，占3.03%。最后是其他——主要是采矿迹地，共54.8亩，占2.32%。在有宜林地的74家农户家庭中，近期打算造林的农户数32家，占43.24%；近期没打算造林的农户数42家，占56.76%。近期不打算造林的42家农户给出的原因：一是荒山荒地和采矿迹地的立地条件太差，造林成本太高不合算；二是家里人出去打工了没有劳动力造林；三是山林被烧等待赔偿；四是没时间造林；五是家里没钱造林(表2-11)。

表2-11 有宜林地农户近期不打算造林的原因

分类情况	没钱造林	没时间造林	没劳动力造林	立地条件太差	等待赔偿	合计
农户数(户)	4	5	12	13	8	42
占比(%)	9.53	11.90	28.57	30.95	19.05	100.00

对于近期不打算造林的宜林地怎么处置的问题(表2-12)，42家农户中有17家选择了"暂时没有计划"，有12家选择"等有了钱再造林"，有5家选择"公家已经封山育林了"，有3家打算把林地流转出去，有5家选择"其他(等等看)"。

表2-12 近期不打算造林的宜林地的农户处置办法

分类情况	暂时没计划	等有了钱再造林	公家已经封山育林	流转出去	其他
农户数(户)	17	12	5	3	5
占比(%)	40.48	28.57	11.90	7.14	11.91

2.2.2.2 样本村调查层面的宜林地造林履责落实情况

从村级层面的调查数据来看(表2-13)，截至2018年底共有27个样本村(占67.5%)存在有宜林地，面积大约有51850亩，占样本村林地总面积(1085363亩)的4.78%。

表2-13 宜林地较集中的样本村2018年宜林地情况

省份	样本县	样本村林地面积(亩)	宜林地较集中样本村(个)	宜林地面积(亩)	宜林地占比(%)
江西	逐川	142507	3	9010	6.32
	宜丰	49522	2	390	0.79
云南	绿丰	325890	5	21380	6.56
	永胜	218561	3	8256	3.78
湖南	茶陵	112640	3	10440	9.27
	慈利	59980	3	654	1.09

（续）

省份	样本县	样本村林地面积(亩)	宜林地较集中样本村(个)	宜林地面积(亩)	宜林地占比(%)
福建	武夷山	129950	5	1120	0.86
	尤溪	46313	3	600	1.30
合计		1085363	27	51850	4.78

据村干部反映，农户家庭未能将宜林地及时造林的主要原因(表 2-14)：一是一些灌木林地、石漠化林地、采矿迹地的立地条件太差，造林投入产出效率低(占 40.82%)；二是劳动力外出打工，没有劳动力造林(占 20.41%)；三是农户缺乏资金造林(占 16.33%)；四是举家迁移城镇置业或就业(占 8.16%)；五是村里已经封山育林但林子还没有长起来(占 6.12%)；六是采伐限额政策影响了农户造林积极性(占 4.08%)；七是其他(包括地处偏远、老是被火烧、林地规模小、不便管护等)，合计占 4.08%。

表 2-14 样本村层面农户家庭现有宜林地情况调查 单位：户、%

省份	样本县	有无宜林地		有宜林地而未能造林履责的主要原因							
		有	无	合计	A	B	C	D	E	F	G
江西	遂川	3	2	7	0	2	3	1	0	1	0
	宜丰	2	3	5	1	1	2	0	0	1	0
云南	绿丰	5	0	8	1	1	3	0	1	1	1
	永胜	3	2	7	0	1	3	0	1	2	0
湖南	茶陵	3	2	7	1	1	3	1	0	1	0
	慈利	3	2	4	0	1	2	1	0	0	0
福建	武夷山	5	0	6	0	1	3	0	0	1	1
	尤溪	3	2	5	1	2	1	0	0	1	0
合计		27	13	49	4	10	20	3	2	8	2
占比		67.50	32.50	100.00	8.16	20.41	40.82	6.12	4.08	16.33	4.08

注：此题为多选题。A-举家迁往他地置业或就业；B-家庭劳动力外出打工，没有劳动力造林；C-立地条件太差，造林投入产出比低；D-已经封山育林了，但林子至今没能长起来；E-采伐限制多，农户不愿造林；F-缺乏资金；G-其他。

以上调查数据表明，目前在广大集体林区确实存在有一定数量的宜林地，而且少数地方存在的规模还比较大。这就说明，“明晰产权”的集体林权制度改革，虽然在改革初期绝大多数农户造林积极性提高，但随着时间的推移和社会的发展，由于家庭经济状况、林地生产条件和社会环境因素的不同影响，分化出了一些农户林地承包不履责的现象，而且，这种现象正在变得愈来愈严重。

2.3 农户林地承包经营履责影响因素的分类统计分析

农户的林地承包经营履责行为会受到诸多因素影响，要了解和把握这些因素究竟是如何产生影响及影响的大小，就必须立足于调查研究。

2.3.1 农户家庭特征因素

2.3.1.1 不同户主特征对营林履责行为的影响

户主是家庭组织的核心，对家庭经济行为具有重要影响。户主对于家庭经济行为的影响，主要反映在户主的个体特征之上。户主的个体特征主要包括年龄、文化程度、职业、是否从事与林业生产经营相关的活动、是否是村干部等。

表 2-15 是样本农户户主特征的调查数据统计表。数据显示：当前农户家庭户主年龄偏大，50 岁以上的占 70%，50 岁以下的只占 30%，老龄化现象十分明显。从受教育程度来看，小学及以下文化程度的占 34.50%，初中文化的占比最多为 44.25%，高中以上文化程度的占 21.25%。村组干部和普通农户家庭分别占 28.00%和 72.00%。从职业来看，长期在家务农的占 54.25%，务农兼副业(包括打工)的占 17.5%，长期在外打工的占 6.25%，有固定工资收入(主要是村干部)的占 16%，其他(主要是退休或长期在外做生意)的占 6%。调查数据还显示，在这些样本农户中接受过林业培训的农户不足四成。

表 2-15 样本农户家庭户主特征数据

年龄	30 岁以下	31~40 岁	41~50 岁	51~60 岁	60 岁以上
比重(%)	0.25	4.75	25.00	36.25	33.75
受教育程度	小学及以下	初中	高中或中专	大专及以上	—
比重(%)	34.50	44.25	19.00	2.25	—
职业	务农	务农兼副业	长期打工	固定工资收入	其他
比重(%)	54.25	17.50	6.25	16.00	6.00
是否是村组干部	是	否	—		
比重(%)	28.00	72.00	—		
是否接受过林业培训	是		否	—	
比重(%)	39.00		61.00	—	

下面从受教育程度、是否是村干部和有无接受过林业培训这三个主要方面来对户主特征因素进行分析。

(1)从受教育程度来看(图 2-5)，不同受教育程度农户的履责情况差异较大，基本上反映出了“户主受教育程度越高，发生林地承包经营责任不落实(即不履责)的占比越高”的基本特征。

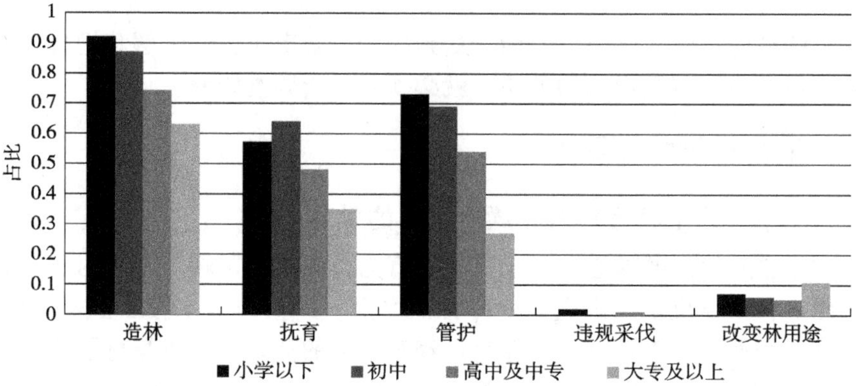

图 2-5 户主不同文化程度的农户家庭履责差异比较

(2)从是否为村干部来看(图 2-6)，村干部在造林、抚育和管护方面的履责比例分别为 92%、46%和 38%，不是村干部的农户家庭在造林、抚育和管护方面的履责比例分别为 86%、61%和 77%，村干部家庭的造林履责比例高于普通农户家庭，但在抚育和林地管护方面的履责情况明显不如普通农户。此外，在改变林地用途方面，村干部比普通农户违责更多(主要是在林地上修建房屋)。

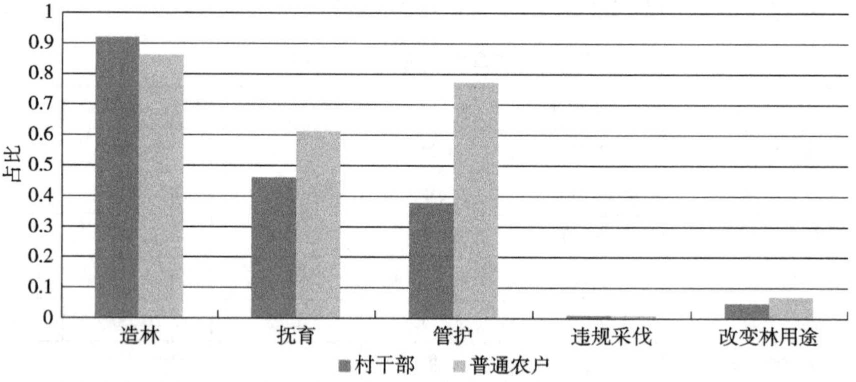

图 2-6 村干部与普通农户营林履责差异比较

(3)在林业生产培训方面(图 2-7)，接受过林业培训与未接受过林业培训的农户，其履责差异较为明显，其中，接受过林业培训的农户在造林、抚育和管护方面的履责比例分别是 94%、63%和 83%，明显高于未接受过林业培训的农户。

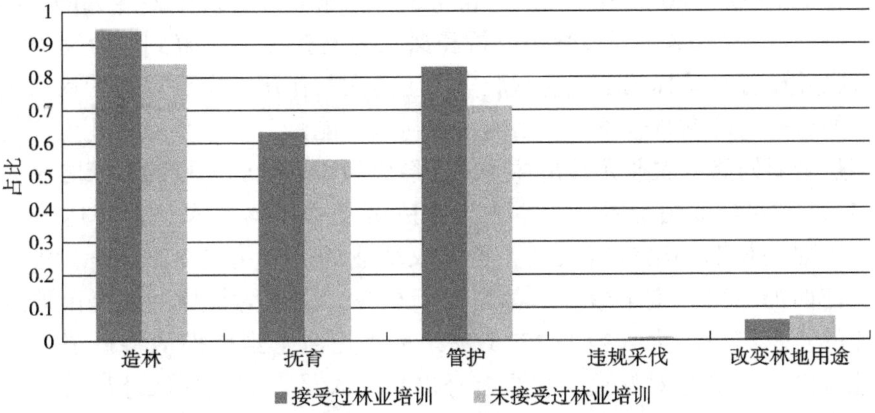

图 2-7 接受过林业培训与未接受过林业培训履责差异比较

2.3.1.2 家庭劳动力数量对农户营林履责行为的影响

在农村，劳动力数量对农户家庭生产行为会产生很大影响。林业本来就是一个劳动力密集型产业，林地承包责任的落实意味着农户家庭必须投入一定量的劳动力来从事造林、抚育和林地管护，否则就不可能落实好林地承包经营的各项责任。2018 年样本农户家庭劳动力和非农就业情况统计结果见表 2-16。

表 2-16 样本农户家庭劳动力情况

省份	样本县	家庭劳动力人数(人)							非农就业比例(%)
		0	1	2	3	4	5	≥6	
江西	逐川	2	2	16	12	11	5	2	61.59
	宜丰	4	4	20	9	11	1	1	62.20
云南	绿丰	0	3	23	10	10	3	1	28.57
	永胜	2	3	17	12	8	5	3	28.86
湖南	茶陵	0	2	17	15	11	4	1	47.02
	慈利	4	5	17	14	8	2	0	45.53
福建	武夷山	0	0	17	13	10	6	4	12.57
	尤溪	5	2	12	9	12	4	6	32.08
合计(户)		17	21	139	94	81	30	18	38.90
占比(%)		4.25	5.25	34.75	23.5	20.25	7.5	4.5	—

注：①劳动力是指年龄 16 周岁到 60 周岁具有劳动能力的人，不包括军人和学生；②非农就业比例是指在非农就业的劳动力人数占家庭劳动力总数的比例。

(1)从家庭劳动力数量看，家庭没有劳动力的农户数为 17 户，占 4.25%，家庭有 1 个、2 个、3 个、4 个、5 个、6 个及以上劳动力的农户数分别占 5.25%、

34.75%、23.50%、20.25%、7.50%和4.50%，家庭劳动力在2~4人的样本户共有314户，占78.50%。通过数据分析和深入的调查访谈了解到，劳动力人数较多的家庭并没有对其林地承包经营履责产生多大的作用，主要因为劳动力越多的家庭其外出打工的人数也越多。当前，农村真正能留下来从事农林业生产的人员大多都是老弱妇孺，农业尤其是林业，已经成为留守老弱妇孺的看家之业。

(2)从非农就业情况看，样本农户家庭劳动力平均非农就业率达38.90%，其中，主要是长期外出务工人员，占非农就业的劳动力的82.16%。从地域比较看，江西的逐川和宜丰最高，都超过了60%；最低为福建的武夷山地区，非农就业的占家庭劳动力人数的12.57%，主要是由于当地推动特色茶叶产品生产，地区农业经济相对发达，很少有外出打工人员，其他地区外出打工劳动力一般都在三四成之上。从发展趋势来看，劳动力非农产业转移就业的趋势相当明显。从调查的实际情况看，大量的非农就业已经对农户家庭的林地承包经营履责带来了严重影响。

2.3.1.3 家庭收入对农户营林履责行为的影响

农户家庭收入主要包括农业收入、林业收入、经商务工收入、政府财政转移收入和其他收入等。农户营林生产投资主要来源于农户家庭收入。理论上讲，农户家庭收入是影响农户林地承包履责的重要因素。按理说，农户家庭收入越高，林业生产投资的潜力越大，就应该越有利于林地承包责任的落实。然而，事实是否真的如此呢？湖南省集体林权制度改革监测样本农户2009—2018年10年间家庭林业生产投资与家庭收入的相关数据整理结果见表2-17。

表2-17 2009—2018年湖南省样本农户户均收入与林业投入变化

年份	家庭总收入(元)	林业生产投资(元)	林业投资占总收入(%)
2009	52495.84	4860.38	9.26
2010	56730.23	7084.12	12.49
2011	60897.42	14393.1	23.63
2012	66120.76	6508.68	9.84
2013	68201.21	7857.44	11.52
2014	65933.29	7329.77	11.11
2015	65411.16	5805.47	8.87
2016	68028.95	4866.75	7.15
2017	71045.50	5075.02	7.14
2018	74788.25	4948.79	6.62

注：数据来源于湖南省集体林权制度改革监测数据库。

表 2-17 数据显示，2009—2018 年的 10 年间，农户家庭总收入有持续增长。按理说，农户家庭收入的增长会影响到林业投资的增长，农户家庭收入越高，林业生产投资的潜力越大，投资的数量应该越多。但事实上，农户家庭林业生产投资和林业生产投资占家庭收入比重除在“确权到户”改革前 3 年逐年有较大增幅外，从第四年开始便逐年下降(图 2-8)。这就说明，农户家庭的林业生产投资规模与农户家庭的总收入并不发生直接的关联。从图 2-8 农户家庭林业投资规模的变化来看，农户家庭的林业生产投资规模可能主要与林业产权制度改革的政策效应有关。在改革初期，由于改革的产权激励，农户逐年扩大了林业投资，但 3 年之后，改革的政策效应逐年消退，农户的林业生产投资热情也跟着逐年消退了，这便不可避免地会影响到农户家庭林地承包经营履责的行为变化及其实际效果。

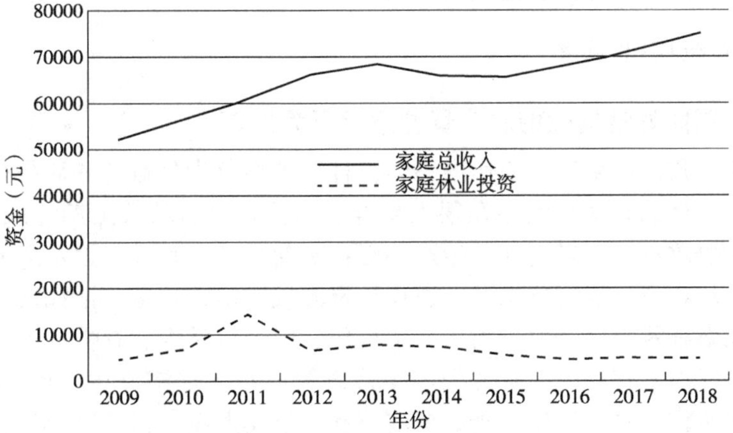

图 2-8　2009—2018 年农户家庭总收入与营林生产支出变化趋势

2.3.1.4　家庭林地流转的不同方向与农户营林履责行为的关联性分析

林地流转包括林地流入与林地流出。林地流转的不同方向——流入与流出，代表了农户对林业生产经营的不同偏好与不同投资预期。

表 2-18 数据表明，有林地流入的农户在造林、抚育和山林管护方面积极履责的农户数占比分别为 94%、78%和 77%，明显高于没有林地流入农户；有林地流出的农户则刚好相反，林地流出农户在造林、抚育和山林管护方面积极履责的农户数占比分别只有 88%、59%和 61%，明显低于有林地流入的农户，且不同流转方向的农户均在中幼林抚育方面存在明显差异。

表 2-18　林地流转的不同方向与农户营林履责行为的关联性分析

林地流转方向		行为农户比例(%)				
		造林	中幼林抚育	山林管护	违规采伐	改变林地用途
林地流入	有	94.00	78.00	77.00	1.00	6.00
	无	90.00	60.00	67.00	0.00	11.00
林地流出	有	88.00	59.00	61.00	0.00	11.00
	无	90.00	79.00	70.00	1.00	6.00

很明显，农户有林地流入，说明其对林业生产具有偏好或具有较高的投资收益预期，因此，他们肯定会对各项林业生产付诸履责行动；相反，农户有林地流出，说明其对林业生产缺乏偏好或对林业生产投资收益预期不足，因此，他们必定会对林业生产的各项投资活动缺乏动力。

2.3.2　林地特征因素

2.3.2.1　不同林地属性的农户营林履责行为比较

根据立地条件和生态功能作用不同，林地被划分为公益林和商品林；国家对公益林和商品林的管理政策存在很大差异。对公益林，政策上禁止或限制采伐，国家和地方财政给予逐年增加的生态补偿；对商品林，政策上逐步放开，由农户自主经营。从农户访谈情况来看：在森林资源较丰富的地区，诸如江西遂川、云南永胜、湖南茶陵等县，由于山上有木可伐，而公益林生态补偿标准较低，公益林农户纷纷要求放宽对公益林的限额采伐政策或是要求将公益林转划成商品林；而在森林资源较贫瘠的地区，诸如湖南慈利、福建尤溪、云南绿丰等县，由于山上少有木材可砍，商品林经营收入不多，商品林农户则希望能将林地划分成公益林，从而获得公益林生态补偿。由此可以看出，农户经营山林的目标就是为了增加家庭收入，林地属性及由此产生的收入差异已经成为当前影响农户营林生产积极性和林地承包经营履责的重要因素。

调查发现，目前样本农户中很少有只经营商品林或公益林的，大多数农户都是同时经营商品林与公益林。为方便对比分析，本研究基于农户家庭中经营两种林地的比重不同，把农户家庭分为公益林农户(公益林占比超过 60%)、商品林农户(商品林占比大于 60%)和兼有林农户(两种林地占比均在 40%~60%)三类。由此得到，公益林农户家庭占比为 23.25%，商品林农户占比为 64.50%，兼有林农户(既有公益林又有商品林)占比为 12.25%(表 2-19)。

表 2-19　2018 年样本户家庭林地属性特征　　单位：户

省份	样本县	林地类型			地方性特征
		公益林	商品林	兼有林	
江西	逐川	0	32	18	商品林为主
	宜丰	15	25	10	典型兼有林
云南	绿丰	8	41	1	商品林为主
	永胜	25	21	4	公益林为主
湖南	茶陵	9	35	6	商品林为主
	慈利	30	13	7	公益林为主
福建	武夷山	6	41	3	商品林为主
	尤溪	0	50	0	全部商品林
合计(户)		93	258	49	—
占比(%)		23.25	64.50	12.25	—

从分县情况对比来看(表 2-19)，福建尤溪样本农户全部是商品林，武夷山地区商品林占比也很高，所以福建地区样本农户林地承包经营履责相对较好；江西逐川、云南绿丰、湖南茶陵虽然样本农户以商品林为主，但由于有相当比例的公益林的存在，公益林与商品林管理政策的巨大差异就导致了该地区农户对待公益林承包履责不力现象的发生；云南永胜、湖南慈利样本农户以公益林为主，故此这两个地方的农户林地承包经营不履责现象和问题就相对更多些。

从样本户的林地属性分类情况来看(表 2-20)，在宜林地造林方面，商品林农户履责比例最高，为92%，兼有林农户履责比例最低，为76%；在中幼林抚育方面，公益林农户和商品林农户履责表现一样，均有61%的农户完成了中幼林抚育工作，兼有林农户依旧明显低于公益林和商品林农户，其抚育比例仅为49%；在山林管护方面，80%的公益林农户和77%的商品林农户进行了有效管护，兼有林农户的管护履责比例依旧最低，为68%。从总体情况来看，商品林农户的履责比例大于公益林农户，更明显地高于兼有林农户。

表 2-20　不同林地类型农户的营林履责情况比较

农户类型	行为农户比例(%)				
	造林	中幼林抚育	山林管护	违规采伐	改变林地用途
公益林农户	91.00	61.00	80.00	2.00	4.00
商品林农户	92.00	61.00	77.00	0.00	6.00
兼有林农户	76.00	49.00	68.00	0.00	19.00

商品林农户履责比例高于公益林，主要是由于商品林地的经营约束较少、收益相对较高所致。而兼有林农户的各种营林履责数据都偏低的原因，可能是商品林与公益林的区位差异较大，如果同时拥有商品林和公益林，则大概率会导致农户家庭林地的分散和林地细碎化程度的提高，进而造成林业生产经营成本提高、管理难度更大。

2.3.2.2 不同林地规模农户的营林履责行为比较

林地规模一般用农户所经营的林地面积来反映。林地面积越大，农户越倾向于增加营林投资和强化林地管护，因此，农户林地承包经营履责的积极性会随着林地面积的扩大而呈现上升的趋势。

从调查数据反映的情况来看(表 2-21)，农户家庭平均林地规模为 104.38 亩，但各地农户家庭承包经营林地面积存在较大差异，最大规模为云南省永胜县新田村的林业大户叶某家庭承包经营的林地，面积达到了 3351.90 亩，最小规模同样为云南永胜县金某家庭承包经营的林地，面积仅为 0.60 亩(据说是林地流转到子女名下所致)。

表 2-21　2018 年样本户家庭林地经营规模统计

省份	样本县	最大林地面积(亩)	最小林地面积(亩)	户均林地面积(亩)
江西	遂川	504.00	3.20	144.09
	宜丰	1112.50	12.30	112.43
云南	绿丰	2082.00	5.00	82.09
	永胜	3351.90	0.60	288.86
湖南	茶陵	1004.10	2.00	108.98
	慈利	147.00	2.00	32.85
福建	武夷山	122.00	6.00	31.47
	尤溪	328.00	1.30	34.26
全部样本户		3351.90	0.60	104.38

从样本区农户的个体情况看(表 2-22)，家庭林地面积 10 亩以下的占 15.25%，10~50 亩的占 41.75%，50~100 亩的占 17.75%，100~500 亩的占 21.75%，500 亩以上的占 3.5%。表 2-22 数据说明，农户家庭林地面积普遍不多，500 亩以上的林业大户占比很少(仅占 3.5%)，所以很难形成规模效益。总体而言，家庭林地面积多的农户其林业收入相对较多，林业生产投入也就较多，林地承包经营履责相对较好；而林地面积较少的农户家庭，由于林业收益少，林业在家庭中的地位就低，林地承包责任落实情况就会相对较差。

表 2-22　2018 年样本户家庭林地经营规模分类统计

省份	样本县	农户家庭林地规模分类户数				
		10 亩以下	10~50 亩	51~100 亩	101~500 亩	500 亩以上
江西	遂川	1	9	15	23	2
	宜丰	0	17	15	17	1
云南	绿丰	7	30	8	4	1
	永胜	11	12	3	15	9
湖南	茶陵	9	10	15	15	1
	慈利	10	31	6	3	0
福建	武夷山	3	37	6	4	0
	尤溪	20	21	3	6	0
合计(户)		61	167	71	87	14
占比(%)		15.25	41.75	17.75	21.75	3.50

2.3.2.3　林地细碎化程度的影响

文献研究表明，林地细碎化程度对林农的林业生产行为具有很大影响。本著在综合考虑农户家庭林地块数与总面积两个关键指标的基础上，借鉴耕地细碎化指数(*SI*)的测算公式来对林地的细碎化程度进行测度(沈陈华，2012)：

$$SI = 1 - \sum_{i=1}^{n} S_i^2 / (\sum_{i=1}^{n} S_i)^2$$

式中：n 为林地块数，S_i 为每块土地的面积。

SI 指数位于 0~1 之间，*SI* 越大，表示土地细碎化程度越高，*SI* 越小，表示土地细碎化程度越小。若 $SI>0.5$，则默认土地细碎化程度较高，$SI<0.5$ 则默认土地细碎化程度较低。

根据以上土地细碎化度测度公式计算出来的样本农户林地细碎化程度与农户营林履责的对应关系如表 2-23 所示。数据显示，林地细碎化程度较低的农户家庭，在造林、抚育和管护等方面的履责比例都要明显优于细碎化程度较高的农户，这就充分说明林地的细碎化程度确实会对农户的林地承包履责行为产生显著的消极影响。

表 2-23　不同林地细碎化程度农户的营林履责情况比较

细碎化程度	农户履责比例(%)				
	造林	中幼林抚育	山林管护	违规采伐	改变林地用途
低，$SI<0.5$	93.00	66.00	81.00	1.00	2.00
高，$SI>0.5$	86.00	51.00	70.00	0.00	14.00

在湖南省慈利县调查中，调查人员走访了九渡溪村的农户刘新平家。他家共确权到户4块林地，但全部加起来只有4.2亩，平均每块林地只有1.05亩，计算出的林地细碎化程度达0.57。户主刘新平说，由于林地太过稀碎，生产经营起来十分困难；由于林地收益不多，管理不便，因此，他们家已经有4~5年没有对林地进行任何投资了（包括山林管护）。换句话说，也就是他们家已经有4~5年没有对承包林地履责了。

2.3.3 现行配套改革政策因素

"确权到户"改革以后，为了促进农户营林履责，推动集体林区的林业发展，国家实施了一系列的配套改革政策，主要包括：①林木采伐限额管理制度；②林业财政补贴政策；③政策性森林保险政策；④鼓励林地经营权流转政策等。

2.3.3.1 林木采伐限额管理政策

目前，林木采伐限额管理政策的基本内容是依据《中华人民共和国森林法》第五章第二十九条至第三十八条之规定来具体制订的。其基本内容包括：①国家所有的森林和林木以国有林业企业单位、农场、厂矿为单位，集体所有的森林和林木、个人所有的林木以县为单位，制定年度森林采伐限额，由省、自治区、辖市人民政府林业主管部门汇总、平衡，经本级人民政府审核后，报国务院批准；②国家制订统一的年度木材生产计划。年度木材生产计划不得超过批准的年度采伐限额；③除农村居民采伐自留地和屋前屋后个人所有的零星树木外，林木采伐必须申请并严格按照采伐许可证规定进行采伐；④审核发放采伐许可证的部门，不得超过批准的年度采伐限额发放采伐许可证；⑤采伐后必须及时更新造林等。在当今"三权分置"改革条件下，对于非国有林业还实施如此严格的林木采伐限额管理政策制度，其公平合理性值得商榷。

当前，森林采伐限额管理政策是按照林木数量（生长量、消耗量）来进行管理的。事实上，不同树种的成熟期差异很大，况且林木的经济成熟还要受到来自市场木材价格、土地的机会成本、利率、风险等因素的影响，故此，现行森林采伐限额管理使得林木不能按照最佳的经济轮伐期进行经营生产，降低了营林生产效益，增加了营林风险。通过问卷调查与农户访谈了解到，目前有70%以上的林农认为，林木限额采伐问题是影响其生产经营的重要因素，甚至有超过一半的受访农户将其列为首要因素。由此可见，不合理的采伐限额政策的实施，影响了农户林地承包经营履责行为的积极性。

2.3.3.2 林业财政补贴政策

2018年样本农户获取的国家林业财政补贴调查数据见表2-24。当前，国家林业财政补贴项目主要有生态公益林补偿金、人工造林补贴和中幼林抚育补贴、林下经济项目奖励和其他补贴等。表 2-24 数据表明，2018 年样本农户户均林业总收入 17307 元，其中，国家林业财政补贴 459.58 元，占户均林业总收入的 2.66%。在国家林业财政补贴项目中，户均生态补偿金 318.35 元，占 69.27%；户均造林补贴 40.22 元，占 8.75%；户均抚育补贴 14.6 元，占 3.18%；户均林下经济奖励 57.67 元，占 12.55%；其他补贴(主要是林机具购买)户均 28.75 元，占 6.25%。由此可见，当前国家对于农户的营林生产补贴实在太少。

表 2-24　2018 年样本户获得国家林业财政补贴情况

省份	样本县	财政补助(元)					
		生态补偿	造林补贴	抚育补贴	林下经济	其他	合计
江西	遂川	10742.40	15000.00	0.00	0.00	2067.70	27810.10
	宜丰	26585.20	0.00	0.00	0.00	225.00	26810.20
云南	绿丰	10262.00	0.00	0.00	0.00	460.00	10722.00
	永胜	27883.90	0.00	5720.00	22068.00	5708.00	61379.90
湖南	茶陵	26794.50	0.00	0.00	0.00	200.00	26994.50
	慈利	17616.50	0.00	0.00	0.00	2478.00	20094.50
福建	武夷山	7454.25	590.00	120.00	1000.00	0.00	9164.25
	尤溪	0.00	498.00	0.00	0.00	360.00	858.00
合计		127338.75	16088.00	5840.00	23068.00	11498.70	183833.45
户均		318.35	40.22	14.60	57.67	28.75	459.58
占比(%)		69.27	8.75	3.18	12.55	6.25	—

集体林地承包到户以后，农户的承包经营责任主要就是扩大造林和加强抚育。在一项针对有宜林地农户开展的关于“政府出台何种政策措施，您会对宜林地积极造林”的问卷调查中，统计数据显示，63.14%的答题选项为要求政府提供造林补贴(表 2-25)。由此可见，提供造林补贴对农户林地承包营林履责确实能够起到很重要的促进作用。据农户反映，现有宜林地大多为荒山荒地，一般立地条件都很差，要造林就得付出较大投资，这对于普通农户家庭来说一般都很难承受，农户们很难具有积极性。但是，在荒山荒地上造林，对于国家提高国土安全和强化生态工程建设来说则是一件功在千秋的好事。

表 2-25　样本户期望对宜林地造林的激励措施　　单位：户

省份	样本县	改革采伐政策	提供造林补贴	开展科技培训	提供良种壮苗	其他
江西	遂川	10	36	1	9	10
	宜丰	5	44	3	5	4

（续）

省份	样本县	改革采伐政策	提供造林补贴	开展科技培训	提供良种壮苗	其他
云南	绿丰	6	28	10	8	0
	永胜	0	37	5	8	8
湖南	茶陵	8	37	1	9	1
	慈利	4	32	1	11	2
福建	武夷山	0	3	0	0	0
	尤溪	0	4	0	0	0
合计		33	221	21	50	25
占比(%)		9.43	63.14	6.00	14.29	7.14

注：此问题只针对家庭中有宜林地农户，且可多项选择。

令人欣慰的是，随着林业生态公益性事业地位的确立和党中央“绿色发展”理念的贯彻执行，国家对于林业的财政补贴已经逐年增多。这对于调动林农的营林生产积极性、提高农户林地承包经营履责的自觉性、推动林业生产和生态建设，必将会发挥重要的作用。

2.3.3.3 政策性森林保险

国家实施政策性森林保险的政策目的，是为了帮助林业生产经营者减灾防灾，降低林业生产经营风险，保障营林者利益。在 2018 年湖南、江西、福建、云南四省 8 个样本县的森林保险调查中发现，有 5 个样本县农户的公益林和商品林保险全部由政府林业部门统保；湖南的两个样本县和福建的武夷山市(县)只对公益林实行政府统保，商品林由农户自主投保。调查数据表明(表 2-26)，占 81.25%的样本农户认为森林保险重要，但对国家政策性森林保险政策表示“了解”的农户数只占 51.50%，“不了解”的农户数占 48.50%。在全部 400 个样本农户中，2018 年参加森林保险的农户数 192 户，占样本农户总数的 48.00%；参保农户全部为政府统保，自主投保率①为 0。

表 2-26　2018 年样本户参加森林保险情况　　单位：户

省份	样本县	对森林保险政策		森林保险重要吗		有没有参保		参保途径		参保面积(亩)	
		了解	不了解	重要	不重要	有	没有	统保	自投	公益林	商品林
江西	遂川	26	24	34	16	14	36	14	0	229.85	936.40
	宜丰	26	24	33	17	15	35	15	0	422.85	988.50

① 据林改跟踪调查发现，当前确有少数农户自主投保，但自主投保的目的纯粹是为了方便办理林权抵押贷款。

（续）

省份	样本县	对森林保险政策		森林保险重要吗		有没有参保		参保途径		参保面积(亩)	
		了解	不了解	重要	不重要	有	没有	统保	自投	公益林	商品林
云南	绿丰	31	19	47	3	42	8	42	0	448.71	3340.26
	永胜	14	36	42	8	32	18	32	0	7078.11	1249.20
湖南	茶陵	27	23	48	2	18	32	18	0	1987.11	0
	慈利	35	15	41	9	35	15	35	0	1200.3	0
福建	武夷	15	35	39	11	0	50	0	0	0	0
	尤溪	32	18	41	9	36	14	36	0	0	1055.97
合计(户)		206	194	325	75	192	208	192	0	11366.93	7570.33
占比(%)		51.50	48.50	81.25	18.75	48.00	52.0	100	0	60.02	39.98

政策性森林保险自2009年实施以来，森林保险规模不断扩大，对于开展政策性森林保险的作用效果众说纷纭。

(1)农户层面。绝大多数(本次调查有占81.25%)农户认为森林保险重要，这主要缘于该项政策性森林保险基本上是由政府买单，投保不需要操心保费，损失能够获得赔偿。这样的好事怎么能说不重要？农户的参保途径100%是“统保”就说明了一切。在对参保森林保险的原因调查中，表示“不知道”的农户数占17.50%，“因为有政府保险补贴”的农户数占36.25%，表示“为了防范损失”的农户数不到一半(占46.25%)。对农户“如果没有政府财政保费补贴，您还会参加森林保险吗”的选项调查数据显示，有占87.5%的农户表示不会。这样的调查结果值得我们深思。

(2)干部层面。就基层干部层面来说，对开展政策性森林保险持肯定态度的说法少而持否定态度的说法多。从多年来的跟踪监测访谈了解到，在大多数的县林业局、乡镇林业站和村集体，多数干部反映，自开展森林保险以来，农户对森林防火基本上持漠不关心态度，森林火灾发生以后劳动力不在家的农户无人上山参与灭火，劳动力在家的农户也喊不动他们上山参与灭火，森林“防火灭火”成了干部们的“专项职责”；而等山火灭了以后，受灾农户就会找干部吵着、等着要赔偿。

由此可以看出，政策性森林保险政策的实施对农户的林地承包经营履责行为并没有起到积极的促进作用，反而在一定程度上“放纵”了农户的营林管护履责不落实行为，因此该项政策的实施办法有待政府部门予以修正与完善。

2.3.3.4 “三权分置”下的林地流转政策

“三权分置”改革已在农村推行了数年之久，然而，在对样本户的调查中(表2-27)，有37.75%的农户表示对当前的“三权分置”改革政策不了解。通过对农户宣讲林地“三权分置”改革政策后，有 57.25%的农户认为“三权分置”政策很好，有 29.50%的农户认为“一般”，还有 13.25%的农户认为该项政策不好。认为该项政策“一般”或“不好”的理由，主要是农户对所有权归集体这一点表示不能理解。由此可见，当前农村的政策宣传力度有待加强。

表 2-27 样本户对“三权分置”改革政策的认知情况 单位：户

省份	样本县	你了解“三权分置”政策吗		你认为“三权分置”政策好不好		
		了解	不了解	很好	一般	不好
江西	遂川	40	10	36	14	0
	宜丰	30	20	30	18	2
云南	绿丰	32	18	22	16	12
	永胜	27	23	21	15	14
湖南	茶陵	36	14	41	9	0
	慈利	35	15	35	9	6
福建	武夷山	23	27	22	20	8
	尤溪	26	24	22	17	11
合计		249	151	229	118	53
占比(%)		62.25	37.75	57.25	29.50	13.25

在对农户林地流转意愿项目调查中，统计数据显示(表 2-28)，400 个样本户中有 90 户(占 22.50%)打算对林地进行流转；其中，打算流出林地的农户数 58 户(占 14.50%)，打算流进林地的农户数 32 户(占 8.00%)。农户流出林地的主要原因和相应的户数：①要进城转移就业的有 17 户，占 4.25%；②因为林地经营收益太低的有 23 户，占 5.75%；③没有经营能力(包括资金、劳动力、林地偏远等)的有 6 户，占 1.50%；④其他原因的有 12 户，占 3.00%。农户打算流进林地的原因和相应的户数：①想发展家庭林场的有 10 户，占 2.50%；②想发展林下经济的有 6 户，占 1.50%；③其他原因的有 16 户，占 4.00%。

表 2-28 样本户林地流转意愿调查分析 单位：户

省份	样本县	有无打算林地流转		打算流进还是流出		流出原因				流进原因		
		有	没有	流进	流出	转移就业	收益太低	没能力	其他	家庭林场	发展林下经济	其他
江西	遂川	14	36	6	8	4	2	0	2	3	1	2
	宜丰	7	43	4	3	2	0	0	1	2	1	1

（续）

省份	样本县	有无打算林地流转		打算流进还是流出		流出原因				流进原因		
		有	没有	流进	流出	转移就业	收益太低	没能力	其他	家庭林场	发展林下经济	其他
云南	绿丰	15	35	1	14	2	6	3	3	1	0	0
	永胜	18	32	3	15	3	8	1	3	2	0	1
湖南	茶陵	22	28	16	6	2	2	1	1	2	3	11
	慈利	9	41	2	7	1	4	1	1	0	1	1
福建	武夷山	2	48	0	2	2	0	0	0	0	0	0
	尤溪	3	47	0	3	1	1	0	1	0	0	0
合计		90	310	32	58	17	23	6	12	10	6	16
占比(%)		22.50	77.50	8.00	14.50	4.25	5.75	1.50	3.00	2.50	1.50	4.00

随着农村经济社会的发展和农户的加速分化，当前农村中普遍存在一些要到城镇转移就业、家庭劳动力长期外出打工、因为年老没有能力继续履行林地承包经营责任的农户群体，而且这个群体的占比在不断提高。这就说明，应该创造条件让那些有意愿转出林地的农户将林地的经营权转让出来，让那些有能力、有资金、有技术，想扩大林业生产规模的农户也能够通过林地流转来扩大林业生产规模。因此，“三权分置”下的林地流转确实有助于促进农户林地承包经营责任的落实。

2.4　农户林地承包经营履责影响因素的实证分析

通过以上对调查数据的统计分析，能够得出的结论是：①当前确有少数农户存在林地承包经营责任不落实、营林履责积极性不高、自觉性不强、经营懈怠的现象与倾向；②林地承包经营合同签约的不规范和不到位，是造成农户林地承包经营责任不明确和履责不到位的重要影响因素；③农户家庭劳动力数量、家庭林业收入及家庭总收入、林地面积和林地细碎化程度、林地属性、政府林木限额采伐管理政策、林业财政补助政策和森林保险政策等，都对农户落实林地承包经营责任具有重要影响；④林地经营权流转，对于促进农户林地承包经营履责具有明显的提振功效。

本节拟在上述分析结论的基础上，运用计量模型实证分析林地确权是否到位、农户家庭林地经营规模、林地经营权流转、政府管制措施等对农户履责行为分化的现实影响，并考察不同户主特征和林地特征对农户履责行为影响的程度和方向，以期把握影响农户林地承包履责的关键因素。

2.4.1 研究假说

2.4.1.1 林地确权到位对农户林地承包经营履责行为具有正向影响

产权理论认为，明晰的产权界定，能够减少产权交易损失，提高产权收益，从而对生产经营者产生激励效应，诱使产权人产生持续改善生产和运营效益的强大激励动力。就农户的林地承包经营来说，明晰的林地产权界定，能够给农户家庭带来更多的收益，从而对农户的林地承包经营履责行为产生激励效果。也就是说，农户持有的林地产权越完整越稳定就越能为农户家庭带来更多收益，从而越能激励农户的林业生产投资和约束农户的林地过度利用行为，从而使农户的林地承包经营履责效果更好。

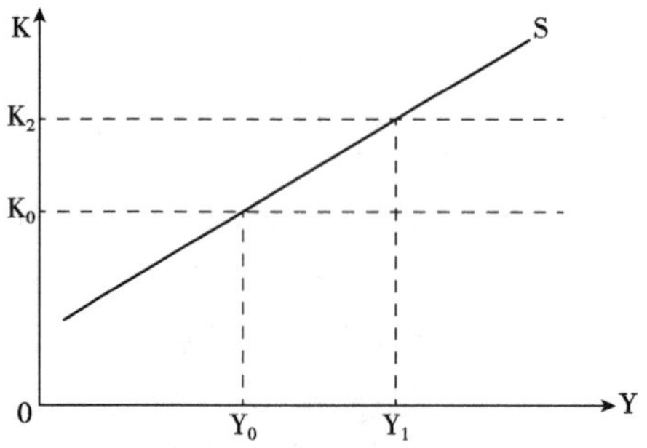

图 2-9 林地收益对农户林地承包经营履责的激励效应

如图 2-9 所示，林地确权到位能够使农户家庭的林业经营收益预期由 Y_0 提高到 Y_1，在投资产出率曲线 S 不变的情况下，那么，农户家庭的营林生产履责投资就必然要由 K_0 增加到 K_1。农户家庭营林生产投资的增加，就意味着农户家庭林地承包经营履责达到了更好的状态。

现有众多文献阐明，21 世纪以来的集体林权制度改革确实能够在诸多方面表现出激发农户林业生产积极性的正向激励作用（孔凡斌等，2009；张英等，2015；杨扬等，2018）。故此，根据产权理论，参考现有文献研究结论，可以得出以下推论：林地确权对于推动农户林地承包经营履责具有重要的激励影响。基于上述理论分析理论和现有文献研究结论，提出以下研究假设。

H_1：“林地确权到位”会对农户林地承包经营履责行为产生显著的激励作用。

2.4.1.2 林地规模效率对农户的林地承包经营履责行为具有重要影响

西方规模经济理论认为：在适度规模经济条件下，经营规模的扩大会带来规模经济效益的增长。也就是说，适度的规模经济能使单位产品成本降低，利润增大。即扩大经营规模可以降低平均成本，从而提高利润水平。马克思主义的规模经济理论也认为，“大规模生产是提高劳动生产率的有效途径”。

就农户家庭的林地承包经营来说，林地经营规模既表现为承包林地的绝对规模（总面积），又表现为承包林地的相对规模（即林地的细碎化程度）。绝对规模（林地面积）的扩大，意味着林业生产的外延收益增加；林地的相对规模扩大（林地的细碎化程度降低），意味着农户家庭的营林生产成本降低，营林生产的内涵收益增加。无论是林业生产的外延收益增加还是内涵收益增加，都意味着林业生产效益的提高。

如图 2-10 所示，当农户家庭营林生产效率提高时，如营林生产效率曲线由 R_0 变化到 R_1，对应农户家庭承包经营的林地面积 S_0 上的营林生产投资就会由 K_0 提高到 K_1。这就意味着农户家庭的林地承包经营履责状况得到了提升。

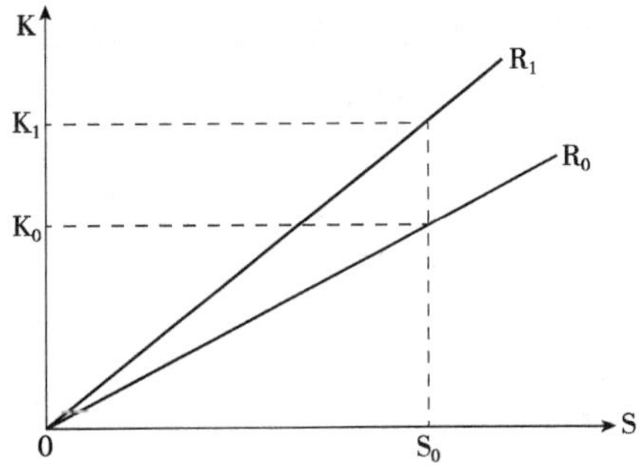

图 2-10 林地生产规模效率对农户林地承包经营履责的激励影响

目前，现有文献阐明，林地经营规模扩大有助于激发农户家庭林业投资的积极性(张自强等，2018)，同时，林地细碎化程度对农户营林生产投资具有抑制影响(孔凡斌等，2012)。于是，依据上述理论分析并参考现有文献研究结论，可以提出以下研究假设。

H_2：农户林地承包经营面积对促进农户林地承包经营履责具有积极影响。

H_3：农户家庭林地细碎化程度会对农户林地承包经营履责产生消极影响。

2.4.1.3 林地经营权流转会对农户的林地承包经营履责行为产生重要影响

规模经济理论认为：在特定经营规模范围内，扩大生产经营规模可降低平均成本，从而提高经营收益进而影响到经营者行为；相反，缩小经营规模则会提高平均经营成本减少经营收益，进而影响到经营者行为。

如图 2-10 所示，可以得出以下推论：林地流入，会扩大农户家庭的林业生产规模、降低林业生产平均成本，从而提高农户家庭营林生产效率，进而会对农户家庭的营林履责产生正向激励影响；相反，林地流出，会减少农户家庭的林业生产规模、提高营林生产平均成本，从而降低农户家庭的营林生产效率，进而会对农户家庭的营林履责产生反向消极影响。现有文献研究表明，林地流入确实会导致农户家庭营林生产总投入与单位林地投入显著增加(徐秀英等，2013)。基于以上理论分析与现有文献研究结论，可提出以下研究假设。

H_4：林地流入会对农户林地承包经营履责产生正向的激励影响。

H_5：林地流出会对农户林地承包经营履责产生反向的消极效应。

2.4.1.4 政府管制措施会对农户的林地承包经营履责行为产生重要影响

经济人假设理论认为：人的行为动机源于经济诱因，人都要争取经济利益的最大化，人类的经济活动就是为了取得经济报酬。为此，管理者需要运用激励和约束相结合的强制手段，使人们自觉地克服机会主义倾向，约束个人对于经济利益的追求服从于组织的目标。农户家庭的林地承包经营，由于其生产经营周期长、比较收益低、同时具有很强的外部经济性和分散性等特点，极易导致农户的机会主义行为倾向。为强化对农户林地承包经营过程中的机会主义行为约束，必须强化政府管制，譬如强制和规范农户签订林地承包经营合同和林地流转合同、制订严格的采伐限额管理制度等。

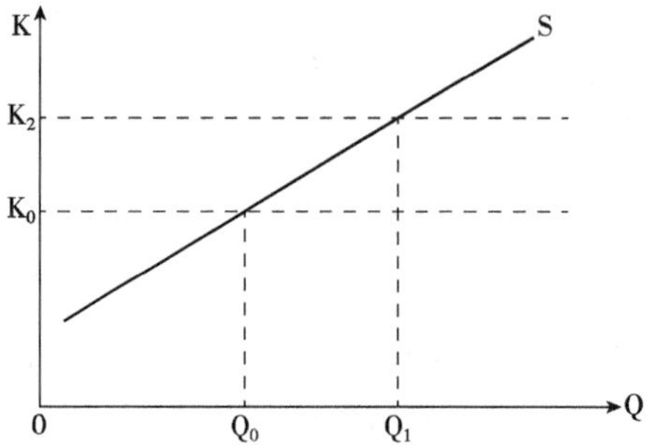

图 2-11　林业管制措施的影响效应分析

如图 2-11 所示，在投入产出一定条件下，没有林业管制措施的农户林地承包经营履责投资点为 K_0，森林资源的产出为 Q_0。为了保障林业生态功能，政府通过强制手段或合同约束管制农户的森林资源产出必须达到 Q_1，那么，在林业生产投资产出率不变的情况下，农户家庭的营林履责投资点就必须由 K_0 提高到 K_1。这样，农户家庭的林地承包经营的各项投资(林地、劳动力、资金)都必然要增加；同时，为尽可能减少家庭投资，农户的乱砍滥伐行为就会得到遏制，农户家庭的林地承包经营履责状况自然也就会得到改善。据此，可以提出以下研究假设。

H_6：强化林地承包合同与林地流转合同的管制会对农户的林地承包经营履责行为产生积极影响。

H_7：规范合理的林木采伐限额管理政策会对抑制农户的乱砍滥伐行为产生正向影响。

2.4.2　模型构建与变量设置

2.4.2.1　模型构建

为研究方便，本著将农户的承包经营履责分解为农户的营林履责意愿与农户的营林履责实际行为两个部分①，以验证林地产权特征、林地规模特征和政府管制措施对农户林地承包经营履责行为的实际影响。农户营林履责意愿研究，就是要分析农户在主观意愿上究竟想不想承担林地承包经营的系列相关责任；而营林履责实际行为研究，则是要分析农户在实际的林地承包经营过程中究竟有没有付出具体的履责实际行动以及付出哪些具体的实际行动。意愿是思想，行为是结果；意愿是行为的基础，行为又是意愿的真实反映。这二者之间既有联系又有区别。依据他们之间的这种联系和区别，我们有必要对其分别开

① 本问题研究设计了农户林地承包经营履责意愿和实际履责行为强度两个部分的计量模型，目的在于同时考察以下两个方面的问题：一是农户有没有履责意愿；二是农户实际的履责行为如何。

展具体的研究。

首先，构建农户履责意愿的计量模型：

$$FD_i = \alpha_i + \beta_{i1}CR_i + \beta_{i2}FS_i + \beta_{i3}CQ_i + \sum_{j=1}^{n} \lambda_{ij} + \varepsilon_i \tag{2-1}$$

式中：*FD* 表示农户林地承包经营履责意愿，包括宜林地造林意愿、中幼林抚育意愿和对林地林木的管护意愿，即在某一年度内农户对于造林、抚育、管护这些林业生产环节的投资履责意愿，取值为 0 或 1。

其次，构建农户营林生产实际履责行为强度的计量模型：

$$FI_i = \theta_i + \varphi_{i1}CR_i + \varphi_{i2}FS_i + \varphi_{i3}CQ_i + \sum_{j=1}^{n} \gamma_{ij}Z_{ij}\mu_i \tag{2-2}$$

式中：*FI* 表示农户实际履责行为强度，包括造林强度、抚育强度和管护强度，即本年度内农户实际从事造林、抚育和管护工作的行为天数。

在模型(2-1)和模型(2-2)中，*i* 表示个体农户；CR_i 为农户 *i* 的林地产权特征；FS_i 表示农户 *i* 的林地规模特征；CQ_i 表示林改配套措施；Z_{ij} 为一组控制变量。α_i 和 θ_i 为常数项；β_{i1}、β_{i2}、β_{i3} 和φ_{i1}、φ_{i2}、φ_{i3} 以及 $_{ij}$ 为待估计系数；ε_i 和 μ_i 为随机误差项。

2.4.2.2　变量设置

变量设置与赋值的具体情况见表 2-29。

表 2-29　变量设置与具体赋值

分类	变量名称	代码	变量赋值
被解释变量	造林履责意愿	FDC	0=否；1=是
	抚育履责愿意	FDT	0=否；1=是
	管护履责愿意	FDM	0=否；1=是
	造林履责实际行动	FIC	以每年从事造林的实际劳动天数赋值
	抚育履责实际行动	FIT	以每年从事抚育的实际劳动天数赋值
	管护履责实际行动	FIM	以每年从事管护的实际劳动天数赋值
解释变量	林地是否确权到位	CR	0=是；1=否
	是否签订承包合同	QC	0=是；1=否
	林地总面积	FS	以农户家庭实际林地面积赋值
	林地细碎化程度	SI	SI∈[0, 0.3]=1, SI∈(0.3, 0.6]=2, SI∈(0.6, 1]=3
	是否有林地流入	FI	0=否；1=是
	是否有林地流出	FO	0=否；1=是
	限伐管理政策评价	CQ	1=不满意；2=一般满意；3=满意
	林业生产补贴政策评价	WS	1=不满意；2=一般满意；3=满意
	森林保险政策评价	WI	1=不满意；2=一般满意；3=满意

（续）

分类	变量名称	代码	变量赋值
控制变量	户主年龄	Z_1	以户主实际年龄赋值
	户主受教育程度	Z_2	1＝小学及以下；2＝初中；3＝高中；4＝大专或本科以上
	是否受过林业培训	Z_3	0＝否；1＝是
	从事劳动力人数	Z_4	1＝2人及以下；2＝3~5人；3＝5人以上
	林业收入占比	Z_5	1＝5%以下；2＝5%~25%；3＝25%以上
	林地属性	Z_6	1＝商品林；2＝兼有林；3＝公益林

(1)被解释变量

本问题研究的被解释变量包括农户营林履责意愿和农户营林履责行为强度两个方面的因素。对于营林履责意愿(*FD*)来说，它是一个二值变量，反映为农户对宜林地造林、中幼林抚育和林地林木有效管护的是否愿意履行相关责任义务的意愿，若农户愿意履行上述责任义务则赋值为1，反之赋值为0。就农户营林履责行为强度(*FI*)来说，它是指农户在某一年度内实际进行宜林地造林、中幼林抚育和林地管护各环节所投入的实际劳动时间，其取值范围为农户实施上述营林生产经营活动所付出的实际劳动天数。

(2)解释变量

本问题研究的解释变量包括：林地产权特征、林地规模特征和林改配套政策措施等。

①林地产权特征。根据前述分析，林地产权特征主要选取了“林地是否确权到位”(CR)和“是否签订承包合同”(QC)两个变量。调查中我们以农户是否持有林权证为判定依据，若农户持有林权证则默认为确权到位(CR＝1)，若农户未能持有林权证则默认为尚未确权到位(CR＝0)；农户如果签订有承包合同，则QC＝1，反之QC＝0。

②林地规模特征。分别选取“林地总面积”“林地细碎化程度”和“林地流入或流出”作为林地规模特征变量。其中，林地总面积(*FS*)以农户家庭实际经营林地面积赋值；林地细碎化程度(*FA*)以*SI*指数度量结果赋值(具体见表2-29)；农户家庭林地流入(*FI*)以有林地流入赋值*FA*＝1，未有林地流入赋值*FA*＝0；林地流出(*FO*)以有林地流出赋值*FO*＝1，未有林地流出赋值*FO*＝0。

③林改配套政策措施。本著分别以农户对林木限额采伐管理政策、林业补贴政策和政策性森林保险政策的满意度评价作为林改配套政策措施的影响变量，分别用*CQ*、*WS*和*WI*来表示，赋值情况为：满意＝3，一般满意＝2，不满意＝1。

(3)控制变量

为保障回归分析结果的稳健性，同时避免遗漏变量带来的拟合结果可信度问题，本问题研究设置了3组可能影响被解释变量的控制变量，分别是户主个体特征、农户家庭特征和林地属性特征。其中，农户个体特征包括：户主年龄(Z_1)、户主受教育程度(Z_2)、是否是村干部(Z_3)；农户家庭特征包括家庭劳动者人数(Z_4)、林业收入占家庭总收入比重(Z_5)；林地属性(Z_6)在这里主要分为公益林(公益林占比≥60%)、商品林(商品林占比≥60%)和兼有林(40%≤农户家庭的公益林与商品林占比≤60%)。

2.4.2.3　数据来源及描述性统计分析

本项研究的数据来源于本课题组2019年7—9月在湖南、江西、福建和云南四省获取的400个样本农户的相关调查数据。变量赋值后的描述性统计数据见表2-30。

从被解释变量的统计数据看，具有造林、抚育、管护履责意愿的农户数占比分别为96.58%、65.63%和74.89%，其中具有造林履责意愿的农户占比最高。然而，从农户的实际履责行为强度来看：2018年全年农户家庭平均造林工作日只有2.2天，其中有78.75%的农户家庭全年造林工作日为0，但有3家林业大户的造林工作日投入分别为68天、84天和144天，其他有造林投入的普通农户家庭全年劳动投入量一般也只有2~3天。2018年全年农户家庭平均林地管护工作日为25天，其中有43%的农户家庭全年林地管护工作日为0，管护工作日在180天以上的农户家庭只有15家(占3.75%)，管护工作日在100天以上的农户家庭只有25家(占6.25%)。就抚育履责来说，2018年全年有抚育劳动投入的农户数只有18家(占4.5%)，投入的工日总计为228天。由此可见，农户家庭实际的营林生产履责工作时间与其履责意愿之间存在很大差距。故此，相较于农户营林履责意愿影响因素研究来说，对于农户实际履责行为强度的影响因素研究更具价值意义。

表2-30　变量赋值后的描述性数据统计

变量		代码	均值	标准差	最小值	最大值
被解释变量	造林履责意愿	FDC	0.9658	0.3126	0	1
	抚育履责愿意	FDT	0.6563	0.2136	0	1
	管护履责愿意	FDM	0.7489	0.2715	0	1
	造林履责实际行动	FIC	2.2038	0.0121	0	144
	抚育履责实际行动	FIT	0.5700	0.0012	0	30
	管护履责实际行动	FIM	24.6975	0.6798	0	365

（续）

变量		代码	均值	标准差	最小值	最大值
解释变量	林地是否确权到位	CR	0.0975	0.0037	0	1
	是否签订承包合同	QC	0.2875	0.0239	0	1
	林地总面积(亩)	FS	104.38	17.45	0.6	3351.9
	林地细碎化程度	SI	2.1740	0.5632	1	3
	是否有林地流入	FI	0.0375	0.0012	0	1
	是否有林地流出	FO	0.1225	0.0076	0	1
	限伐管理政策评价	CQ	1.6423	0.6874	1	3
	林业生产补贴政策评价	WS	1.5431	0.4228	1	3
	森林保险政策评价	WI	2.5643	0.3128	1	3
控制变量	户主年龄(岁)	Z_1	57.65	11.76	25	86
	户主受教育程度	Z_2	2.2360	0.9451	1	4
	是否受过林业培训	Z_3	0.2057	0.0038	0	1
	家庭劳动力人数	Z_4	1.0025	0.0003	1	3
	林业收入占比	Z_5	1.1258	0.3451	1	3
	林地属性	Z_6	1.5875	0.5573	1	3

从解释变量来看：农户林地承包确权未到户率为9.75%（即到位率为90.25%）；林地承包合同未签订率为28.75%（即签订率为71.25%）；农户家庭平均承包经营林地面积为104.38亩；有林地流入农户数占3.75%；有林地流出农户数占12.25%；此外，农户对政策评价总体满意度较高。

从控制变量来看：户主受教育程度普遍不高，大多数受教育程度为初中。户主年龄普遍偏大，青壮年劳动力基本在外务工，林区劳动力较为匮乏。此外，从林地属性来看，商品林占比相对较高。

2.4.2.4 估计方法

首先，由于农户林地承包经营履责意愿模型(2-1)的因变量是二值变量，故采用“二值选择模型”。二值选择模型通常以隐变量形式出现，记作：

$$y_i^* = \beta x_i + \varepsilon_i (i = 1, \cdots, n) \tag{2-3}$$

式中：y_i^* 为不可观测的潜变量，而解释变量 x_i 通常不含常数项，赋值规则为，当 $y_i^* > 0$，取 $y_i^* = 1$，否则取 $y_i^* = 0$。

其次，农户林地承包经营实际履责行为强度模型(2-2)的被解释变量为农户家庭实际营林履责工作强度（包括年度内实际投入的造林工日、抚育工作日和管护工作日），数据的左侧截取点为c=0，适合采用Tobit模型。农户因其各种原因未能实施营林履责劳动投入时，y_i 取值为 0。此时，y_i^* 的概率分布变成由一个离散点与一个连续分布所组成的混合分布。假设 $y_i^* = \beta x_i + \varepsilon_i (i = 1, \cdots, n)$，其中 y_i^* 不可观测。在截取点 c = 0 处，可以观测到，若 $y_i^* > 0$，则 $y_i = y_i^*$，若 $y_i^* \leq 0$，则 $y_i = 0$。在这种情况下，如果使用 OLS 模型来估计，无论使用的是整个样本，还是去掉离散点后的子样本，都不能得到一致估计。故此，需要进一步采用"Tobit"回归模型。通常情况下，Tobit 模型一般只能对农户的某一生产行为进行估计，而本问题研究的农户林地承包经营履责行为是由林业生产的三个基本环节造林、抚育和管护组成的连续性作业，由于样本农户的不可观察因素对其家庭的各项林业生产经营投资的影响的不可分割性的存在，可以将造林、抚育和管护生产行为建立联立方程组，并将其视为一个独立的系统进行联合估计。

2.4.3 农户林地承包经营履责影响因素的回归结果分析

依据模型设定、基于农户专题调查数据、运用 Stata15.0 软件对影响农户林地承包营林履责意愿[模型(2-1)]和实际履责强度[模型(2-2)]的各因素分别采用"似无关回归"和"Tobit 回归"。表 2-31 报告了模型的回归分析结果。

表 2-31　农户履责情况及行为的回归分析

变量	模型(2-1)(采用似无关回归)			模型(2-2)(采用 Tobit 回归)		
	造林意愿	抚育意愿	管护意愿	造林强度	抚育强度	管护强度
CR	-0.6240**	-0.7625***	-0.8541***	-0.4231***	-0.5221***	-0.7501***
	(0.2975)	(0.2544)	(0.3081)	(01972)	(0.2674)	(0.3281)
QC	-0.5940**	-0.7025	-0.8142	-0.4032**	-0.5121	-0.7208*
	(0.2175)	(0.2144)	(0.2781)	(0.1762)	(0.2476)	(0.3063)
FS	0.0071	0.1617***	0.1824**	0.0065*	0.1423**	0.1624**
	(0.0744)	(0.0623)	(0.0774)	(0.0731)	(0.0626)	(0.0527)
SI	-0.0660**	-0.1234**	-0.5263***	-0.0360**	-0.1524**	-0.3245***
	(0.2012)	(0.1427)	(0.2074)	(0.1456)	(0.1223)	(0.1174)
FI	0.3894*	0.0347	0.4535**	0.3890*	0.0241	0.4532**
	(0.4517)	(0.3304)	(0.4901)	(0.4090)	(0.3305)	(0.2101)
FO	-0.2671***	-0.2912***	-0.7475***	-02781***	-0.2212***	-0.6351***
	(0.2825)	(0.2154)	(0.2367)	(0.2825)	(0.2154)	(0.2355)
CQ	0.1353	0.1176	0.0619	0.1236	0.1166	0.0600
	(0.1176)	(0.0912)	(0.1250)	(0.1456)	(0.1012)	(0.2919)
WS	0.2617	0.1793	0.2456	0.1435	0.1993	0.1756
	(0.2987)	(0.2274)	(0.2919)	(0.2007)	(0.1274)	(0.3005)

（续）

变量	模型(2-1)(采用似无关回归)			模型(2-2)(采用 Tobit 回归)		
	造林意愿	抚育意愿	管护意愿	造林强度	抚育强度	管护强度
WI	0.3145* (0.1824)	-0.1383** (0.1471)	-0.2800** (0.1872)	0.2758* (0.0912)	-0.1924** (0.2919)	-0.1700** (0.1870)
Z_1	-0.0346 (0.1259)	0.1834 (0.0898)	0.0275* (0.1167)	-0.1246 (0.1067)	0.1562 (0.1984)	0.3175* (0.0976)
Z_2	0.0030 (0.1385)	0.25620 (0.0976)	-0.0094 (0.1374)	0.0019 (0.2919)	0.25620 (0.1774)	-0.1094 (0.0912)
Z_3	-0.0386 (0.1984)	0.0854 (0.1446)	-0.0813 (0.2007)	-0.1086 (0.1067)	0.0854 (0.1374)	-0.0273 (0.1001)
Z_4	-0.1601* (0.1310)	0.1415* (0.1001)	0.2365* (0.1340)	-0.1701* (0.1374)	0.1015* (0.0976)	0.1465* (0.1984)
Z_5	0.1866* (0.1164)	0.0800*** (0.0863)	0.3854*** (0.1067)	0.2066* (0.1984)	0.0810*** (0.1001)	0.1234*** (0.0976)
Z_6	-0.2003** (0.1700)	-0.0563** (0.1280)	-0.0105*** (0.1774)	-0.1013** (0.1001)	-0.0413** (0.1774)	-0.0132*** (0.1374)

注：*** 表示 $p<0.01$；** 表示 $p<0.05$；* 表示 $p<0.1$；括号内数字为普通标准误。

2.4.3.1 产权特征对农户林地承包履责意愿与实际履责行为的具体影响

根据表 2-31 模型(2-1)的回归结果，“林地确权是否到位”对农户的造林、抚育和管护履责意愿都具有显著的负向影响；“是否签订承包合同”对农户的造林意愿在 5%的显著水平上产生显著负向影响，而对抚育意愿和管护意愿影响并不显著。这就是说，如果林地确权不到位，就会对农户的造林、抚育和管护履责意愿产生显著的不利影响；而不签订林地承包合同会对农户的造林履责意愿产生显著的消极影响。

根据表 2-31 模型(2-2)的回归结果，“林地是否确权到位”对农户的造林、抚育和管护的实际工作强度都具有显著负向影响。“是否签订承包合同”对农户造林和管护的实际工作强度分别在 5%和 10%的显著水平上产生显著的负向影响，但对抚育的实际工作强度影响不显著。这就是说，林地确权不到位，会显著地影响到农户造林、抚育和管护履责行为的实施；林地承包合同不签订，也会对农户家庭的造林、管护实际工作强度产生显著的消极影响。

以上研究结论与假设 H_1“林地确权到位会对农户林地承包经营履责行为产生显著的正向激励”和假设 H_6“加强林地承包合同和林地流转合同的管制会对农户林地承包经营履责行为产生正向影响”的假设推断一致。

2.4.3.2 林地规模特征对农户林地承包履责意愿与实际履责行为的具体影响

根据表2-31模型(2-1)的回归结果，农户家庭“林地总面积”对农户的抚育和管护履责意愿具有显著的正向影响；而“林地细碎化程度”则会对农户的造林、抚育和管护履责意愿具有显著的反向影响。也就是说，农户家庭承包经营的林地面积越大，越能有效地推动农户的抚育和管护的投资履责积极性；林地细碎化程度越高，对农户的造林、抚育和管护投资履责意愿的抑制作用越强。

根据表2-31模型(2-2)的回归结果，“林地总面积”对农户家庭抚育和管护的实际工作强度具有显著的正向影响。“林地细碎化程度”对农户的造林、抚育和管护实际工作强度具有显著的反向影响。也就是说，农户承包经营的林地面积越大，农户家庭在抚育和管护方面实际投入的劳动量就会越多；林地细碎化程度越高，农户家庭的林业生产劳动力的投资回报率就会越低，农户家庭对造林、抚育和管护的实际劳动投入强度就会越低，履责的实际行动就会越少。

上述研究结论与H_2“林地经营规模对促进农户林地承包经营履责产生显著正效应”和H_3“林地细碎化程度会对农户林地承包经营履责产生显著负效应”的假设判断一致。

2.4.3.3 林地流转行为对农户林地承包履责意愿与实际履责行为的具体影响

根据表2-31的模型(2-1)和模型(2-2)的回归结果，“林地流入”会对农户家庭的造林、管护履责意愿和实际履责劳动强度产生显著的正向影响。这就说明，林地流入不仅能促进农户家庭造林、管护履责意愿的增强，还能推动农户家庭成员对造林和管护履责劳动投入量的显著增加。

相反，“林地流出”会对农户家庭的造林、抚育和管护履责意愿及实际履责劳动强度产生显著反向影响。据林地流出农户反映，发生“林地流出”行为多是缘于家庭劳动力外出打工、经商或家庭成员衰老等导致的劳动力短缺、无力开展家庭林业生产经营活动所致。

上述研究结论验证了H_4、H_5关于“林地流入对农户林地承包经营履责行为产生显著正效应、林地流出对农户林地承包经营履责行为产生显著负效应”假设推断的正确性。

2.4.3.4 林改配套措施对农户林地承包履责意愿与实际履责行为的具体影响

根据表2-31模型(2-1)和模型(2-2)的回归结果，除“森林保险政策评价”对农户的造林、抚育和管护履责意愿及实际履责行为强度具有显著的正向影响外，“林业补贴政策评价”和“林木限额采伐政策评价”对农户的林地承包经营履责的影响作用不显著。

政策性森林保险政策评价对农户造林履责意愿和实际履责劳动投入能够产生显著正向影响，其原因可能是农户感觉到政策性森林保险的实施对于造林后的预期收益会更有保障；政策性森林保险政策评价对农户抚育和管护履责意愿和实际履责劳动投入能够产生显著负向影响，其原因可能是农户感觉到既然有森林保险那抚育和管护工作就不重要了。

“林业补贴政策评价”对农户的林地承包经营履责的影响作用不显著的原因，可能是目前林业生产补贴项目虽多，但补贴量很少，普通农户很难得到，因此，农户对林业生产补贴政策评价普遍不高，政策的激励效用有限。

“林木限额采伐政策评价”对农户的林地承包经营履责的影响作用不显著，这与研究假设 H_7关于“规范合理的林木采伐限额管理政策会对农户的乱砍滥伐行为产生反向的抑制作用”的假设判断不一致。可能的原因是，林木限额采伐政策已经实施多年，目前除对公益林农户有一定影响外，对商品林农户基本上不存在影响；而该政策对公益林的影响又主要反映到了林地属性对于农户林地承包经营履责的影响上。

2.4.3.5 控制变量对农户林地承包履责意愿与实际履责行为的具体影响

表2-31的回归结果显示，户主年龄对林地的管护履责意愿和履责劳动投入强度具有显著正向影响；“家庭劳动力人数”和“林业收入占比”对农户家庭造林、抚育、林地管护的履责意愿与实际履责劳动强度具有显著正向影响；“林地属性”对农户家庭造林、抚育、林地管护的履责意愿与实际履责劳动强度具有显著反向影响。也就是说，户主年龄越大，农户对林地管护的履责愿意和实际履责劳动强度会越高；家庭劳动者人数越多、林业收入占家庭总收入的比重越大，农户对造林、抚育和管护的履责意愿和履责的实际劳动投入就会越多；此外，就林地属性而言，农户对商品林的营林生产履责意愿和实际履责劳动强度要比对公益林的履责意愿和实际劳动强度明显高出很多。

2.4.4 模型检验

2.4.4.1 多重共线性检验

使用Stata15.0统计软件检验了自变量之间的多重共线性问题，结果显示，膨胀系数VIF均值为1.28，远小于10，说明模型中的自变量之间不存在多重共线性问题。

2.4.4.2 稳健性检验

稳健性检验考察的是回归结果的可信度。为了检验模型回归结果的稳健性，在本问题研究中利用随机数软件，随机抽取了80%的样本户，即320个农户进行样本重组，再次估计显著因素对样本户履责意愿和履责强度的影响，结果见表2-32。表2-32中的回归结果与表2-31的基本一致，说明本文实证分析结果较为稳健。

表2-32　稳健性检验结果

变量	模型(2-1)(采用似无关回归)			模型(2-2)(采用Tobit回归)		
	造林意愿	抚育意愿	管护意愿	造林强度	抚育强度	管护强度
CR	-0.6240** (0.2975)	-0.7625*** (0.2544)	-0.8541*** (0.3081)	-0.4231*** (01972)	-0.5221*** (0.2674)	-0.7501*** (0.3281)
QC	-0.5940* (0.2175)	-0.7025 (0.2144)	-0.8142 (0.2781)	-0.4031* (0.1762)	-0.5121 (0.2476)	-0.7208 (0.3263)
FS	0.0071 (0.0744)	0.1617*** (0.0623)	0.1824** (0.0774)	0.0065* (0.0731)	0.1423** (0.0626)	0.1624** (0.0527)
SI	-0.0660** (0.2012)	-0.1234** (0.1427)	-0.5263*** (0.2074)	-0.0360** (0.1456)	-0.1524** (0.1223)	-0.3245*** (0.1174)
FI	0.3894* (0.4517)	0.0347 (0.3304)	0.4535** (0.4901)	0.3890* (0.4090)	0.0241 (0.3305)	0.4532** (0.2101)
FO	-0.2671*** (0.2825)	-0.2912*** (0.2154)	-0.7475*** (0.2367)	-02781*** (0.2825)	-0.2212*** (0.2154)	-0.6351*** (0.2355)
CQ	0.1353 (0.1176)	0.1176 (0.0912)	-0.0619* (0.1250)	0.1236 (0.1456)	0.1166 (0.1012)	-0.0600* (0.2919)
WS	0.2617 (0.2987)	0.1793 (0.2274)	0.2456 (0.2919)	0.1435 (0.2007)	0.1993 (0.1274)	-0.1756 (0.3005)
WI	0.3145* (0.1824)	-0.1383* (0.1471)	-0.2800* (0.1872)	0.2758* (0.0912)	-0.1924* (0.2919)	-0.1700* (0.1870)

注：*** 表示 $p<0.01$；** 表示 $p<0.05$；* 表示 $p<0.1$；括号内数字为普通标准误。

第3章 农户分化及其对林地承包经营履责的影响

20世纪80年代实行家庭联产承包责任制以来，特别是21世纪以来，随着国家对于户籍管理政策的放宽和城镇化的快速发展，农村的产业结构和农户的就业情况发生了巨大变化。农户家庭由原来的同质性状态开始逐步分化。本质上，农户分化是农民转型就业和身份转变的统一，必将对农村的社会经济结构造成深刻影响，同时也会给集体林区的林业生产和农户的林地承包经营履责带来一系列挑战。

3.1 农户分化的概念、演化逻辑与阶段性特征

3.1.1 农户分化的概念

经济学理论阐明，资源的流动性会通过资源使用的机会成本来影响资源的配置效率并产生资源配置差异。在城乡二元刚性结构条件下，农户个体间的差异因农村劳动力资源流动会受到严格限制，而难以被充分反映。随着城乡二元结构的逐步松化，农村劳动力资源的流动性增强，农户个体间的差异便会逐步呈现出来，进而影响到农户家庭的资源配置，并逐步在农业生产要素资源配置中反映出来，最终必然导致农户家庭劳动力与土地组合形式上的差异，进而导致传统意义上的以从事农业生产为主业的农户群体的不断分化。

农户分化是指在一定农村社区范围内，以传统农业生产经营为主业、以传统农业收入为主要生计来源的农户家庭逐渐转向以其他类型的生产经营活动为主，进而以非农收入为主要生计来源的转型分化过程。

当前，学界对于农户分化虽有广泛研究，但对于农户分化的概念与内涵并未达成一致的共识(欧阳振益，2022)。学者们在开展研究时往往根据自己的研究目的来对农户分化进行具体的界定。从现有文献来看，有以农户家庭的从业类型(钱龙等，2015)、家庭投资构成(周春芳等，2017)、家庭收入差距(邹伟等，2017；谢依林等，2021)、家庭兼业情况(杨慧琳等，2020；赵丹丹等，2020)和家庭择业方向(王桂霞等，2021)等多视角来进行分析界定。2002年，中国社会

科学院农村发展研究所以农户家庭非农收入占比作为标准对农户分化进行划分，将非农收入占比低于10%的界定为纯农户，将非农收入占比在10%~50%的界定为Ⅰ类兼业农户，将非农收入占比在50%~90%的界定为Ⅱ类兼业农户，将非农收入占比90%以上的界定为离地农户。实践中，由于这种界定标准易于操作且便于对比，所以被后来的研究者在对农户分化的一般性研究中广泛采用。

对于农户分化的内涵，刘同山和牛立腾(2014)把它界定为三个方面：①职业分化，即从业形式上的农户分化，表现为农户对不同职业的选择；②经济分化，即收入特征上的农户分化，表现为农户收入结构上的差异；③人口分化，即家庭特征上的农户分化，表现为家庭劳动供养率的不同。对于农户分化的认识，其他学者虽有不同观点，但总体上都认为，农户分化的内涵主要是以从业形式为特征的农户分化和以经济收入结构差异为特征的农户分化。

3.1.2 农户分化的演化逻辑与阶段性分化特征

3.1.2.1 农户分化的演化逻辑

在我国，农户分化是随着社会经济制度的变革和社会经济结构的变化而演化的。

中华人民共和国成立以后到改革开放初期，广大农村基本上处于自给自足的自然状态，农户主要依靠种植和养殖来维持家庭生计，农村劳动力流动受到严格的制度限制。抛开地区间差异，这个时期的农户都是纯农户。改革开放以后到20世纪80年代初，虽然国家对农村劳动力从农村转移至城市仍持严格的管控政策，但是，开始有少数农户通过各种途径(譬如购买城镇户口)转移到了城镇就业。1984年到1986年，国家先后出台了一系列关于农户进镇落户的相关文件和国营企业实行劳动合同制的改革文件，于是就为农村劳动力的城镇转移提供了政策支持。20世纪90年代末到21世纪初，全国各地陆续开启的农村劳动力跨地区有序化流动工程、农村劳动力开发就业试点以及小城镇户籍制度改革等，使得农村劳动力向城镇转移的规模逐年增加。与此同时，农民工权益保障、职业技能培训政策的实施和推广，为农村劳动力的非农产业转移提供了制度化保障，使得农户分化不断加剧。

张琛、孔祥智等(2019)把农户分化的演化逻辑总结归纳为：体制的变革和政策的放活以及农业的转型发展，是驱动农户由纯农户向兼业户再向非农户不断演化的重要因素。在农户分化的过程中，学者认为驱动农户转型分化的动力主要来源于以下四个方面(张琛等，2019)：①农业资本有机构成的变化通过“涓滴效应”影响农户分化；②城镇化的快速发展为农村劳动力的转移就业提供了大量机会，从而拉动了农户分化；③农业产业结构的优化推动了农户分化；④农村劳动力在国民经济二、三产业领域内就业规模的扩大也推动了农户分化。

本质上，农户分化是农户在社会发展过程中表现出来的对土地依赖程度不断降低的一种社会变动趋势。农户由纯农户转化为兼业农户，兼业农户再转化为离地农户，离地农户进一步转化成非农户。在这个转化过程中，农户对土地的依赖程度不断降低。纯农户以土地经营为家庭生计来源的重要保障；兼业农户对土地的依赖程度则随着兼业化程度的不断加深而不断降低；到了离地农户，其家庭生计就已经不再依赖于土地了，农户更多的只是从情感上认为土地是家庭财产的一部分；当农户由离地农户转变为非农户的时候，家庭的一切便不再与土地有关了，以前的农户家庭也就不再属于农户的社会范畴。

3.1.2.2 “三权分置”改革前的农户分化特征

“三权分置”改革前，主要是指家庭联产承包责任制改革以后到2016年中央正式提出“三权分置”改革之前的这段时期。这一时期的农户分化，主要是家庭生产环境和社会因素的复杂影响所致，少数农户自发地将其承包到户的土地(包括耕地和林地)通过租赁、转包、出让等形式进行流转，从而形成离地农户、兼业农户和纯农户三种类型的农户分化。由于这一时期的农户分化具有自发性，因此，有学者(徐玉婷和潘友菊等，2022)将其称之为“自发型农户分化”。

(1)离地农户

这一时期的离地农户主要包括三类不同特征的农户群体：第一类是农村政治精英阶层，第二类是经济精英阶层，第三类是农民工阶层。农村政治精英阶层主要是指乡村专职干部；经济精英阶层主要是指改革开放以后出现的农民私营业主和个体工商户；无论是政治精英，还是经济精英，他们都是超脱于一般农户的“能人”。这部分农户群体与土地的关联性不强，家庭生计总体上不依赖于土地。农民工阶层，则主要是指长期从事非农产业的外出务工农户群体。在农民工群体中又可以分为两种类型：一种是已在城镇获得稳定工作并安居下来的农民工群体；另一种是“流动性”的举家进城务工的农民工群体。“流动性”农民工群体，流动的目的只是为了获取更多的家庭收入，但并不能在城镇获得稳定的就业，这类农户虽然暂时离开了土地，但是并没有真正融入城市，因此可称之为“不稳定性离地农户”。

以上这些离地农户，无论是政治精英、经济精英还是农民工群体，他们的土地(耕地和林地)往往无偿地或有偿地交由亲戚或乡邻来耕种和经营管理，土地流转范围有限，他们是自发型土地流转时期的主要土地流出者。

(2)兼业农户

2002年，中国社会科学院农村发展所在对兼业农户的研究过程中将兼业农户划分为两类：一类是以农业收入为主的兼业农户，称之为Ⅰ兼农户；另一类是以非农收入为主的兼业农户，称之为Ⅱ兼农户。对于兼业农户，无论哪种类型，其土地(耕地+林地)收入只占家庭总收入的一部分。这类农户在当前农村中依然占比较高，包括农村中的小商贩、工匠、手工业者等。黄宗智(2000)在研究中国农户分化时，曾将这类农户称之为“半工半耕”农户。这些农户主要以居家附近为生产活动范围，虽然从土地上获取的收入有限，但他们的家庭生计还是或多或少地依附在土地之上。

(3)纯农户

纯农户是指家庭劳动力中的主要劳动力或全部劳动力都在从事农林业生产以获得家庭生计的农户群体。陆学艺(2002)将这部分农户称之为“农业劳动者阶层”。这类农户也可以将其分为以下两种类型。

一类是新生的土地大户阶层。这类农户除了自家的承包地外，还通过其他土地流转途径(主要是租赁)经营着大量的土地(耕地或林地)，以获取更多的家庭收入以满足家庭消费和积累的需要。这类农户又被学界称之为“新中农阶层”。“新中农阶层”是土地自发流转时的主要土地流入者，他们对土地的依赖度极高。这类农户已经成为当前乡村振兴战略实施工作中的中坚力量。

另一类是普通农户。主要是指没有其他收入来源的贫弱农户阶层，如年事已高或者身体素质较差的农户家庭。这类农户群体往往不具备外出务工的条件，家庭经济条件差，对土地的依赖度极高。在土地自发流转阶段，他们是自耕农的主体。这部分农户虽然所占比例不高，但他们对土地的依赖性最强，是当前农业生产的最坚定力量。但由于其家庭经济普遍相对困难、生产经营能力不足，故此他们又成为当前乡村振兴工作中的最困难成分。

3.1.2.3 “三权分置”改革后的农户分化特征

2016年，中央文件正式提出了以“落实集体所有权、稳定农户承包权、放活土地经营权”为方针的“三权分置”改革政策，旨在通过推动土地经营权流转来改变当前农村产业发展乏力的困境。随着“三权分置”改革的不断深入，有更多的非集体组织成员可以通过土地流转进入农村产业发展行列。与此同时，随着中国户籍制度的改革和城镇化的不断发展，大量的农村劳动力能够在城镇获得转移就业的机会。于是，在广大农村就呈现出更为“剧烈”的农户分化趋势。

在马克思的经典著作中，把农业经营组织划分为资本型农场和农户家庭型农场。列宁认为决定资本型农场性质的不在于规模，而在于“使用雇佣劳动力的多少”。扬·杜威·范德普勒格(2013)在其《新小农阶级》一书中将农业划分为资本主义农业、企业农业和小农农业三种模式，他认为这三种模式之间的本质差异不在于规模，而在于在农业生产中对生产资料的占有和使用的不同组织形式。多年来的林区实地调查本课题组研究认为，依据扬·杜威·范德普勒格提出的根据生产资料不同占有和使用情况来对当前集体林区的林农分化情况进行分类可能更为合理。

当前在“三权分置”改革背景下，集体林区的社会生产关系主要表现为人对土地(耕地和林地)的占有和使用，故此，依据扬·杜威·范德普勒格关于农户对生产资料(主要是土地)的占有和使用情况来对农户分化进行划分，首先，可以将农户划分为土地经营农户和离地农户；其次，依据土地利用方向可以将土地经营主体划分为农业专营农户、林业专营农户和农林兼业农户；最后，依据其生计主要来源可以将离地农户划分为务工经商农户、雇工农户和赋闲农户(图 3-1)。

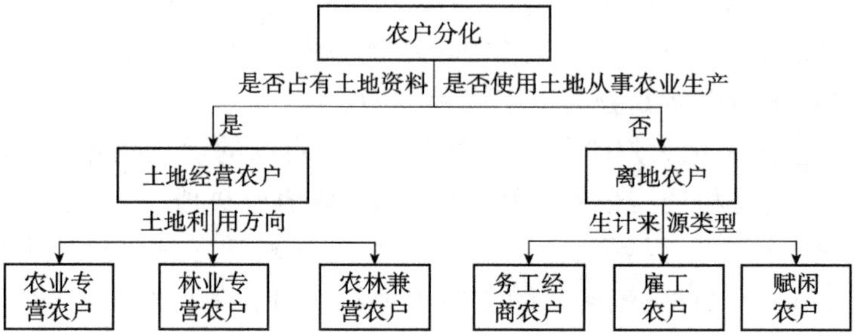

图 3-1　集体林区的农户分化情况

(1)农业专营农户

所谓"农业专营农户"，是指在农户分化过程中分离出来的专门从事农业生产经营的农户群体，包括种田大户、家庭农场、资本农场(包括股份制农场和私营企业型农场)以及普通专业种田农户等。这部分农户群体占当前集体林区农户总数量的 2%~5%。这部分农户尽管占比不高，但他们掌握和占有了当前农村农业生产的大量耕地资源，他们的农业生产经营已经逐步走上了规模经营或适度规模经营的道路。

(2)林业专营农户

所谓林业专营农户，主要是指在农户分化过程中分离出来的专门从事林业生产经营的农户群体。根据林业专业经营农户的林业生产组织形式和资本的性质不同，又可以将其划分为林业大户、家庭林场、资本林场(包括股份制林场和私营企业型林场)等(图 3-2)。这部分农户群体占当前集体林区农户总数量的 1%~5%。与农业专营农户一样，这部分农户尽管占比不高，但他们已经掌握和占有了当前集体林区大量的林地资源，他们的林业生产经营也已经逐步走上了规模经营和适度规模经营的道路。

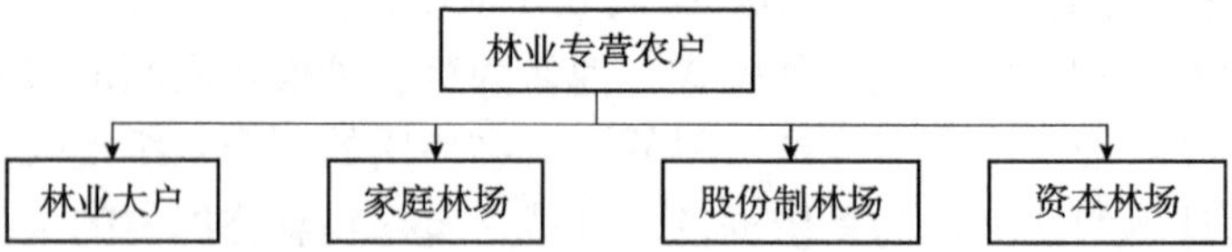

图 3-2　集体林区林业专营农户的类型

(3)农林兼营农户

所谓农林兼营农户，主要是指在农户分化过程中自然形成的既从事农业生产又从事林业生产的农户群体。这部分农户群体占当前集体林区农户总数量的

75%～85%。

(4)务工经商农户

所谓“务工经商农户”，是指在农户分化过程中分离出来的常年外出务工或经商的那部分农户群体。这部分农户群体是当前离地农户中的主要成分，占农户总数量的5%～15%。

(5)雇工农户。所谓“雇工农户”，是指在农户分化过程中分离出来的已失去土地、常年靠为别人做工(如种田、护林、伐木或农村建筑打工等)以谋取生计来源的那部分农户群体。这部分农户群体是当前离地农户中的少数，占农户总数量的1%～2%，有官方和学者称之为“失地农民”。

(6)赋闲农户。所谓“赋闲农户”，是指在农户分化过程中分离出来的常年“游手好闲”、不以土地(包括耕地和林地)生产经营为生计来源的那部分农户群体。这部分农户群体是当前离地农户中的极少数，占农户总数量的1%左右。

3.2　当前农户分化基本情况的调查分析

3.2.1　基于农户家庭从业特征的农户分化情况分析

2019年7—9月，课题组在对湖南、江西、福建、云南四省8县40个行政村的村级调查表格中设计了针对全村农户分化情况的专题调查项目。本次调查的数据主要来源于样本村干部的估计，虽然数据不尽缜密，但能在一定程度上反映出当前我国南方集体林区农户分化的现实倾向。由于调查选取的湖南、江西、福建、云南四省的8个样本县的社会经济发展状况不同，调查数据也在一定程度上反映出不同的地域分化特征。

3.2.1.1　湖南省样本村农户分化程度的调查分析

湖南省2个样本县10个样本村农户分化程度的调查数据统计结果见表3-1。数据表明，2019年湖南省10个样本村农户分化的总体情况是：农业专营农户占3.68%，林业专营农户占1.83%，农林兼营农户占84.80%，务工经商农户占7.01%，雇工农户占1.58%，赋闲农户占1.10%。

从两个样本县的对比情况来看：茶陵县位于湖南省东部，是井冈山革命根据地六县之一，也是湖南省的林业重点县。尽管该县森林资源丰富，但相当规模的森林资源并没有确权承包到户，而是在“确权到户”改革前就已经大量招租外来客商经营，农户家庭承包经营林地并不多，故此林业专营农户占比相对不高。而慈利县地处湖南省西北部，是“中国杜仲之乡”、湖南省“旅游强县”和“新型城镇化试点县”。由于两县的自然资源禀赋和社会经济发展状况不同，导致农户分化方面存在一定差异，具体反映为慈利县农业专营农户占比要比茶陵县高出 2.08 个百分点；而在务工经商农户占比方面，茶陵县则要比慈利县高出 5.42 个百分点。

表 3-1 湖南省样本村农户分化程度的调查统计数据

县	样本村	农户分化类型						
		总户数	农业专营	林业专营	农林兼营	务工经商	雇工	赋闲
茶陵	白石村	200	10	5	135	40	3	7
	睦兴村	1135	25	18	939	130	12	11
	茶冲村	300	12	7	247	18	9	7
	和吕村	168	6	9	125	20	5	3
	珍武村	1099	25	12	976	70	11	5
合计(户)		2902	78	51	2422	278	40	33
占比(%)		100.00	2.69	1.76	83.46	9.58	1.38	1.13
慈利	青叶	345	13	5	312	3	7	5
	九渡溪	663.	32	14	557	40	12	8
	景龙桥	558	28	17	484	10	13	6
	汪家桥	498	24	5	449	6	10	4
	云岩	555	28	9	458	50	5	5
合计(户)		2619	125	50	2260	109	47	28
占比(%)		100.00	4.77	1.91	86.29	4.16	1.80	1.07
总计(户)		5521	203	101	4682	387	87	61
占比(%)		100.00	3.68	1.83	84.80	7.01	1.58	1.10

3.2.1.2 福建省样本村农户分化程度的调查数据分析

福建省 2 个样本县 10 个样本村农户分化的调查数据统计结果见表 3-2。数据表明，2019 年福建省 10 个样本村农户分化的总体情况是：农业专营农户占 2.26%，林业专营农户占 10.60%，农林兼营农户占 71.45%，务工经商农户占 13.11%，雇工农户占 1.26%，赋闲农户占 1.32%。

从两县对比来看，农户分化程度差异很大。武夷山市(县级市)位于福建省西北部，是世界 23 处世界文化与自然“双遗产”地之一，2013 年入选中国旅游竞争力百强县。由于该市山林资源丰富，而且盛产名茶，因此分化出来的林业专营农户占比达到了 17.63%，农林兼营农户还占了 74.20%，外出务工经商农户只占 5.30%。而尤溪县位于福建省中部，是中国金柑、竹子、油茶、绿竹之乡，是全国现代农业示范区、十大生态产茶县，森林覆盖率达 73.6%。由于人均耕地面积少，常年外出打工经商农户占比高达 24.10%，比武夷山市外出打工经商的农户占比高出了 18.80 个百分点；农业专营农户占比也比武夷山市高出了 4.65 个百分点；而林业专营农户占比则比武夷山市少了 16.93 个百分点。

表 3-2　福建省样本村农户分化程度的调查统计数据

县	样本村	农户分化类型						
		总户数	农业专营	林业专营	农林兼营	务工经商	雇工	赋闲
武夷山	黄柏	556	0	156	377	10	6	7
	洲头	235	0	72	153	4	3	3
	黎前	365	5	31	258	60	5	6
	程墩	230	1	45	170	4	7	3
	柘洋	424	0	15	385	18	4	2
合计(户)		1810	6	319	1343	96	25	21
占比(%)		100.00	0.33	17.63	74.20	5.30	1.38	1.16
尤溪	山连	253	15	1	205	20	5	7
	纲纪	248	8	2	112	120	3	3
	枣坑	158	11	2	97	40	4	4
	登第	284	16	3	133	130	0	2
	玉石	343	14	1	322	0	2	4
合计(户)		1286	64	9	869	310	14	20
占比(%)		100.00	4.98	0.70	67.57	24.10	1.09	1.56
总计(户)		3096	70	328	2212	406	39	41
占比(%)		100.00	2.26	10.60	71.45	13.11	1.26	1.32

3.2.1.3　江西省样本村农户分化程度的调查数据分析

江西省 2 个样本县 10 个样本村农户分化的调查数据统计结果见表 3-3。

表 3-3　江西省样本村农户分化程度的调查统计数据

县	样本村	农户分化类型						
		总户数	农业专营	林业专营	农林兼营	务工经商	雇工	赋闲
遂川	双溪	412	28	8	311	50	7	8
	湾洲	211	14	7	157	25	5	3
	墩尾	320	34	11	180	80	8	7
	上莞	310	11	8	275	6	4	6
	衙前	1072	18	12	940	78	15	9
合计(户)		2325	105	46	1863	239	39	33
占比(%)		100.00	4.51	1.98	80.13	10.28	1.68	1.42

（续）

县	样本村	农户分化类型						
		总户数	农业专营	林业专营	农林兼营	务工经商	雇工	赋闲
宜丰	潮溪	430	24	12	360	19	9	6
	双峰	124	0	2	111	7	3	1
	上山田	170	14	5	132	10	2	7
	潭山	365	17	9	314	13	7	5
	鸦溪	137	10	2	89	30	4	2
合计(户)		1226	65	30	1006	79	25	21
占比(%)		100.00	5.30	2.45	82.06	6.44	2.04	1.71
总计(户)		3551	170	76	2869	318	64	54
占比(%)		100.00	4.79	2.14	80.79	8.96	1.80	1.52

数据表明，2019年江西省10个样本村农户分化的总体情况是：农业专营农户占4.79%，林业专营农户占2.14%，农林兼营农户占80.79%，务工经商农户占8.96%，雇工农户占1.80%，赋闲农户占1.52%。从两个样本县的对比情况来看：遂川县位于江西省西南边境，是江西省林业重点县，素有“红色政权之根、双仙福地之境、江西名泉之誉、世界名茶之珍”之美誉，是“全国生态旅游大县”和江西省首届“十佳绿色生态县”之一。在农户分化方面，该县样本村外出务工农户数占比较高，达10.28%。而宜丰县位于赣西北九岭山脉南麓，是中国竹子之乡、猕猴桃之乡、白颈长尾雉之乡、南方红豆杉之乡。该县自然条件相对较好，农业专营和林业专营及农林兼营农户数占比都要高于逐川县样本村对应的农户数占比。

3.2.1.4 云南省样本村农户分化程度的调查数据分析

云南省2个样本县10个样本村农户分化的调查数据统计结果见表3-4。数据表明，2019年云南省10个样本村农户分化的总体情况是：农业专营农户占1.07%，林业专营农户占2.19%，农林兼营农户占92.13%，务工经商农户占3.40%，雇工农户占0.87%，赋闲农户占0.34%。

从两个样本县的对比情况来看：永胜县，地处长江上游云南省西北部，是国家重要的长江水源保护地，这里森林资源丰富。禄丰市则是云南省楚雄彝族自治州的下辖县级市，位于云南省中部。由于发现了世界最大规模的禄丰恐龙化石和腊玛古猿化石，禄丰因此被学术界誉为“恐龙之乡”“化石之仓”“亚洲人类发祥地”和“天然的自然博物馆”，是国家著名的旅游强市(县)。从表3-4数据来看，虽然两县样本村农户分化程度有所差异，但总体差异不大，它们代表了经济最不发达地区的农户分化程度的一般情况。

表 3-4　云南省样本村农户分化程度的调查统计数据

县	样本村	农户分化类型						
		总户数	农业专营	林业专营	农林兼营	务工经商	雇工	赋闲
禄丰	大德	548	7	4	511	18	5	3
	和平	628	3	12	594	12	7	0
	南雄	1378	5	32	1300	28	9	4
	大窝	273	7	6	229	26	3	2
	叽拉	412	12	4	389	6	1	0
合计(户)		3239	34	58	3023	90	25	9
占比(%)		100.00	1.05	1.79	93.33	2.78	0.77	0.28
永胜	期纳	1532	12	21	1423	65	8	3
	朝阳	236	7	22	199	5	3	0
	新田	1081	12	17	990	42	14	6
	落雪坪	303	8	3	279	7	4	2
	中和	421	0	28	362	23	5	3
合计(户)		3573	39	91	3253	142	34	14
占比(%)		100.00	1.09	2.55	91.04	3.98	0.95	0.39
总计(户)		6812	73	149	6276	232	59	23
占比(%)		100.00	1.07	2.19	92.13	3.40	0.87	0.34

3.2.1.5　全部样本村农户分化调查的数据分析

从4个样本省8个样本县40个样本村的农户分化情况来看(表3-5)，在总计18980个农户中，农业专营农户516户，占2.72%；林业专营农户654户，占3.45%；农林兼营农户16039户，占84.50%；常年外出务工经商农户1343户，占7.08%；雇工农户249户，占1.31%；赋闲农户179户，占0.94%。

表 3-5　四省样本村农户分化程度调查的汇总数据

省份	指标	农户分化类型					
		农业专营	林业专营	农林兼营	务工经商	雇工	赋闲
湖南	样本户数	203	101	4682	387	87	61
	占比(%)	3.68	1.83	84.80	7.01	1.58	1.10
福建	样本户数	70	328	2212	406	39	41
	占比(%)	2.26	10.60	71.45	13.11	1.26	1.32

（续）

省份	指标	农户分化类型					
		农业专营	林业专营	农林兼营	务工经商	雇工	赋闲
江西	样本户数	170	76	2869	318	64	54
	占比(%)	4.79	2.14	80.79	8.96	1.80	1.52
云南	样本户数	73	149	6276	232	59	23
	占比(%)	1.07	2.19	92.13	3.40	0.87	0.34
合计	样本户数	516	654	16039	1343	249	179
	占比(%)	2.72	3.45	84.50	7.08	1.31	0.94

从分省情况来看，农业专营农户在农业相对发达地区江西、湖南的占比相对较高，平均分别达4.79%和3.68%；林业专营农户占比则是福建省样本区最高，平均达10.60%，原因可能是福建省样本村的特色林产品加工收入较高，从而带动了林业专营生产；务工经商农户占比也是福建最高，平均达13.11%，可能的原因是福建沿海外来企业较多，进而带动了农户在务工和经商领域的就业；在经济相对不发达的云南省样本区，传统的农林兼营农户占比最高，达92.13%；其他雇工农户和赋闲农户占比除云南地区相对较低外其他样本区差异不大。

3.2.2 基于农户家庭非农收入占比的农户分化情况分析

为方便对比分析，本想采用"三权分置"后的农户分化的分类形式来对样本户进行分类，但样本户一般不愿意界定自己属于哪一种农户类型，因此，只好采用2002年中国社会科学院农村发展研究所以农户家庭非农收入比重划分农户分化类型的方法，依据样本农户家庭非农收入比重来对农户分化程度进行数据处理。

3.2.2.1 湖南省样本农户家庭收入结构分化的数据分析

在湖南省的100个样本农户中，户均总收入67969.50元，户均农业收入14050.00元，占20.67%，户均非农收入53919.50元，占79.33%。依据家庭非农收入占比分类(表3-6)，属于纯农户、Ⅰ兼农户、Ⅱ兼农户、离地农户的农户数分别占农户总数的16.00%、7.00%、22.00%和55.00%。由此可见，在湖南省样本村地区，纯农户、兼业农户、离地农户占比大约为16∶29∶55。

从湖南省的两个样本县的对比情况来看，慈利县纯农户占比为28%，而茶陵县纯农户只占4%；相反，茶陵县非农收入占比达50%以上的农户数占比高达88%，而慈利县非农收入占比达50%以上的只占66%。由此可见，两县农户分化程度差异较大。

表 3-6 湖南省样本区农户分化调查分类统计

样本县	样本村	合计户数（户）	非农收入占比			
			<10% 纯农户	10%~50% Ⅰ兼农户	50%~90% Ⅱ兼农户	≥90% 离地农户
茶陵	白石村	10	0	0	6	4
	睦兴村	10	0	1	3	6
	茶冲村	10	1	2	2	5
	和吕村	10	1	0	1	8
	珍武村	10	0	1	2	7
合计(户)		50	2	4	14	30
占比(%)		100.00	4.00	8.00	28.00	60.00
慈利	青叶	10	1	1	1	7
	九渡溪	10	1	0	3	6
	景龙桥	10	2	1	2	5
	汪家桥	10	4	1	1	4
	云岩	10	6	0	1	3
合计(户)		50	14	3	8	25
占比(%)		100.00	28.00	6.00	16.00	50.00
总计(户)		100	16	7	22	55
占比(%)		100.00	16.00	7.00	22.00	55.00

3.2.2.2 江西省样本农户家庭收入结构分化的数据分析

在江西省的 100 个样本农户中，户均总收入 93050.50 元，户均农业收入 9881.15 元，占 10.62%，户均非农收入 83169.35 元，占 89.38%。依据家庭非农收入占比分类(表 3-7)，属于纯农户、Ⅰ兼农户、Ⅱ兼农户、离地农户的农户数分别占农户总数的 9.00%、6.00%、15.00%和 70.00%。由此可见，在江西省样本村地区，纯农户占比不到一成，Ⅰ兼农户和Ⅱ兼农户占比之和大约为二成，离地农户占比达到了七成。由此可见，江西省样本村的农户分化程度很高。

3.2.2.3 福建省样本农户家庭收入结构分化的数据分析

在福建省的 100 个样本农户中，户均总收入 83643.06 元，户均农业收入 46405.94 元，占 55.48%，户均非农收入 37237.12 元，占 44.52%。依据家庭非农收入占比分类(表 3-8)，属于纯农户、Ⅰ兼农户、Ⅱ兼农户、离地农户的农户数分别占农户总数的 25.00%、24.00%、19.00%和 32.00%。由此可见，在福建省样本村地区，纯农户、兼业农户和离地农户的占比大约为 25 : 43 : 32。

表 3-7 江西省样本区农户分化调查分类统计

样本县	样本村	合计户数（户）	非农收入占比			
			<10% 纯农户	10%~50% Ⅰ兼农户	50%~90% Ⅱ兼农户	≥90% 离地农户
遂川	双溪	10	1	0	1	8
	湾洲	10	2	2	2	4
	塅尾	10	2	1	0	7
	上芫	10	0	0	1	9
	衙前	10	1	0	0	9
合计（户）		50	6	3	4	37
占比（%）		100.00	12.00	6.00	8.00	74.00
宜丰	潮溪	10	0	1	2	7
	双峰	10	0	1	4	5
	上山田	10	1	0	2	7
	潭山	10	2	1	1	6
	鸦溪	10	0	0	2	8
合计（户）		50	3	3	11	33
占比（%）		100..00	6.00	6.00	22.00	66.00
总计（户）		100	9	6	15	70
占比（%）		100.00	9.00	6.00	15.00	70.00

表 3-8 福建省样本区农户分化调查分类统计

样本县	样本村	合计户数（户）	非农收入占比			
			<10% 纯农户	10%~50% Ⅰ兼农户	50%~90% Ⅱ兼农户	≥90% 离地农户
武夷山	黄柏	10	3	1	2	4
	洲头	10	4	3	2	1
武夷山	黎前	10	0	5	5	0
	程墩	10	5	1	2	2
	柘洋	10	3	3	1	3
合计（户）		50	15	13	12	10
占比（%）		100.00	30.00	26.00	24.00	20.00

（续）

样本县	样本村	合计户数（户）	非农收入占比			
			<10% 纯农户	10%~50% Ⅰ兼农户	50%~90% Ⅱ兼农户	≥90% 离地农户
尤溪	山连	10	3	0	1	6
	纲纪	10	2	4	1	3
	枣坑	10	1	2	2	5
	登第	10	2	2	2	4
	玉石	10	2	3	1	4
合计(户)		50	10	11	7	22
占比(%)		100.00	20.00	22.00	14.00	44.00
总计(户)		100	25	24	19	32
占比(%)		100.00	25.00	24.00	19.00	32.00

3.2.2.4　云南省样本农户家庭收入结构分化的数据分析

在云南省的 100 个样本农户中，户均总收入 54490.00 元，户均农业收入 29169.00 元，占 53.53%，户均非农收入 25321.00 元，占 46.47%。依据家庭非农收入占比分类(表 3-9)，属于纯农户、Ⅰ兼农户、Ⅱ兼农户、离地农户的农户数分别占农户总数的 27.00%、39.00%、27.00%和 7.00%。由此可见，在云南省样本村地区，纯农户和兼业农户占比较高，而离地农户占比较低。由此可见，云南省样本村的农户分化程度相对较低。

表 3-9　云南省样本区农户分化调查分类统计

样本县	样本村	合计户数（户）	非农收入占比			
			<10% 纯农户	10%~50% Ⅰ兼农户	50%~90% Ⅱ兼农户	≥90% 离地农户
禄丰	大德	10	2	2	6	0
	和平	10	2	6	1	1
	南雄	10	2	5	3	0
禄丰	大窝	10	2	5	2	1
	叽拉	10	6	3	1	0
合计(户)		50	14	21	13	2
占比(%)		100.00	28.00	42.00	26.00	4.00
永胜	期纳	10	1	3	4	2
	朝阳	10	4	4	1	1

（续）

样本县	样本村	合计户数（户）	非农收入占比			
			<10% 纯农户	10%～50% Ⅰ兼农户	50%～90% Ⅱ兼农户	≥90% 离地农户
永胜	新田	10	4	3	2	1
	落雪坪	10	1	4	5	0
	中和	10	3	4	2	1
合计（户）		50	13	18	14	5
占比（%）		100.00	26.00	36.00	28.00	10.00
总计（户）		100	27	39	27	7
占比（%）		100.00	27.00	39.00	27.00	7.00

3.2.2.5 全部样本农户家庭收入结构分化的数据分析

从湖南、江西、福建和云南四省样本村农户总的统计情况来看，户均总收入74788.25元，户均农业收入23876.52元，占31.93%，户均非农收入50911.73元，占68.07%。依据家庭非农收入占比分类（表3-10），属于纯农户、Ⅰ兼农户、Ⅱ兼农户、离地农户的农户数分别占农户总数的19.25%、19.00%、20.75%和41.00%。数据显示，目前在南方集体林区，与土地经营关系相对密切的纯农户和兼业农户占比不足六成，四成以上的农户转变成了离地农户，他们与土地的情感联系已经越来越远。

表3-10 全部样本区农户分化调查分类统计

样本省	项目	非农收入占比			
		<10% 纯农户	10%～50% Ⅰ兼农户	50%～90% Ⅱ兼农户	≥90% 离地农户
湖南	户数（户）	16	7	22	55
	占比（%）	16.00	7.00	22.00	55.00
江西	户数（户）	9	6	15	70
	占比（%）	9.00	6.00	15.00	70.00
福建	户数（户）	25	24	19	32
	占比（%）	25.00	24.00	19.00	32.00
云南	户数（户）	27	39	27	7
	占比（%）	27.00	39.00	27.00	7.00
总计（户）		77	76	83	164
占比（%）		19.25	19.00	20.75	41.00

首先，从分省对比情况来看，纯农户占比最高和离地农户占比最低的是云南省，这就反映出当前云南省的农户分化程度相对较低，这与云南省的经济发展相对落后有关。其次，纯农户和兼业农户占比较高、离地农户占比相对较低的是福建省，这主要是与福建省样本区独具优势的特色农林产品种植有关。而纯农户和兼业农户占比最低(大约占30%)、离地农户占比最高(70%)的是江西省，说明四省当中，江西省样本区的农户分化程度最高。对于湖南、江西、福建和云南四个样本省的样本区农户来说，农户分化程度由高到低的次序为：江西省、湖南省、福建省和云南省。

3.3　农户分化对农户林地承包经营履责行为影响的逻辑规律

无论是"三权分置"前的农户分化，还是"三权分置"后的农户分化，都会对农户家庭的林地承包经营履责产生重要影响。

由于"三权分置"前的农户分化是自发型农户分化，从纯农户中分化出来的是兼业农户。对于兼业农户来说，由于他们在务农生产之外还有非农兼业，在家庭主要劳动力逐步退出农林业生产并转移到单位劳动收入水平更高的其他产业以后，农户家庭的农林业生产主要由留守在家的老弱妇孺来经营；由于老弱妇孺的生产经营能力不足，林地的承包不履责行为就会随之发生；并且，随着农户家庭由Ⅰ兼农户向Ⅱ兼农户的深度转化，家庭林地承包不履责的行为规模就会越来越大。当农户由Ⅱ兼农户向离地农户转化以后，由于农户家庭已经基本上离开了对土地的生产经营，因此，如果他们家庭承包的土地还没能完全流转出去，那么，最直接的结果就是耕地抛荒、林地"闲置"。同时，由于全家已经离开了原有的村庄，或是出于对山地林木私有财产的保护(或者说为防火防盗)，或是出于家庭创业的资金积累需要，他们往往会对承包地上的林木进行过度采伐和销售，进而造成更为严重的林地承包不履责行为。笔者在多年来的调研中发现，人们对这种行为已经习以为常，乡村干部也往往对此熟视无睹。现实中，这也许就是某些集体林区森林资源质量不断下降的一个根本原因。因此，可以说，"三权分置"前的农户分化是造成农户家庭林地承包不履责行为发生的最主要原因。

"三权分置"改革后的农户分化，由于具有政策的诱导性，因此，使得集体林区的农林业生产的有序性得到了加强，农户家庭的林地承包不履责行为也在一定程度上得到了遏制。但农户分化，依然不可避免地会对农户家庭的林地承包经营不履责行为产生或多或少的影响。

其一，就农户分化出来的农业专营主体来看。由于这些农户群体以农业经营为中心，家庭经济来源主要是农业经营收益，因此，对于家庭承包林地，摆在农业专营主体面前的就只有三条可选择的路径：①将林地的经营权流转出去；②将林地转化为农地；③让林地“闲置”——讲得好听一点就是“封山育林①”。要将林地流转出去，客观上需要具备林地流转的市场和环境；如果缺乏市场环境，林地经营权流转就不可能发生；要将林地转化为农地，客观上需要林地具备足够好的自然条件(土壤厚度、湿度、坡度和土壤肥力)，还需要有“合理的”理由能够规避乡镇林业管理部门的监督和检查，如果能符合上述两个条件，林地的农用化就会以各式各样的“林下经济”形式诞生。由此可见，对于那些农业专营主体来说，如果他们家庭里有承包林地而又难以将其流转出去的话，那么，他们的林地承包经营不履责行为就会随之发生，严重的甚至会出现改变林地用途(林地农用)的违法违规行为。

其二，对林业专营主体来说。林业专营主体是以林业生产经营为主业的农户群体，他们的家庭生计主要依靠林业生产经营收益，因此，在他们的生产决策中会以林业生产经营为中心开展营林生产投资和森林资源产品经营。由于他们具备相对完备的林业生产资料，而且生产经营有计划、有组织，除特殊情况外，这个群体的林地承包经营履责水平和能力一般都会很高。

其三，对农林兼业经营主体而言。在农林兼营主体中，以从事传统农业农户为主，他们普遍以土地经营为生计来源，情感上特别依附于土地。因此，他们无论是对于耕地还是林地，除去家庭经营能力的制约外，一般都会尽心尽力地去经营。这些农户群体往往家庭劳动力素质较低，外出打工困难，经营土地成为他们家庭生计的唯一或主要来源，故此，这些农户群体对于林地承包经营履责的自觉性都相对较高，一般不会发生不履责行为。但是，在家庭资金困难或劳动力短缺的情况下，为了生计，他们通常都会优先选择农业经营，对于林业生产经营履责就会出现或多或少的问题。

其四，务工经商农户。我国户籍制度的放开和城镇化的不断发展，为农户家庭外出打工、创业、就业提供了越来越多的机会。农村中一些受教育程度较高、头脑“灵活”的青壮年劳动者便会越来越多地转移到城镇就业。他们或是为了获得更高的家庭收入，或是为了实现自己的城镇居民梦想，或是为了给子女创造更好的教育机会，来到城市中寻找技术含量相对较低的就业机会，譬如餐饮、摊贩、小商品经营、出租车经营、环卫工等。由于他们常年外出务工或经商，在老家农村承包的土地(包括耕地和林地)如果没能及时流转出去，就会处于无人管理状态。尤其是林地，农户在外出转移就业前，一般都会将林地上所有能够出售

① 调查了解到，当前在南方集体林区多省出现了以县域为单位的大面积“封山育林”。实际上，被封山育林的林地都是处于一种“闲置”的不经营状态。

的林木砍伐殆尽以充实进城创业的资本或生活资金，留下的宜林地往往就不再造林，听任其“封山育林”，更不可能有能力继续开展抚育和管护等林地承包经营履责活动。因此，对于这些农户群体而言，如果他们的家庭林地不能及时合理地流转出去，承包经营履责就会出现严重问题。

其五，雇工农户。雇工农户大多是当前农村中的孤寡、老弱病残农户家庭，由于家庭生活困难同时又缺乏经济来源，加之自身经营能力不足，他们或是出于自愿，或是出于生活所迫，已经将家庭原有承包土地(耕地或林地或二者兼有)完全转让给了他人，从而使自己成为当前农村中的新型“无产者”——学界和政界称之为“失地农民”。这些“失地农民”，由于他们家庭的承包土地已经完全转让出去，就不可能再发生林地承包不履责行为。

其六，赋闲农户。赋闲农户主要是农村中的特殊家庭群体，他们的生计来源主要有以下几种保障途径：一是自己家庭成员的退休工资，比如，家庭中有公职人员退休，能拿到稳定的退休收入；二是子女的奉养，比如，子女在城镇有稳定的高收入职业，能够给农村父母提供稳定的生计来源；三是土地租金，譬如，家庭承包经营的土地已经被征收或者转让出去并能获得稳定的租金来源；四是政府补贴，譬如，政府的特殊伤残补贴等。赋闲农户他们不再依靠土地谋生，因此，如果家庭还有承包林地的存在，他们也不会对林地施以正常的经营管理，林地的承包经营履责就肯定会出现问题。

根据上述分析，可以发现：

(1)针对当前农户分化的现实情况，对于农户分化出来的农业专营主体、务工经商农户和赋闲农户来说，“三权分置”下促进林地经营权的有效转让才是破解他们林地承包不履责行为发生的最有效途径。

(2)当前农户林地承包经营履责行为差异，归根结底来源于农户分化程度的差异。农户林地承包经营履责行为的分化，实际上也就是农户分化的外在表现。农户分化出来的不同特征农户，他们在林地利用、资源管护、营林投资意愿及投资规模、采伐限额管理、森林消防等方面的履责行为差异规律，就是制订和实施农户林地承包经营履责治理对策的决策依据。

3.4 农户分化对农户林地承包经营履责行为影响的实证分析

3.4.1 研究假说

当前，就全国范围来说，集体林区的林业生产经营属于典型的现代版“小农林业”，即使党和国家推动林地“三权分置”改革以促进林地流转，但这种状况在很长时期内将不会发生根本性变化(刘璨等，2020)。根据前述 3.3 小节的调查分析，当前集体林区绝大部分农户的林业生产都是小户经营，故此，可以借用 Ellis (1993)的小农户劳动力投入决策模型来分析农户分化对农户林地承包经营履责行为的影响。具体模型如图 3-3 所示。

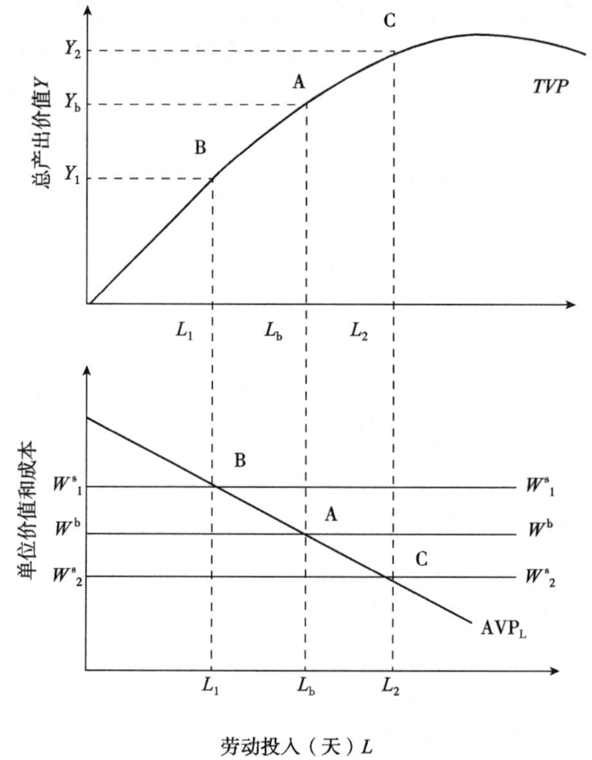

图 3-3　农户分化对林地承包营林履责影响的理论机理图

(1)把农户看成是一个整体，并假定农户在营林生产过程中面对的社会平均市场工资为 W^b，农户追求的目标是使自身的劳动收益等于市场平均工资，即 $AVP_L=W^b$，因此，使用家庭劳动投资的林地承包经营有效履责规模点为 A，单位面积劳动力投入量为 L_b，产量为 Y_b。

农户在对是否外出进城打工或重新择业进行决策时，一般会用工作择业风险给市场平均工资打折，打折后的工资 W^S 就是影响他们最终决策是否外出打工或重新择业的工资水平。假定农户能够进城获取工作的概率是 P，那么打折工资 $W^S=P\times W^b$。这就要求市场工资 W^b 必须达到一定的程度，使得 $P\times W^b$ 能够达到不低于农户家庭劳动者的平均收益水平，劳动者才会具有外出进城打工的动力。

假定某一时期内的社会市场平均工资 W^b 能够保持不变，当农户进城获取工作的机会较少、概率 P 降低，农户分化程度就会降低。此时，农户家庭劳动力就会更多地投入营林生产，在其他条件不变的情况下，林业生产劳动投入越多，林地承包经营履责效果就会越好。此时，折扣工资 $W_2^S = W^b$，农户家庭的营林生产劳动就会从 L_b 上升到 L_2，林地承包经营履责产出水平就会从 Y_b 上升到 Y_2。

假定某一时期内农户能进城找上工作的概率 P 不变，当市场工资 W^b 急剧上升时，林农就会被外出打工的高收益所诱惑，进而产生出进城寻找工作和创业机会的内在动力，农户分化程度就会相应推高。在不发生其他条件改变的情形下，农户家庭营林履责的劳动投入量就会越少，林地承包不履责行为发生的概率就会越大。

综观上述分析可知，当农户进城就业概率增大或市场平均工资提高时，农户家庭劳动力进城转移就业数量就会增加，农户分化程度加剧，进而导致农户家庭林地承包不履责行为发生的概率增大和不履责程度增加。于是，可提出研究假说 H_1：农户分化程度对林地承包经营不履责行为发生的概率和不履责程度具有正向影响。

(2)部分农户由于缺乏体能和技术，无法从非农劳动力市场获取工作，而成为低分化农户。由于非农生产劳动工资远高于务农收益，这就会促使低分化程度的农户在追求收益最大化过程中改变家庭的土地配置、经营面积、产品种类和经营成本等，以使家庭生产能够达成经济有效率的状态。在农业生产比较收益高于林业生产情况下，低分化程度农户通常都会考虑提高农业投入和农耕面积，因此，低分化程度农户一方面可能会将自然条件较好的林地转化为农地使用，譬如，种植药材或旱粮作物；另一方面为了节约生产成本又会把自然条件较差、劳动回报率较低的劣质林地“闲置”不经营。与此同时，具有较好体能和技术的农户则能够从非农劳动力市场获取高收入的工作，进而转变成为高分化程度农户。而对于高分化程度农户来说，即便林地的自然条件再好，他们依然会选择另行择业而放弃林地经营，进而造成林地承包不履责行为的发生。高分化程度的农户在城镇的转移就业规模越大，林地承包不履责行为发生的概率和影响程度就会越高。据此，可提出研究假说 H_2：低分化程度农户的林地承包不履责行为发生会受到林地自然条件的制约影响；而高分化程度农户的林地承包不履责行为则会受到非农就业收入的正向影响。

(3)农户分化会对农户家庭林业生产要素资源配置的结构性造成影响。这里以农户家庭资金配置为例。农户家庭的资金配置主要包括一般性家庭生活开支、农林业生产投资及其他等。通常情况下，分化程度较高的农户往往会拥有更多的盈余生产资金，在国家推出惠林助林政策的情况下，高分化程度农户就会积极响应扩大林业生产投资。与此同时，当村内高分化程度农户逐渐增多时，整个区域内的林业生产投资都会得到提高。当整个区域内的林业生产投资得到显著提高时，就越容易争取到相关的林业优惠项目，比如，林道和防火设施建设、林机具购买补贴等。因此，不同分化程度农户的林业生产投资行为对区域内的整体性林业会产生投资效应，进而会对农户家庭的林业生产资源配置产生重要影响。尤其是当一个地方具有外来林业资本投资时，整个地域内的林业生产环境就会得到明显改善；尤其值得注意的是，当一定地域内的林业生产经营投资整体增加时必定会产生正向外部效应——使得林业投资较少的农户也能通过“搭便车”的方式来获取相应的林业生产经营服务，进而提高林业生产效率。当区域内林业生产经营环境改善和农户林业生产效率提高时，农户林地承包不履责行为发生的概率就会显著下降。据此，提出研究假说 H_3：林业生产经营资本投资是农户分化和林地承包经营履责行为之间的中介变量。农户分化会增加村内的林业生产经营资本投资，进而对林地承包营林不履责行为产生抑制作用。

3.4.2 计量模型设计

3.4.2.1 Logit 模型

农户林地承包经营是否履责是一个二分类变量，故可采用 Logit 模型。将农户林地承包经营履责分为“履责”和“不履责”，分别定义为“$y=0$”和“$y=1$”。

$$P_i = F(y_i) = \frac{\exp(\alpha + \sum_{j=1}^{n} \beta_j x_{ij})}{1 + \exp(\alpha + \sum_{j=1}^{n} \beta_j x_{ij})} \tag{3-1}$$

$$y_i = \ln\left(\frac{p_i}{1 - p_i}\right) = \alpha + \sum_{j=1}^{n} \beta_j x_{ij}) \tag{3-2}$$

式中：P_i是第 i 个农户林地承包经营不履责行为发生的概率，y_i是第 i 个农户是否履责的行为(履责=0，不履责=1)，α、β 分别表示截距项和回归系数，x_{ij}表示第 i 个农户第 j 个自变量的取值。

3.4.2.2 OLS 模型

首先，构建回归模型(3-3)以检验农户分化是如何影响农户林地承包经营不履责行为发生的：

$$Y_i = \alpha_0 + \beta_0 X_i + \sum \gamma_i Z_i + \mu_i \tag{3-3}$$

式中：i 表示单个农户，Y_i表示为农户林地承包经营不履责行为，用林地承包经营不履责率来反映，X_i表示为农户分化水平，Z_i为选择的其他控制变量，包括农户家庭特征、林地属性(公益林或商品林)和林地自然特征，α_0、β_0、γ_i为待估计参数，β_0是主要解释变量的参数，μ_i是随机扰动项。

由于式(3-3)中的内生性变量只有农户分化 X_i，需要使用两阶段最小二乘法来进行工具变量检验。在此先列出两阶段最小二乘法估计的第一阶段回归公式如下：

$$X_i = \delta_1 M_i + \delta_2 Z_i + \varepsilon_i \tag{3-4}$$

式中：M_i是一组工具变量，ε_i为误差项。

3.4.2.3　Tobit 模型

由于本次调查得到的农户林地承包经营完全履责（即没有不履责行为）的样本农户占样本农户总数44.28%（详见2.2.1），也就是说，被解释变量在44.28%这一点出现集聚，故采用“左截取”方法，使被解释变量处于[0，1]的双向归并数据，此时使用OLS估计方法可能会产生样本选择偏差，故此进一步采用针对归并数据更为有效的Tobit模型：

$$Y_i^* = \alpha_0 + \beta_0 + \sum \gamma_i Z_i + \mu_i \tag{3-5}$$

$$Y_i^* = \begin{cases} 0，若 Y_i^* \leqslant 0 \\ y_i^*，若 0 < Y_i^* < 1 \\ 1，若 Y_i^* \geqslant 1 \end{cases} \tag{3-6}$$

在使用该模型估计时，为了同时解决内生性与样本选择偏误问题，须运用Newey（1987）提出的二步法，即首先对式（3-3）进行OLS回归，得到残差；然后，再将残差作为解释变量加入式（3-5）中，进行Tobit回归。

3.4.2.4　中介效应模型

为检验村内林业生产经营资本投资是否是农户分化与农户林地承包经营不履责行为之间的中介变量，先采用传统的逐步检验回归系数法（Baron & Kenny，1986），回归模型设定为：

$$nfof_i = \beta_0 + \beta_1 X_i + \mu_{1i} \tag{3-7}$$

$$ffc_i = \alpha_0 + \alpha_1 X_i + \mu_{2i} \tag{3-8}$$

$$nfof_i = \gamma_0 + \gamma_1 X_i + \gamma_2 ffc_i + \mu_{3i} \tag{3-9}$$

式中：因变量$nfof_i$为农户林地承包不履责行为发生的面积（规模），自变量X_i为农户分化水平，ffc_i为村内林业生产经营资本投资，β_i代表了农户分化作用于林地承包经营不履责行为发生的总效应，γ_i代表在考虑控制村内林业生产经营资本投资这一中介变量后，农户分化作用于农户林地承包经营不履责行为发生的效应，$\alpha_1\gamma_2$构成间接效应，总效应$\beta_1 = \alpha_1\gamma_2 + \gamma_1$。$\alpha_0$、$\beta_0$、$\gamma_0$为常数项，$\mu_{1i}$、$\mu_{2i}$、$\mu_{3i}$为扰动项。

逐步检验回归系数法分为三步：第一步，对模型（3-7）进行回归，检验模型（3-7）的回归系数β_1，即农户分化对农户林地承包经营不履责行为发生的总效应；第二步，对模型（3-8）进行回归，检验模型（3-8）的回归系数α_1，即农户分化与村内林业资本投资增长的关系；第三步，对模型(3-9)进行回归，检验在控制村内林业经营资本投资这一中介变量后模型(3-9)的回归系数 γ_1 和 γ_2。如果 γ_1 不显著，则表示村内林业资本投资具有完全中介效应；如果 γ_1 显著，则表示村内林业资本投资具有部分中介效应；如果 γ_1、γ_2 都显著，则表示中介效应显著。

3.4.3 模型的内生性处理与稳健性检验

3.4.3.1 模型的内生性处理方法

通常，模型内生性问题产生的根源在于存在遗漏变量，或解释变量与被解释变量互为因果，或存在样本选择偏误等。在本问题研究中，农户分化程度与农户林地承包经营不履责行为之间有可能会存在互为因果的内生性关系。即农户分化程度的提高，有可能会促使农户林地承包经营履责行为的改变，但也可能是因为农户林地承包经营履责行为的改变促使了农户家庭劳动力从营林生产中释放了出来，进而促进了农户分化水平的提高。

一个能有效解决内生性问题的工具变量必须能够满足相关性和外生性这两个基本条件。参考现有文献，本问题研究拟优化选取以下两个较为合适的工具变量。

第一个工具变量即为农户家庭户主受教育程度。因为户主受教育程度越高，其生产技能就会越强，就越有能力去获取高收入的城镇就业机会，进而使其离农分化程度越高(陈美球等，2019)。这就满足了工具变量的相关性条件。与此同时，户主的受教育程度不会对农户家庭的林地承包经营不履责行为产生直接影响，它只是表现为通过农户分化来发挥作用，因此它又能满足工具变量的外生性条件。

另一个工具变量选择为村内是否有特色林业种植。从区域层面的集聚数据中寻找工具变量来解决内生性问题会具有较强的有效性(欧阳振益，2022)。特色林业种植的单位利润会比普通营林生产收益要高，当区域内特色林业种植程度较高时，就会产生“示范效应”，使得区域内原本没有特色林业种植的农户也会跟风特色林业种植，从而促进地域内全体农户家庭的林业收入水平都能得到大幅提高，进而使得农户的分化水平降低。故此，区域内是否有特色林业种植与农户分化程度存在显著相关。区域内特色林业种植不会直接对农户的林地承包经营不履责行为产生影响，只是通过降低农户分化程度来起间接性作用，因此，也能满足工具变量的外生性条件。

3.4.3.2 稳健性检验

在本问题研究中，拟采用多种模型来进行回归分析以验证结果的稳健性。

在分析农户分化对林地承包经营不履责行为产生的影响时，首先，采用增补变量法，通过逐步加入相关的控制变量来检验回归结果的稳健性。其次，采用 IV-Porbit 模型，一方面是通过使用工具变量来对可能存在的内生性问题进行检验，另一方面是通过将 Logit 模型变换成 Probit 模型来进行检验。

在分析农户分化对农户林地承包经营不履责行为产生的影响时，拟首先采用 OLS 回归和 Tobit 回归，然后再采用处理了样本选择偏误和内生性问题的 IV-Tobit 模型进行回归，最后采用 ILML 进一步进行检验。此外，为防止异方差和自相关问题发生，研究中也会采用 IV-GMM 来进行估计。

3.4.4　变量设置及调查数据的描述性统计分析

3.3.4.1　变量设置

针对本问题研究的具体情况，变量设置如下。

(1)被解释变量：选取农户林地承包是否有不履责、不履责面积和不履责率来作为被解释变量。林地承包经营不履责的分类方式较多，由于显性不履责(如改变林地用途、宜林地不造林、不抚育、不管护等)较隐形不履责更容易识别，所以本文采用的是显性不履责定义。本研究所指的林地承包经营不履责行为是指宜林地两年内不造林、造林五年内不抚育、林地无人管护、有改变林地用途或乱砍滥伐现象等。

(2)核心解释变量：本问题研究的核心解释变量是农户分化程度。由于采用前述"3.1.2.3"的分类方式很难找到严格的界定标准，研究起来比较困难，故参照 2002 年中国社会科学院农村发展所以农户家庭非农收入占比为划分标准的方法进行变量界定，把"非农收入比重≤10%"的界定为纯农户，赋值为 0；把"10%<非农收入比重≤50%"的界定为 I 类兼业农户，赋值为 1；把"50%<非农收入比重≤90%"的界定为Ⅱ类兼业农户，赋值为 2；把"非农收入比重>90%"界定为离地农户，赋值为 3。赋值增大意味着农户家庭非农收入占比的提高，反映农户分化程度的加深。

(3)中介变量：根据前述分析，选取村内林业生产经营资本投资额作为中介变量。农户分化可能通过影响村内林业生产经营资本投资额来对农户林地承包经营不履责行为产生影响，因此，村内林业生产经营资本投资额就能作为中介变量。

(4)控制变量：为保障计量结果的稳健性，同时避免遗漏变量带来的拟合结果可信度问题，分析中考虑了 3 组可能影响被解释变量的控制变量。第一组控制变量为家庭特征，包括家庭总人数、老年人口数；第二组控制变量为户主特征，包括户主年龄、户主健康状况、户主学历程度和是否为村干部等；第三组控制变量为林地资源特征，包括林地面积、林地细碎化程度、林地属性、土壤肥力、灌溉条件、光照条件、离家远近等因素。村内林业生产经营资本投资会对农户林地承包经营履责行为产生不可忽视的影响，故此将其作为环境影响控制变量。各变量的界定、赋值及描述性数据统计见表 3-11。

表 3-11 变量界定及描述性数据统计

变量名称	变量界定与赋值	均值	标准差	最小值	最大值
是否有不履责	0=否，1=是	0.3247	0.5162	0	1
不履责面积	林地不履责面积(亩)	3.3164	2.2560	0	25.74
不履责率	不履责面积/承包经营林地面积	0.3148	0.3816	0	1
农户分化程度	0=纯农户；1=Ⅰ类兼业农户；2=Ⅱ类兼业农户；3=离地农户	2.7356	0.7415	0	3
非农收入占比	非农收入/家庭总收入	0.7514	0.3645	0.001	1
家庭人口数	家庭总人数(人)	4.0500	1.620	1	9
家庭老年人数	65 岁以上人口数	0.975	0.9015	0	3
户主年龄	单位：岁	57.65	11.76	25	86
受教育程度	1=小学以下；2=初中；3=高中；4=大专及以上	2.2360	0.9451	1	4
健康状况	1=良好；2=中；3=差；4=很差；5=残疾	1.762	0.938	1	5
是否为村干部	1=是；2=否	1.7259	0.3256	1	2
林地面积	承包经营林地总面积	104.38	17.45	0.6	3351.9
林地细碎化程度	SI∈[0，0.3]=1，SI∈(0.3，0.6]=2，SI∈(0.6，1]=3	2.1740	0.5632	1	3
林地属性	1=商品林；2=兼有林；3=公益林	1.5875	0.5573	1	3
林地土壤肥力	1=好；2=一般；3=差	2.325	0.757	1	3
灌溉条件	1=好；2=一般；3=差	2.781	0.734	1	3
林地光照条件	1=好；2=一般；3=差	1.754	0.645	1	3
离家远近	1=1 千米以内；2=2~3 千米；3=3~5 千米；4=5 千米以上	2.764	2.778	1	4
林业资本投资	林业经营资本投资额(万元)	75.59	302.14	0	1000

3.4.4.2 数据来源及描述性统计分析

本项研究数据来源为本课题组 2019 年 7—9 月在湖南、江西、福建和云南四省获取的 400 个样本农户的相关调查数据(详见本章 2.1.1)。

从调查数据的整理的结果(表 3-11)来看，调研区有 32.47%的农户家庭存在承包不履责问题，不履责面积户均3.3164亩，林地承包不履责率达31.48%，不履责最大林地面积有25.8亩(林地被火烧多年不造林)。由此可见，调研区农户林地承包不履责情况较多，承包不履责问题比较突出。

从非农收入占比看，调研区农户家庭平均非农收入占比达75.14%，打工经商收入是农户家庭收入的主要来源。从农户分化程度看，大多数农户处在非农收入占比为50%~90%的Ⅱ类兼业农户范畴内，说明农户的分化程度较高。

从户主特征来看，户主受教育程度多为初中。户主平均年龄接近60岁。

由于本次调研区位于南方丘陵山区，尤其湖南、江西样本区林地细碎化程度相对较高，林地平均细碎化分值为2.174。样本农户家庭林地主要以商品林为主；林地土壤肥沃度和灌溉条件都相对较差但光照条件一般较好；林地离家平均在3千米以上；前述分析表明，这些林地特征都会对农户的林地承包经营不履责行为产生重要影响。

少数样本村存在有特色林业种植(如福建省武夷山市的特色茶叶种植和湖南省慈利县的林下经济种植)。农户利用山区自然资源条件开发的特色林业种植可以提供林业生产经营收益，进而提高家庭的林业收入占比。

40个样本村林业资本投资总计为3023.5万元，平均每村林业资本投资为75.59万元。林业资本投资主要集中在森林资源丰富或者有特色林业种植的样本村，而森林资源条件一般、没有特色林业种植的地区，则一般很少有林业资本投资，由此可见，林业资本投资的趋利性很强。

3.4.5　农户分化对林地承包经营不履责行为影响的计量模型分析

3.4.5.1　农户分化对林地承包不履责行为发生的影响分析

农户分化对林地承包不履责行为发生的影响见表3-12。

当单独对农户分化回归时，农户分化对农户林地承包不履责行为具有非常显著的正向作用，即农户分化程度越高，农户林地承包不履责行为发生的可能性越大。从模型(3-1)到模型(3-5)不断加入户主特征、家庭特征、林地特征的控制变量进行回归后发现，农户分化对农户林地承包不履责行为发生依旧具有非常显著的正向作用，说明结论具有稳健性。

在户主特征中，户主受教育程度对林地承包不履责行为具有显著的正向影响，即户主学历越高，农户林地承包不履责的可能性越大。

在林地特征中，林地细碎化程度、林地面积、林地属性、林地肥力、离家远近等因素都对农户的林地承包不履责行为的发生具有显著影响。其中，家庭林地面积越多、林地肥力越好，发生农户林地承包不履责行为的可能性就越少；林地细碎化程度越高、公益林占比越高、离家越远，发生农户林地承包不履责行为的可能性就越大。这些结论与第 2 章 2. 4. 3 小节分析的结果吻合度较高。

表 3-12　农户分化水平对林地承包不履责行为的影响

项目	回归模型				
	模型(3-1)	模型(3-2)	模型(3-3)	模型(3-4)	模型(3-5)
农户分化	0. 4078*** (0. 1105)	0. 3879*** (0. 1123)	0. 5216*** (0. 1346)	0. 5310*** (0. 1269)	0. 1014*** (0. 0243)
人口数		0. 0045 (0. 0643)	0. 0374 (0. 0652)	0. 0431 (0. 0072)	0. 0086 (0. 0141)
老年人数		-0. 0178 (0. 1261)	-0. 1486 (0. 1354)	-0. 1413 (0. 1352)	-0. 02631 (0. 02613)
户主年龄		0. 0181 (0. 0104)	0. 0251 (0. 0131)	0. 0213 (0. 0131)	0. 0041 (0. 0023)
受教育程度		-0. 0124* (0. 0107)	-0. 0134* (0. 0089)	-0. 0128* (0. 0104)	-0. 0113* (0. 0094)
健康状况		0. 1553 (0. 1062)	0. 1432 (0. 1243)	0. 1513 (0. 1238)	0. 0276 (0. 0228)
是否村干部		-0. 0871 (0. 3121)	-0. 0701 (0. 3142)	-0. 0948 (0. 3172)	-0. 0179 (0. 0613)
林地细碎化程度			0. 0022** (0. 0108)	0. 0013** (0. 0024)	0. 0012** (0. 0000)
林地面积			-0. 0847* (0. 0264)	-0. 0812* (0. 0268)	-0. 0153* (0. 0048)
林地属性			0. 2789** (0. 3564)	0. 2543** (0. 3584)	0. 0456** (0. 0654)
土壤肥力			0. 6754*** (0. 0154)	0. 7170*** (0. 1484)	0. 1356*** (0. 0267)
灌溉条件			-0. 0421 (0. 1553)	-0. 0339 (0. 1571)	-0. 0062 (0. 0304)
光照条件			-0. 2142 (0. 1341)	-0. 2378 (0. 1312)	-0. 0445 (0. 0237)
离家远近			0. 3541** (0. 2514)	0. 3127** (0. 2143)	0. 0685** (0. 0472)
林业资本投资				-0. 3513* (0. 2456)	-0. 0685* (0. 0475)
N	400	400	400	400	400
Pseudo R^2	0. 0247	0. 0478	0. 1843	0. 1973	0. 1973

注：*** 表示 $p<0.01$；** 表示 $p<0.05$；* 表示 $p<0.1$；括号内数字为普通标准误。

村内林业生产经营性资本投资也对林地承包经营不履责行为的发生具有显著影响。若村内林业经营性资本投资越多，发生农户林地承包不履责行为的可能性就会越小。

模型(3-5)展示了边际效应估计结果，从中可以看出，农户分化的边际效益为0.1014，即农户分化程度每提升1个等级，农户林地承包不履责行为发生的概率就会增加10.14%。

农户分化对林地承包不履责行为发生的影响分析的稳健性检验见表3-13。模型(3-5)至模型(3-8)是将Logit模型替换为Probit的回归结果。回归结果表明，不论是将农户分化单独回归还是逐步加入农户特征、家庭特征、林地特征的控制变量进行回归，农户分化都对林地承包不履责行为的发生具有显著的正向影响。模型(3-9)是加入工具变量后，采用IV-Probit模型的估计结果，从中可以看出，其回归结果依然是稳健的。因此，假说H_1关于“农户分化对林地承包经营不履责行为发生的概率具有正向影响”的论断在此得到了验证。

表3-13　稳健性检验

项目	①	②	③	④	⑤
	模型(3-5)	模型(3-6)	模型(3-7)	模型(3-8)	模型(3-9)
农户分化	0.2493*** (0.06238)	0.2375*** (0.06236)	0.3163*** (0.0684)	0.3216*** (0.0691)	1.06842*** (0.0962)
人口数		0.0028 (0.0324)	0.0207 (0.0346)	0.0251 (0.0375)	0.0473 (0.0321)
老年人数		-0.0116 (0.0714)	-0.0845 (0.0746)	-0.0756 (0.0765)	-0.0146 (0.0703)
户主年龄		0.0105 (0.0053)	0.0125 (0.0064)	0.0125 (0.0063)	0.0067 (0.0064)
受教育程度		-0.0089* (0.0102)	-0.0097* (0.0056)	-0.0088* (0.0083)	-0.0079* (0.0051)
健康状况		0.0913 (0.0623)	0.0812 (0.0671)	0.0874 (0.0716)	0.0176 (0.059)
是否村干部		-0.0523 (0.1764)	-0.0412 (0.1764)	-0.0536 (0.1876)	-0.1052 (0.0164)
林地细碎化程度			0.0015** (0.0100)	0.0011** (0.0018)	0.0009** (0.0000)
林地面积			-0.0476* (0.0154)	-0.0413* (0.0152)	-0.0651* (0.0012)
林地属性			0.1569** (0.1726)	0.1463** (0.2031)	0.0078** (0.1542)

（续）

项目	①	②	③	④	⑤
	模型(3-5)	模型(3-6)	模型(3-7)	模型(3-8)	模型(3-9)
土壤肥力			0.4156*** (0.0756)	0.4218*** (0.0845)	0.2416*** (0.0965)
灌溉条件			-0.0265 (0.0754)	-0.0213 (0.0879)	-0.0853 (0.0756)
光照条件			-0.1321 (0.1214)	-0.2146 (0.1126)	-0.0375 (0.0123)
离家远近			0.2145** (0.1108)	0.2453** (0.1024)	0.0456** (0.0372)
林业资本投资				-0.1425* (0.0743)	-0.0153* (0.0623)
N	400	400	400	400	400

注：*** 表示 $p<0.01$；** 表示 $p<0.05$；* 表示 $p<0.1$；括号内数字为普通标准误。

3.4.5.2 农户分化对农户家庭林地承包不履责规模的影响分析

在对本问题的研究过程中，将分别采用 OLS、2SLS、Tobit、IV-GMM、IV-Tobit、ILML 等 6 种回归方法来估计农户分化程度对林地承包不履责率的影响，回归结果见表 3-14。从表 3-14 的回归结果来看，所有估计方法均显示农户分化水平对农户家庭林地承包不履责规模存在显著的正向影响。

OLS 的回归结果显示，农户分化水平的回归系数是 0.0543，且该变量在 1%显著性水平上显著，表明农户分化水平每提升 1%，农户家庭林地承包不履责规模就会相应提高 0.0543%。由于可能存在样本选择偏误和内生性的问题，OLS 估计值可能有偏。故此，通过对比分析表 3-14 中的式②至式⑥的回归结果，进而来分辨存在这两个问题的具体估计情况。

通过对 OLS 和 2SLS 的回归结果比较发现，2SLS 回归结果表示解决内生性之后的估计系数为 0.3625(说明内生性问题导致 OLS 回归的农户分化程度估计系数有被严重低估)，农户分化程度的估计系数在 1%的显著性水平上显著。在 2SLS 估计结果中，Hausman 检验值为 21.0346，DWH 检验值为 22.0361，它们都在 1%显著性水平上拒绝农户分化程度是外生变量的原假设，这说明工具变量估计结果比 OLS 估计结果更为稳健。为了防止扰动项存在异方差或自相关问题，本研究还采用了 IV-GMM 估计方法，IV-GMM 估计结果与 2SLS 估计结果基本一致，说明扰动项存在异方差问题的可能性很小。

通过对 OLS 和 Tobit 的回归结果比较发现，如果单纯使用 OLS 回归，其回归结果可能会因为样本选择偏误而产生偏差。Tobit 模型估计结果显示，农户分化的估计系数为 0. 1149(显著性水平小于 1%)，比 OLS 回归系数要大。

本项研究使用的工具变量的过度识别检验的 p 值为 0. 3801，因此，无法拒绝工具变量为外生的原假设。同时，由于在 2SLS 第一阶段回归中工具变量的 F 检验值为 10. 7642，满足工具变量 F 检验值大于 10 的经验规则，因此，也可以拒绝存在"弱工具变量"的原假设。此外，本研究还使用了对工具变量更不敏感的 LIML 估计法，估计结果显示，农户分化水平的系数估计值为 0. 3732，且显著性水平小于 1%，与表 3-14 中的 2SLS 估计结果基本一致，这就进一步检验印证了本研究采用的工具变量并非弱工具变量的结论。

表 3-14　农户分化水平对林地承包不履责规模的影响

项目	①	②	③	④	⑤	⑥
	OLS	2SLS	Tobit	IV-GMM	IV-Tobit	LIML
农户分化	0. 0543*** (0. 1034)	0. 3625*** (0. 0935)	0. 1149*** (0. 1265)	0. 3465*** (0. 0943)	0. 6254*** (0. 1683)	0. 3732*** (0. 1008)
人口数	-0. 0073 (0. 0084)	-0. 0316** (0. 0124)	-0. 0041 (0. 0143)	-0. 0296** (0. 0114)	-0. 0406 (0. 0236)	-0. 0307** (0. 0127)
老年人数	-01. 010 (0. 0137)	0. 0135 (0. 0261)	-0. 0275 (0. 0273)	0. 0134 (0. 0216)	0. 0146 (0. 0427)	0. 0137 (0. 0228)
户主年龄	0. 0021 (0. 0010)	-0. 0031 (0. 0023)	0. 0051 (0. 0029)	-0. 0032 (0. 0024)	-0. 0041 (0. 0053)	-0. 0038 (0. 0027)
受教育程度	-0. 0168 (0. 0117)	-0. 0112* (0. 0079)	-0. 0068 (0. 0035)	-0. 0076* (0. 0102)	-0. 0082 (0. 0076)	-0. 0123* (0. 0084)
健康状况	0. 0165 (0. 0135)	0. 0031 (0. 0219)	0. 0342 (0. 0251)	0. 0028 (0. 0217)	0. 0142 (0. 0356)	0. 0031 (0. 0218)
是否干部	-0. 0042 (0. 0368)	0. 0426 (0. 0512)	-0. 0175 (0. 0673)	0. 0438 (0. 0507)	0. 0624 (0. 1042)	0. 0436 (0. 0513)
林地细碎化程度	0. 0102 (0. 0043)	0. 0101* (0. 0040)	0. 0123 (0. 0059)	0. 0076* (0. 0061)	0. 0100* (0. 0084)	0. 0125* (0. 0103)
林地面积	0. 0324 (0. 0034)	0. 0176*** (0. 0063)	0. 0128* (0. 0074)	0. 0178** (0. 0056)	0. 0346** (0. 0110)	0. 0181** (0. 0057)
林地属性	0. 04701* (0. 0347)	0. 0483*** (0. 0543)	0. 0796** (0. 0765)	0. 0542** (0. 0401)	0. 1062** (0. 0732)	0. 0532*** (0. 0541)
土壤肥力	0. 0625* (0. 0168)	0. 0518** (0. 0251)	0. 1375** (0. 0336)	0. 0551** (0. 0243)	0. 1265*** (0. 0442)	0. 0518** (0. 0261)
灌溉条件	-0. 0167 (0. 0176)	-0. 0065 (0. 0281)	-0. 0119 (0. 0325)	-0. 0052 (0. 0266)	-0. 0301 (0. 0487)	-0. 0083 (0. 0276)
光照条件	-0. 0153 (0. 0006)	-0. 0082 (0. 0043)	-0. 0046 (0. 0100)	-0. 0132 (0. 0076)	-0. 1107 (0. 0038)	-0. 0632 (0. 0103)

（续）

项目	①	②	③	④	⑤	⑥
	OLS	2SLS	Tobit	IV-GMM	IV-Tobit	LIML
离家远近	0.1106*** (0.0231)	0.1032*** (0.0234)	0.1921*** (0.0433)	0.103***4 (0.0231)	0.1763*** (0.0561)	0.1035*** (0.0237)
资本投资	-0.0344* (0.0143)	-0.0376* (0.0203)	-0.0754* (0.0276)	-0.0376* (0.0216)	-0.0754* (0.0373)	-0.0381* (0.0213)
Hausman 检验		21.0346***				
DWH 检验		22.0361***				
过度识别检验（p 值）		0.3801				
弱工具变量检验		10.7642				
冗余检验（p 值）		0.0321				
		0.0001				
N	400	400	400	400	400	400

注：*** 表示 $p<0.01$；** 表示 $p<0.05$；* 表示 $p<0.1$；括号内数字为普通标准误。

由于在模型回归中所使用的工具变量个数多于内生变量个数，本研究还对于工具变量个数的有效性进行了冗余检验，“户主学历程度”和“村内是否有特色林业种植”的工具变量冗余检验的 p 值分别为 0.0321 和 0.0001，检验结果拒绝了户主受教育程度和村内特色林业种植为冗余工具变量的原假设。

通过 OLS 和 2SLS 的比较后发现，内生性问题会对估计结果产生较大影响。通过 OLS 和 Tobit 的比较发现，样本选择偏误问题同样会对估计结果产生较大影响。为同时处理样本选择问题和内生性问题，最后采用了 IV-Tobit 回归。IV-Tobit 回归结果显示，农户分化的估计系数在 1%显著性水平下显著为正，且比 OLS、2SLS、Tobit 的回归估计系数都要大，结果表明，农户分化水平每提升 1%，林地承包不履责规模会提升 0.6254%。因此，假说 H_1 关于“农户分化对林地承包不履责规模具有正向影响”的推论在此得到了验证。

从 IV-Tobit 估计结果来看，其他变量——林地细碎化程度、林地面积、林地属性、林地肥力和离家远近等都会对林地承包不履责率具有显著影响。在农户家庭劳动力持续向城镇转移就业的大背景下，农户家庭持有的林地细碎化程度越高、面积越大、公益林占比越高，农户林地承包不履责的面积就越大；林地肥力越差、离家越远，农户林地承包不履责率就会越高。由此可见，林地资源禀赋条件对林地承包不履责规模会产生特别关键的影响。

3.4.5.3 不同分化程度农户林地承包不履责行为影响的差异性分析

在对低分化程度农户（纯农户+Ⅰ类兼业农户）使用 IV-Tobit 进行回归时发

现，Hausman 检验并不拒绝非农收入占比是外生变量的原假设，因此，可以使用不含工具变量的 Tobit 模型进行回归，结果见表 3-15。

低分化农户回归结果显示(表 3-15)，非农收入占比对低分化程度农户林地承包不履责行为没有显著影响，低分化程度农户林地承包不履责行为主要受林地面积、林地属性、林地土壤肥力、离家远近等林地特征因素的影响。低分化程度农户要获得稳定的非农就业机会难度较大，他们着眼于发展农林业生产，依靠农林业生产收入维持家庭生计，非农收入对他们而言只是农闲时的临时打工或贩运。因此，非农收入占比不会对低分化程度农户的林地承包营林不履责行为产生太大影响；林地的自然资源条件、离家远近以及林地的公益林占比则会对农户的林地承包不履责行为产生较大影响。

表 3-15　不同分化程度农户林地承包经营不履责行为影响的差异性分析

项目	低分化程度农户	高分化程度农户
	Tobit 模型	IV-Tobit 模型
非农收入占比	0.1832(0.3127)	4.2567***(1.4732)
人口数	0.01563(0.0375)	-0.2006(0.0261)
老年人数	-0.0364(0.0738)	0.1438(0.0715)
户主年龄	0.0067(0.0058)	-0.0062(0.0048)
受教育程度	-0.0046(0.0116)	-0.0135***(0.1426)
健康状况	0.0513(0.0489)	0.0675(0.0558)
是否村干部	0.0975(0.1523)	0.0764(0.0435)
林地细碎化程度	0.0046(0.0122)	0.0108**(0.1308)
林地面积	-0.0058*(0.0164)	0.0321**(0.0245)
林地属性	0.0216**(0.0012)	0.4143***(0.1542)
土壤肥力	0.2743*(0.0314)	0.0876***(0.0567)
灌溉条件	(0.1247)(0.0531)	0.0230(0.0584)
光照条件	-0.0654(0.0105)	-0.0645(0.0756)
离家远近	0.3256*(0.1021)	0.4156***(0.1395)
林业资本投资	-0.0267*(0.0564)	-0.1145**(0.0243)
N	137	263

注：*** 表示 $p<0.01$；** 表示 $p<0.05$；* 表示 $p<0.1$；括号内数字为普通标准误。

对于高分化程度农户(Ⅱ类兼业农户+离地农户)使用 IV-Tobit 进行回归。回归结果显示(表 3-15)：非农收入占比对高分化程度农户的林地承包不履责行为的发生具有显著的正向影响；同时，在家庭特征方面，户主学历程度、老年人口数量都对农户的林地承包不履责行为的发生具有显著的正向影响；在林地特征方面，林地细碎化程度、林地面积、林地属性、土壤肥力、离家远近等都会对高分化程度农户的林地承包不履责行为产生显著影响。由此，前述的假说 H_2 得到了验证。

从表3-15的回归结果可以看出，在林地特征方面，相较于低分化农户，高分化程度农户家庭的林地特征影响因素更多，也更为显著。譬如，林地细碎化程度越高、面积越多、公益林占比越高、土壤肥力越差、林地平均离家越远，高分化程度农户的林地承包不履责行为发生的概率相对更高，影响也更为显著。而对于低分化程度农户，他们的林地承包不履责行为一般不会受到林地细碎化程度的显著影响，在林地面积、林地属性、林地土壤肥力、离家远近等因素的影响方面也没有高分化程度农户家庭的影响那么显著。这主要是因为低分化程度农户一般只有通过提高对土地的劳动投入、增加生产经营土地面积来提高家庭收入，为此不惜进行“自我剥削”。而高分化程度农户对土地的依附度较低，对土地的自然条件要求较高，一般只愿意经营自然条件好的土地。因此，就林地承包经营不履责行为发生的概率而言，高分化程度农户比低分化程度农户对林地的自然条件影响更为敏感。在家庭特征方面，高分化程度农户相较于低分化程度农户，户主的学历程度对林地承包不履责行为发生的负面影响更为显著。

3.4.5.4 林业生产经营资本投资的中介效应分析

目前在集体林区，随着林农越来越多地转型就业，农户分化在不断加剧。农户会根据自身的分化程度来决定是否有能力或条件进行林业资本投资及其投资多少。与此同时，农户家庭主要劳动力的外流，农村妇女和中老年男性劳动力从事林业生产时的羸弱情况急需外来林业资本投资的帮助。然而，当农户家庭承包经营的林地规模偏少而又无法争取林地规模扩大时，农户一般不会进行林业生产经营性资本投资。资本的趋利性决定了具有资本投资能力的高分化程度农户必然选择“弃林”经商或其他创业，其发生家庭承包林地的不履责行为的概率就会显著提高。相反，如果具有资本投资能力的高分化程度农户，能够通过“合理的”林地流转的方式获取家庭林地规模的扩大并能获得较好的预期经营收益时，他们必然会进行林业经营资本投资，进而组建起“家庭林场”或地方性“农民林业生产合作社”或私有林业企业等，对林地进行规模化的专业经营，从而提高林地的营林履责规模和效率。分化农户的林业生产经营资本投资，同时也会给周边农户带来林业生产环境的改善，譬如，特色林业种植技术的引进和其他林业生产技术的提高、林产品销售渠道的拓展和林业社会化服务渠道的增多等，进而促进周边农户林业生产投资的增加和林地承包营林履责的落实。因此，分化农户的林业资本投资会对林地承包经营不履责行为产生显著的抑制影响，即林业生产经营资本投资在农户分化对林地承包营林履责过程中存在中介效应。林业生产经营资本投资的中介效应作用如图3-4所示。

为探讨农户分化如何影响到村内林业生产经营资本投资、林业生产经营资本投资又如何影响到农户林地承包不履责行为发生的概率和规模，用前述模型(3-

7)~(3-9)进行回归，回归结果见表3-16。

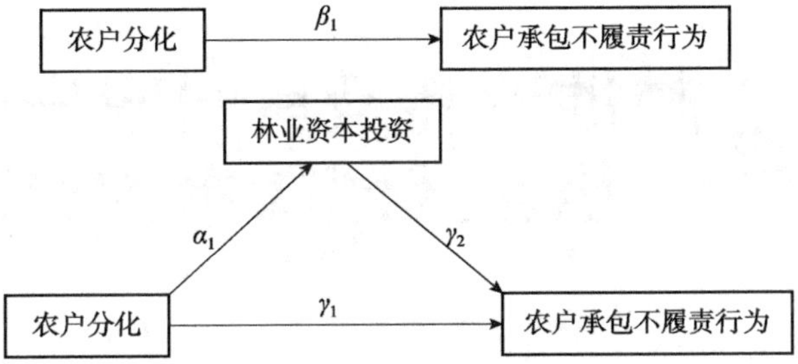

图3-4　林业资本投资的中介效应示意

表3-16　逐步检验回归系数法估计结果

模型	①	②	③
	模型(3-7)	模型(3-8)	模型(3-9)
农户分化	0.3642*** (0.1023)	33.9846* (19.6530)	0.3742*** (0.10000)
村内林业资本投资			-0.0006* (0.0001)
常数	0.4765* (0.2631)	70.5321 (48.3256)	0.5432** (0.2624)

注：*** 表示 $p<0.01$；** 表示 $p<0.05$；* 表示 $p<0.1$；括号内数字为普通标准误。

表3-16回归结果表明，模型(3-7)中农户分化对林地承包不履责规模具有显著正向影响，即系数 β_1 显著；模型(3-8)中农户分化对村内林业经营资本投资具有显著正向影响，即系数 α_1 显著；模型(3-9)中村内林业经营性投资对林地承包不履责规模具有显著负向影响，即系数 γ_2 显著；模型(3-9)中农户分化对林地承包不履责规模具有显著正向影响，即系数 γ_1 显著，说明村内林业经营资本投资在农户分化对林地承包不履责行为影响中具有部分的中介效应。

通过以上回归检验发现，村内林业经营资本投资确实是农户分化与林地承包营林履责之间的中介变量。农户分化会增加村内林业经营性资本投资，从而降低农户林地承包不履责行为发生的概率。假说 H_3 在此得到了验证。但是，回归结果表明，村内林业经营性资本投资的中介效应很小，说明在目前形势下村内林业经营性资本投资对于农户家庭林业生产劳动力的替代效用很小。当农户家庭劳动力实际脱离林业生产时，村内林业经营性资本投资并不能或很难起到替代作用，从而难以对当前的农户林地承包不履责行为起到有效的抑制作用。因此，农户分化的直接效应要大于中介效应，从而造成了“农户分化程度的加剧整体上会对农户的林地承包营林不履责行为(发生的概率和规模)产生正向影响”。

第 4 章 林地流转及其对农户林地承包经营履责的影响

自从20世纪末以来，林地经营权流转便在乡村中自发地开展了起来。到最近几年，中央明确农村土地“三权分置”改革，积极引导和推动林地经营权流转。经过近二十多年的发展，当前，林地经营权流转出现了哪些变化，林地流转给农户家庭改善林地承包经营履责带来了那些机遇和挑战，在研究农户林地承包经营履责治理对策之前，对于这些问题应该要有充分的认识和了解。

4.1 我国集体林地经营权流转的政策演进

我国集体林地流转政策最早可以追溯到1997年召开的党的十五大将非公有制经济定性为社会主义经济的重要组成部分，明确了非公有制经济的性质和地位。1998年7月1日起施行的《中华人民共和国森林法》第十五条规定：“下列森林、林木、林地使用权可以依法转让，也可以依法作价入股或者作为合资、合作造林、经营林木的出资、合作条件，但不能将林地改为非林地：(一)用材林、经济林、薪炭林；(二)用材林、经济林、薪炭林的林地使用权；(三)用材林、经济林、薪炭林的采伐迹地、火烧迹地的林地使用权；(四)国务院规定的其他森林、林木和其他林地使用权。”这些条款给林权的市场化运作提供了政策和法律依据，使林权的市场化运作日益活跃。1998年8月，第九届人大常委会第四次会议修订的《中华人民共和国土地管理法》第九条规定：“国有土地和农民集体所有的土地，可以依法确定给单位或者个人使用。”这一政策加速了林业产权的流转，拓宽了林业产权的权能结构，激活了林业产权主体的积极性(杨桂红，2011)。

2003年中共中央国务院颁发的《关于加快林业发展的决定》(以下简称《决定》)提出放宽林业经营主体，允许多种形式进行林地流转，明确“各种社会主体都可通过承包、租赁、转让、拍卖、协商、划拨等形式参与流转”“森林、林木和林地使用权可依法继承、抵押、担保、入股和作为合资、合作的出资或条件。”同时，还要求各地制定规范流转程序，通过构建完善的市场以维护林地流转参与者的合法权益。在《决定》出台后，各省、直辖市、自治区结合当地实际情况制定了地方性林地流转管理条例。如

2004年《江西森林资源转让条例》、2005年《福建森林资源流转条例》，继后，浙江、湖南等省也陆续出台了《森林、林木和林地流转管理办法》。

在2008年，中共中央、国务院制定了《关于全面推进集体林权改革的意见》(以下简称《意见》)。《意见》再一次强调“在不改变林地用途的前提下，林地承包经营权人可依法对拥有的林地承包经营权和林木所有权进行转包、出租、转让、入股、抵押或作为出资、合作条件”。与之前的文件相比，《意见》措施中还强调了产权交易平台的作用，此外，进一步要求建立健全森林资源资产评估管理，培育相关评估人才，以切实维护林地流转交易双方的合法权益，防止农民“失山失地”。

随着非农就业机会的增加，农村土地流转规模不断扩大，承包权与经营权的分离在农村已十分普遍，而且经营者不仅仅局限于集体成员，原有的产权结构已无法适应现有的生产经营状况(张涵冰，2011；张毅等，2016)。特别是，农村正在不断步入规模化、集约化、机械化、信息化的生产经营模式(陈朝兵，2016)。针对这些问题，2016年10月，中共中央办公厅、国务院办公厅印发了《关于完善农村土地所有权承包权经营权分置办法的意见》，提出逐步建立规范高效的“三权分置”运行机制，不断健全归属清晰、权能完整、流转顺畅、保护严格的农村土地产权制度。林业部门按照中央的总体部署，探索集体林地“三权分置”改革，部分试点先行地区创新发放了“林地经营权流转证”，进一步盘活了集体森林资源，吸引了更多的社会资本投资林业产业发展，增加了林农的财产性收入，对形成林地集体所有、家庭承包、多元化经营的格局起到了积极作用。当前，在“三权分置”改革背景下，集体林区的林地流转已经成为推动林业规模化生产经营的重要措施和手段。

4.2　农户林地经营权流转变动特征及影响分析

21世纪“确权到户”的集体林权制度改革开始后，国家林业和草原局林业经济研究中心就组建了由全国7所高校参与的国家林业和草原局集体林权制度改革监测项目组，选取了福建、江西、湖南、云南、辽宁、陕西、甘肃7省70个县350个样本村3500个样本农户作为常年监测对象，对集体林权制度改革的进展情况及问题进行监测研究。现依据2011—2018年的监测数据，来分析当前集体林区林地流转的基本情况及变动趋势。

4.2.1　样本农户林地经营权流转的变动特征分析

2018年国家林业和草原局发布《关于放活集体林经营权的意见》，提出要加快建立集体林地“三权分置”运行机制，积极引导林权规范有序流转。从“确权到户”后的农户自发流转到“三权分置”改革后的政府引导流转，通过监测发现，现实中的林地经营权流转确实出现了一些新的变化。

4.2.1.1 农户林地经营权流转的年度规模变动分析

根据国家林业和草原局集体林权制度改革监测数据，2010—2017 年 8 年间，样本农户林地流转统计数据见表 4-1。数据显示：①从参与林地流转的农户数来看，自 2011 年起整体呈逐年下降趋势。这可能主要缘于固定样本回访监测的调查方法。②从林地流转年度规模来看，2011 年林地流转规模大幅增加以后，各年度林地流转规模数据波动较大。③从林地流转的总规模来看，样本农户的林地流转面积整体逐年递增，但增幅逐年减少。

表 4-1 2010—2017 年样本农户林地流转逐年变动情况

年份	当年流转			累计	
	农户数(户)	流转规模(亩)	户均流转面积(亩/户)	林地流转规模(亩)	递增率(%)
2010	206	12106.20	58.77	12106.2	—
2011	593	33759.68	56.93	45865.88	278.86
2012	519	28769.43	55.43	74635.31	62.73
2013	637	39706.02	62.33	114341.3	53.2
2014	361	22863.74	63.33	137205.1	20
2015	499	36379.00	72.9	173584.1	26.51
2016	273	35618.33	130.47	209202.4	20.52
2017	128	28417.88	222.01	237620.3	13.58
年均	402	29702.54	73.89	267322.8	12.5

2010—2017 年，参与流转农户数最多的是 2013 年的 637 户，最少的是 2017 年 128 户，2017 年较 2013 年减少了 79.9%。可见，发生林地流转的农户数呈逐年递减趋势。从历年户均林地流转面积来看，户均林地流转面积最多的 2017 年为 222.01 亩/户，户均林地流转面积最少的 2012 年为 55.43 亩/户，2017 年户均林地流转面积较 2012 年增幅达 300.52%。由此可见，农户林地流转的户均规模确实在增长变化之中(图 4-1)。

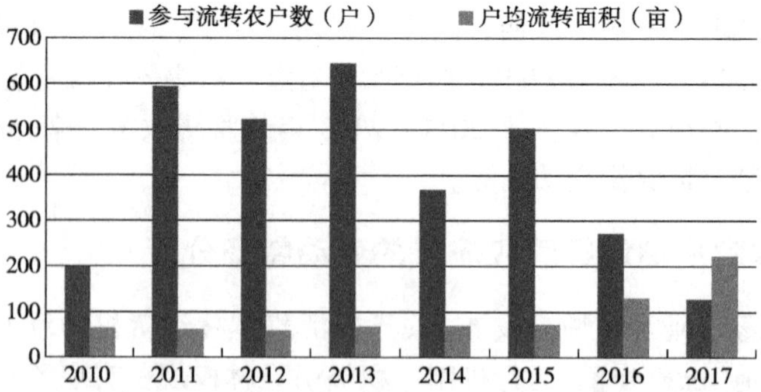

图 4-1 2010—2017 年参与流转样本农户数量比较

4.2.1.2 农户家庭林地经营权流转对象的变动分析

表4-2是2010—2017年8年间样本农户林地流转对象统计表。数据显示，2010—2017年，村民间林地流转面积年均占比为62.90%，社会资本(包括合作社、工商企业和城镇居民等)参与流转面积年均占比为37.10%。由此可见，当前林地经营权流转主要还是以村民间的林地转让为主。

表4-2 2010—2017年农户与社会资本流转林地面积及占比情况

年份	林地流转规模(亩)	村民流转		社会资本流转	
		面积(亩)	占比(%)	面积(亩)	占比(%)
2010	12106.20	8249.16	68.14	3857.04	31.86
2011	33759.68	16596.26	49.16	17163.42	50.84
2012	28769.43	12491.69	43.42	16277.74	56.58
2013	39706.02	24542.29	61.81	15163.73	38.19
2014	22863.74	14801.99	64.74	8061.75	35.26
2015	36379.00	27844.49	76.54	8534.51	23.46
2016	35618.33	26247.15	73.69	9371.18	26.31
2017	28417.88	18690.44	65.77	9727.44	34.23
年均	29702.54	18682.93	62.90	11019.6	37.10

从社会资本历年参与林地流转的情况来看，2012年占比最高，为56.58%，2015年最低，为23.46%。2010—2012年，社会资本流转面积占比呈上升趋势，之后逐渐下降至2015年达到谷底，随后又逐渐攀升。2015—2017年，社会资本参与林地流转的林地面积占比由23.46%增长到了34.23%。由此可见，社会资本介入迹象比较明显(图4-2)。

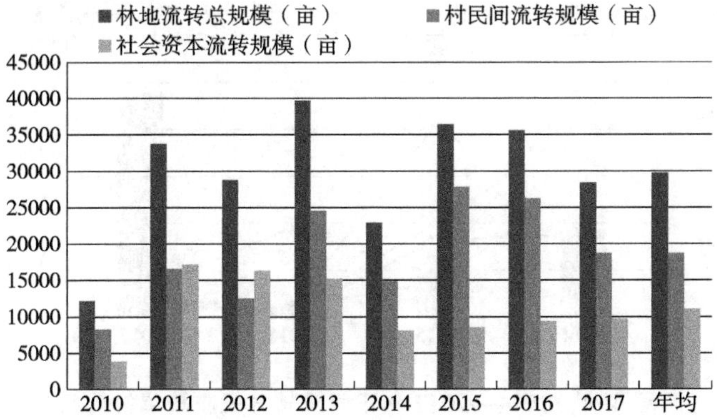

图4-2 2010—2017年样本农户林权流转对象情况

4.2.1.3 农户家庭林地经营权流转价格变动分析

图 4-3 是 2011—2017 年不同属性林地的平均流转价格折线图。数据显示，2017 年商品林流转平均单价为 2.02 元/(亩·年)，比 2016 年提高了 0.73 元/(亩·年)，增幅约为 56.59%，结束了自 2013 年以来的连续下跌趋势。与此同时，2017 年公益林流转平均单价为 1.63 元/(亩·年)，比 2016 年下降了 6.62 元/(亩·年)，下跌幅度约为 80.24%，改变了 2011 年以来的震荡上升趋势。但从总体情况来看，2011—2017 年，多数年份中公益林流转价格高于商品林价格。可能的原因是，能够流转的公益林一般是林分质量较好、具有休闲旅游开发潜力的林地，所以流转价格会比商品林地流转价格高。

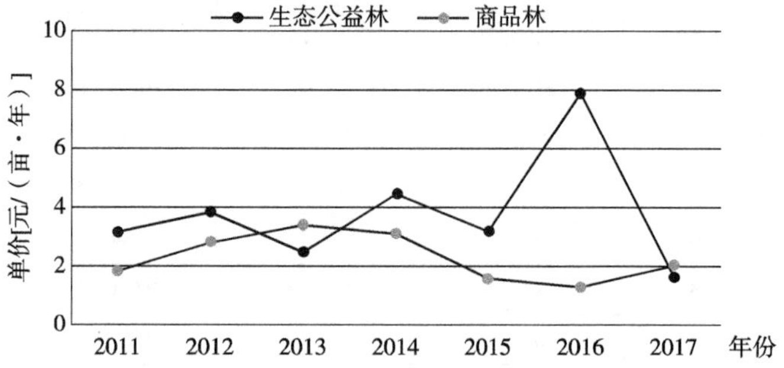

图 4-3 2011—2017 年林地流转单价变动分析

图 4-4 是 2014—2017 年不同流转方式的流转价格折线图。数据显示，2017 年入股方式价格为 40 元/(亩·年)，比 2016 年提高了 39.59 元/(亩·年)，比 2015 年提高了 32 元/(亩·年)，比 2014 年提高了 24.63 元/(亩·年)。2017 年其他流转方式价格为 1.05 元/(亩·年)，比 2016 年下降了 2.75 元/(亩·年)。2017 年抵押、转让、出租和转包流转价格与 2016 年相比均有小幅上涨，平均涨幅为 2.64%。

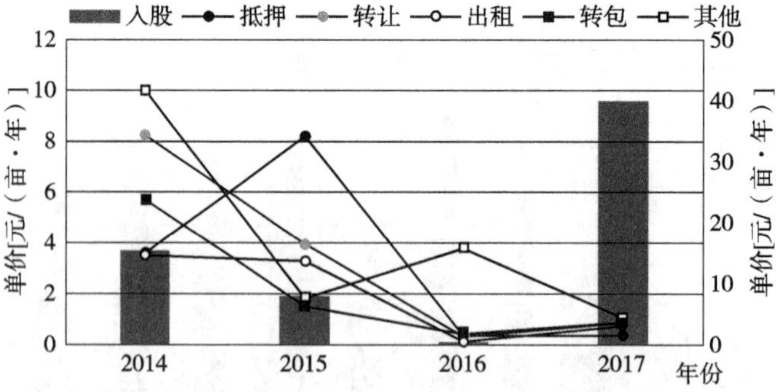

图 4-4 2014—2017 年不同流转方式流转单价情况

注：左侧纵坐标为抵押、转让、出租、转包和其他方式流转单价，右侧纵坐标为入股方式流转单价。

4.2.1.4 农户参与林地流转意愿的变化分析

表4-3是2010—2017年样本农户林地流转意愿监测数据统计表。数据显示，2010—2017年，愿意参与林地经营权流转的农户数占有效样本农户总数的均值比例为13.54%，不愿意参与林地经营权流转的农户数占有效样本农户总数的均值比例为83.09%。

表4-3 2010—2017年样本农户参与林地流转意愿情况

年份	愿意参与林地流转		不愿意参与林地流转		不好说	
	农户数(户)	占比(%)	农户数(户)	占比(%)	农户数(户)	占比(%)
2010	417	11.92	2889	82.54	194	5.54
2011	268	7.66	3130	89.43	102	2.91
2012	498	14.22	2858	81.66	144	4.12
2013	517	14.77	2867	81.91	116	3.32
2014	526	15.03	2891	82.60	83	2.37
2015	535	15.29	2698	77.08	267	7.63
2016	518	14.80	2968	84.80	14	0.40
2017	509	14.54	2964	84.69	27	0.77
年均	474	13.54	2908	83.09	118	3.37

由表4-3可以看出，监测期内历年有意愿参与林地经营权流转的农户数占比都在16%以下，不足两成，且年际间变化不大，没有呈现明显的变化趋势。与此同时，不愿参与林地经营权流转的农户数占比绝大多数年份维持在八成以上，且相对稳定。由此可见，政府期待以“三权分置”改革为契机推动集体林地流转，把一家一户的小农林业生产改造成规模化的现代林业经营，可能还会有很多工作要做。可以预见，在今后比较长的一段时期内，一家一户的小农林业生产依然是集体林区的主要林业生产组织形式。

从历年实际参与林地流转的农户数及占比情况来看(图4-5)，2015年实际

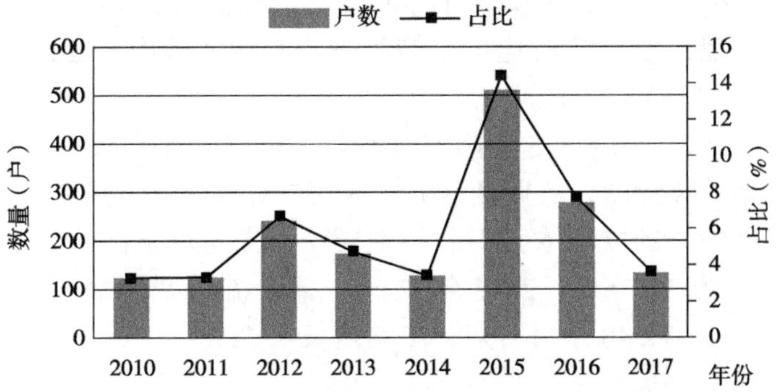

图4-5 2010—2017年实际参与林地流转的农户数量及占比情况

参与林地流转农户数最多达 502 户，占样本户总数的 14.34%；2014 年实际参与林地流转农户数最少，为 119 户，占样本户总数的 3.4%；其他年份都基本维持在 5%左右。由此可见，农户参与林地经营权流转的意愿较低，实际参与林地流转的农户数占比不高。

4.2.1.5 实际参与林地流转的农户对林地流转的相关满意度变化分析

图 4-6 是 2013—2017 年 5 年间实际参与林地流转样本农户对流转价格满意度调查数据的统计图。数据显示，样本农户对林地流转价格满意度总体呈上升趋势。其中，2017 年满意度最高，2014 年满意度最低。2013 年以来，农户对流转价格满意度累计增加了 26.73%，年均增加 6.10%。由此可见，农户对林地流转价格满意度持续上升。

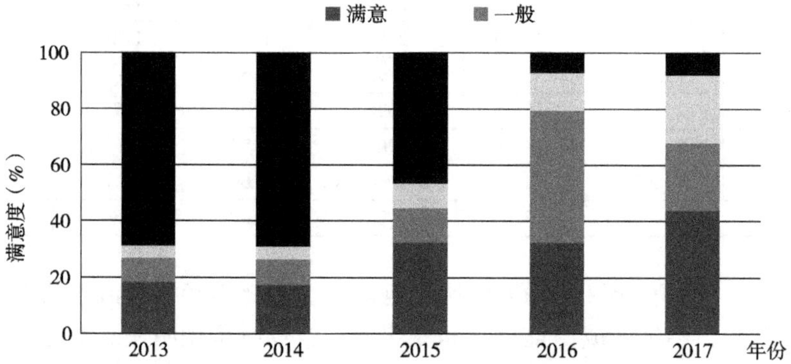

图 4-6　2013—2017 年样本农户对流转价格满意度变化情况

图 4-7 是 2014—2017 年 4 年间实际参与林地流转农户对流转信息获取满意度调查数据统计图。数据显示，农户对流转信息获取满意度呈逐年下降趋势。2017 年认为获取流转信息比较难和很难的农户数占比为 70.78%，比 2014 年同比增加了 27.83 个百分点。2017 年认为获取流转信息比较容易和容易的农户数占比为 17.50%，比 2014 年同比下降了 12.49 个百分点。自 2014 年以来，认为获取信息难易程度一般的农户数占比也呈持续下降趋势。其中，2017 年为 11.73%，比 2014 年下降了 15.34 个百分点。

图 4-8 是 2013—2017 年 5 年间实际参与林地流转样本农户对林地流转费用满意度调查数据的统计图。数据显示，样本农户对林地流转费用满意度整体呈持续上升趋势。其中，2017 年农户对林地流转费用满意度最高，为 53.57%，2014 年满意度最低，为 17.79%；2017 年农户对林地流转费用满意度较 2013 年的 19.09%累计提高了 34.48 个百分点，年均增长 8.62%。

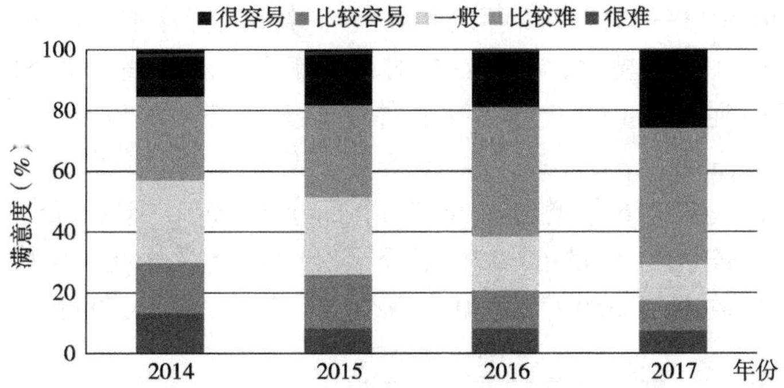

图 4-7　2014—2017 年样本农户对流转信息获取满意变化情况

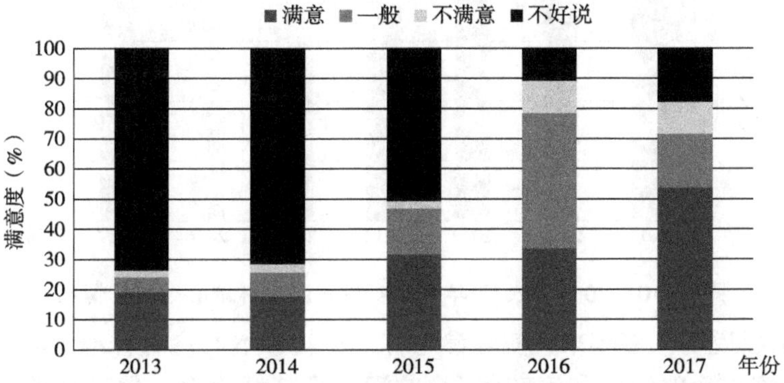

图 4-8　2013—2017 年样本农户对流转费用满意度变化情况

图 4-9 是 2013—2017 年 5 年间实际参与林地流转样本农户对林地流转程序满意度调查数据的统计图。数据显示，2013—2017 年，样本农户对林地流转程序满意度整体呈上升趋势。其中，2017 年农户对林地流转程序满意度最高，为 64.29%；2014 年最低，为 17.90%。2017 年农户对林地流转程序满意度较 2013 年的 19.86%同比提高了 44.43 个百分点，年均增长 10.30%。

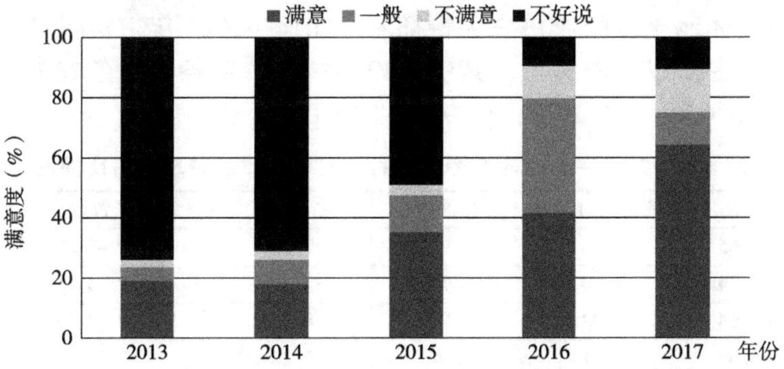

图 4-9　2013—2017 年样本农户对流转程序满意度变化情况

图4-10是2011—2017年7年间实际参与林地流转样本农户对林地流出后的心态变化统计图。数据显示，样本农户对林地流出满意度整体呈下降趋势，同时对林地流出后感到后悔的农户数占比整体呈上升趋势。2017年对林地流出后感觉满意的农户数占比为39.23%，较2016年下降了1.46个百分点；感到后悔的比例为42.86%，较2016年增加了16.93个百分点。2017年对流出林地后感到满意的农户数占比较2011年的68.77%下降了29.54个百分点，年均下降4.92%；感到后悔的农户数占比增加了30.50个百分点，年均增长5.08%。

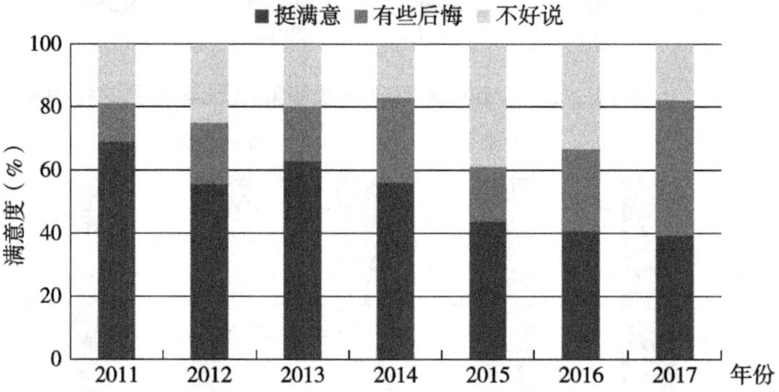

图4-10　2011—2017年样本农户对流出林地心态变化情况

以上情况说明，多年来，实际参与林地流转样本农户对林地流转管理的相关工作(林地流转管理费用和流转程序)的满意度持续上升，但对林地流转后的情况有些不满。不满的原因可能缘于以下几个方面：一是后悔当年流转价格太低；二是后悔当年的流转方式选择不对；三是随着家庭经济状况的改善或劳动力的增多，后悔当年不该流转；四是林地流转后林地面貌遭到了某些破坏。

4.2.2 实际参与过林地流转的农户家庭相关特征分析

4.2.2.1 实际参与过林地流转的农户家庭特征分析

从参与过林地流转的农户户主特征看：2014—2017年，实际参与林地流转的样本农户户主多以务农为主，其中，2014—2017年各年以务农为主的农户数占比分别为55.65%、51.29%、43.94%和46.09%(表4-4)。

表4-4　2014—2017年实际参与林地流转样本农户职业占比情况　　单位：%

年份	务农	务农兼打工	务农兼副业	常年打工	固定工资收入	其他
2014	55.65	16.36	5.27	7.03	12.40	3.29
2015	51.29	14.80	6.71	7.69	17.31	2.20
2016	43.94	15.97	7.71	8.60	17.31	6.46
2017	46.09	15.31	7.31	5.23	17.31	8.74

实际参与流转样本农户户主年龄多在50岁以上，其中，2014—2017年各年实际参与林地流转的户主50岁以上的农户数占比分别为56.97%、60.44%、56.83%和67.19%(表4-5)。

表4-5 2014—2017年实际参与林地流转样本农户年龄占比情况 单位:%

年份	30岁及以下	31~40岁	41~50岁	51~60岁	60岁以上
2014	0.55	11.09	31.39	33.26	23.71
2015	0.62	12.40	26.54	35.01	25.43
2016	0.42	15.54	27.21	34.37	22.46
2017	0.50	11.88	20.43	37.24	29.95

由调查数据分析可见，实际参与林地流转的农户多以年老务农为主。其原因可能来自以下三个方面。

(1)当家庭经济状况较好且劳动力富足的情况下，老年务农为业(老年纯农户)的家庭则倾向于流入林地。一方面满足家庭劳动力就业需要，另一方面为家庭财富积累创造条件。

(2)当家庭经济状况较差或是缺乏劳动力时，老年务农为业的农户家庭则倾向于流出林地。一方面解决当前家庭生计困难，另一方面解决家庭林地经营劳动力短缺之困境。

(3)对于常年外出打工的农户家庭(兼业农户或离地农户)来说，虽然他们有参与林地流转的意愿，但由于林地流转程序相对复杂，他们往往无暇或无力参与到林地流转项目之中。

4.2.2.2 实际参与过林地流转的林地种类特征分析

表4-6是2011—2017年样本农户流转林地种类统计表。数据显示，2017年，商品林地流转面积21798.21亩，占全部流转面积的71.66%；公益林地流转面积8619.67亩，占全部流转面积的28.34%。见表4-6，2011—2017年，商品林流转面积最高2011年，占比达85.21%；最低2012年，占比为53.75%；其他各年商品林流转面积占比基本上都在70%左右。这就说明，商品林是农户家庭林地流转的最主要目标，主要原因可能是政府对商品林限制较少，以致其流动性更高。

表4-6 2011—2017年农户流转林地种类变动比较

年份	林地流转规模(亩)	商品林流转		公益林流转	
		面积(亩)	占比(%)	面积(亩)	占比(%)
2011	31632.83	26954.18	85.21	4678.65	14.79
2012	11102.42	5967.74	53.75	5134.68	46.25

（续）

年份	林地流转规模（亩）	商品林流转		公益林流转	
		面积（亩）	占比（%）	面积（亩）	占比（%）
2013	13433. 34	8754. 75	65. 17	4678. 59	34. 83
2014	23841. 6	16703. 48	70. 06	7138. 12	29. 94
2015	36768. 90	27645. 46	75. 19	9123. 44	24. 81
2016	35423. 08	27348. 96	77. 21	8074. 12	22. 79
2017	30417. 88	21798. 21	71. 66	8619. 67	28. 34

4. 2. 2. 3 实际参与过林地流转的农户家庭林地流转方式特征分析

2017 年，实际参与林地流转的样本农户林地流转方式主要以转让、出租和转包为主，以转让、出租和转包三种流转方式流转的林地面积合计占到流转交易总面积的 88. 06%，其中，转让面积占流转交易总面积的 36. 59%，出租的占 34. 88%，转包的占 16. 59%，分别较 2016 年增加了 5. 33 个百分点、2. 91 个百分点和 1. 47 个百分点；抵押和互换的继续维持较低占比，分别占流转交易总面积的 0. 58%和 0. 77%。2010—2017 年，转让面积占流转交易总面积的比例平均值为 38. 40%，出租的为 21. 18%，转包的为 18. 31%，入股的为 11. 94%，其他的为 7. 95%，互换的为 1. 34%，抵押的为 0. 88%（表 4-7）。由此可见，在流转方式中，转让、出租和转包成为农户林地流转最偏好的方式。

表 4-7 2010—2017 年样本农户不同方式流转林地面积占比情况 单位：%

年份	转让	出租	转包	入股	互换	抵押	其他
2010	62. 08	3. 48	15. 67	0. 00	0. 00	0. 00	18. 77
2011	37. 22	18. 69	23. 15	17. 26	0. 00	1. 54	2. 14
2012	16. 16	15. 68	27. 27	32. 67	0. 21	0. 89	7. 12
2013	52. 49	12. 34	15. 20	5. 15	7. 24	1. 02	6. 56
2014	33. 24	19. 65	14. 76	19. 86	0. 65	0. 54	11. 30
2015	38. 14	32. 76	18. 68	2. 16	1. 17	1. 86	5. 23
2016	31. 26	31. 97	15. 12	14. 27	0. 64	0. 64	6. 10
2017	36. 59	34. 88	16. 59	4. 12	0. 77	0. 58	6. 47
年均	38. 40	21. 18	18. 31	11. 94	1. 34	0. 88	7. 95

具体来看：①2010—2013 年转让方式流转面积占流转交易总面积的比例波动较大，均值为 41. 99%，标准差为 17. 35%；2014—2017 年占比相对平稳，均值为 34. 81%，标准差为 2. 71%。②出租方式流转面积占流转交易总面积的比例

2010—2017 年呈小幅上升趋势，2010 年占比为 3. 48%，2017 年占比为 34. 88%，2017 年较 2010 年年均增长 4. 49%。2010—2014 年均值为 13. 97%，标准差为 5. 83%。2015—2017 年均值为 33. 20%，标准差为 1. 23%。③转包方式流转面积占比 2010—2017 年年际波动相对较小，标准差为 4. 28%。入股方式流转面积占比 2010—2017 年年际波动较大，均值为 11. 94%，但标准差达到了 10. 44%。④其他流转方式占比总体不高，年际波动也相对较小。各年抵押和互换比例都非常低，其中，抵押最高占比是 2015 年的 1. 86%，互换最高占比是 2013 年的 7. 24%，其余各年份两种流转方式流转面积的占比之和都不到 2%。

4. 2. 3　林地经营权流转对农户家庭营林生产的关联性影响

林地经营权的流入或流出，对农户家庭营林生产的影响具体反映在农户家庭的林业收支情况的变动和林业生产投入情况变动所带来的影响。为保障数据分析的有效性，本部分内容拟在国家林业和草原局集体林权制度改革监测数据库中选取实际参与林地流转样本户相对较多的 2016 年的监测数据(273 户)作为观测分析的依据，并从以下四个方面来进行探讨分析。

4. 2. 3. 1　林地经营权流转对农户家庭林业收支情况的影响分析

为便于研究，将 2016 年监测样本 3500 户农户分成 3 组：第 1 组为净流出林地农户(178 户)，第 2 组是净流入林地农户(95 户)，第 3 组为未参与林地流转农户(3227 户)。统计出 3 组农户 2016 年的家庭林业收支情况数据分别见表 4-8 和表 4-9。

表 4-8 是 2016 年农户家庭林业收入情况的分类统计表。数据显示：2016 年，林地流入农户家庭户均林业收入为 54613. 86 元，林地流出农户家庭户均林业收入为 11322. 15 元，无林地流转农户户均林业收入为 9801. 24 元。林地流入农户家庭户均林业收入分别是林地流出农户家庭、无林地流转农户家庭户均林业收入的 4. 82 倍和 5. 57 倍。除此之外，流入林地农户的林业收入结构中用材林收入占比达到了 22. 76%，林下经济收入占比为 30. 14%。无流转的农户则是以经济林收入为主，占其林业收入的 40. 63%；其次是竹林收入，占 20. 62%。

表 4-8　农户家庭林业收入情况的分类统计

收入分类	流入农户		流出农户		无流转农户	
	金额(元)	占比(%)	金额(元)	占比(%)	金额(元)	占比(%)
户均总收入	54613. 86	100. 00	11322. 15	100. 00	9801. 24	100. 00
其中：用材林	12429. 58	22. 76	365. 32	3. 23	896. 33	9. 15
竹林	3557. 23	6. 51	921. 94	8. 14	2020. 53	20. 62

（续）

收入分类	流入农户		流出农户		无流转农户	
	金额（元）	占比（%）	金额（元）	占比（%）	金额（元）	占比（%）
经济林	9108.32	16.68	1949.03	17.21	3982.71	40.63
林下经济	16462.18	30.14	2823.39	24.95	1535.10	15.67
涉林打工	1539.50	2.82	1725.81	15.24	460.94	4.70
财产性收入	410.92	0.75	653.34	5.77	29.81	0.30
转移性收入	4838.06	8.86	987.68	8.72	571.52	5.83
其他收入	6268.07	11.48	1895.64	16.74	304.30	3.10

表4-9是2016年农户家庭林业支出情况分类统计表。数据显示，2016年，流入林地农户家庭林业经营总支出为53453.59元，林地流出农户家庭户均林业总支出为6537.66元，无林地流转农户户均林业支出为8046.89元。林地流入农户家庭户均林业支出分别是林地流出农户家庭、无林地流转农户家庭户均林业收入的8.18倍和6.64倍。此外，在流入林地农户家庭林业支出中，雇用劳动力的支出居于首位，占总支出的54.13%，是流出林地农户家庭雇用劳动力支出的近47倍，是无流转行为农户的18倍。其次是种苗支出，占到总支出的16.68%，比无流转行为农户该项支出占比高出11.15%。无流转行为的农户林业支出的主要项目是家庭自投劳动力，占其家庭林业经营支出的52.77%，其次是雇用劳动力支出，占19.96%。

表4-9　农户家庭林业支出情况的分类统计

支出分类	流入农户		流出农户		无流转农户	
	金额（元）	占比（%）	金额（元）	占比（%）	金额（元）	占比（%）
林业总支出	53453.59	100.00	6537.66	100.00	8046.89	100.00
其中：种苗	8917.82	16.68	114.19	1.75	445.35	5.53
化肥农药	3642.19	6.81	339.76	5.20	1024.10	12.73
自投劳动力	5973.78	11.18	5426.37	83.00	4246.39	52.77
雇用劳动力	28934.29	54.13	618.63	9.46	1606.63	19.96
机械或畜力	289.92	0.54	27.42	0.42	159.85	1.99
税费	0.00	0.00	11.29	0.17	92.24	1.15
其他	5695.59	10.66	0.00	0.00	472.33	5.87

上述数据分析说明，无论是家庭林业收入还是林业支出，有林地流入农户家庭都比林地流出或无林地流转农户家庭高出了许多。这就充分说明，有林地流入

的农户家庭，确实是对林业生产具有特殊情愫的林业经营专业能手，如果林地的使用权和经营权能够流入他们手中，就能大幅改善当前的林地经营状况，对于提高林地承包经营履责的整体水平必将产生显著的影响。

4. 2. 3. 2　林地经营权流转对农户家庭营林生产投资的影响分析

为配合该问题研究，再将 2016 年参与林地流转的样本农户 273 户分成 2 组，一组是净流出林地的 178 户，另一组是净流入林地的 95 户，然后将这两组农户家庭的营林生产投资进行对比分析。

以农户家庭营林生产投资为因变量 Y_i ，以 X_i 作为影响因素（自变量）进行线性回归，回归模型为：

$$Y_i = A + \sum_{i=1}^{9} B_i X_i + \mu$$

式中：X_1 为流转林地承包的平均期限，X_2 为净流入（或净流出）面积，X_3 为流入（或流出）的商品林地占家庭净流入林地面积比例，X_4 为流入（或流出）用材林、经济林和竹林小计面积占家庭净流入（或流出）面积的比例，X_5 为流入（或流出）人工林占家庭净流入（或净流出）林地面积的比例，X_6 为有林权证流转面积占家庭净流入（或净流出）林地面积比例，X_7 为有承包合同流入（或流出）面积占家庭净流入（或净流出）林地面积的比例，X_8 为流入（或流出）非联户林地占家庭净流入（或净流出）林地面积的比例，X_9 为登记面积占家庭净流入（或净流出）林地面积的比例。分析结果见表 4-10 至表 4-13。

表 4-10　林地流转农户家庭营林生产投资回归分析表

解释变量	*Y*	标准差
平均流转年限	-36. 11838	(545. 7587)
净流入面积	269. 44974 ***	(12. 7077)
商品林流转面积占比	-24058. 23006	(35851. 1973)
用材林、经济林、竹林面积占比	49255. 91009	(37545. 6127)
人工林面积占比	32254. 87517	(24004. 9865)
有林权证面积占比	4283. 58441	(20836. 7002)
有承包合同面积占比	2694. 39142	(21551. 6412)
非联户经营面积占比	-33430. 29600	(21211. 8482)
登记面积占比	-30306. 21599	(21179. 4427)
常数	-5841. 66450	(27949. 3968)
观察样本数	273	
R-squared	0. 83914	

注：squared 表示方差。以下同。

表 4-11　林地流转农户家庭林业生产经营支出概况

流入	均值	标准差	频数
0	3887.4379	9276.5721	178
1	69096.947	225290.84	95
总计	26579.392	136253.5	273

表 4-12　方差分析

分类	误差平方和	自由度	均方差	*F* 值	显著性
组间	2.6339e+11	1	2.6339e+11	14.91	0.0001
组内	4.7863e+12	271	1.7662e+10		
合计	5.0497e+12	272	1.8565e+10		

表 4-13　不等方差的两样本 t 检验

组别	样本量	均值	标准误差	标准偏差	[95%的置信区间]	
组 0	178	3887.438	695.3085	9276.572	2515.276	5259.599
组 1	95	69096.95	23114.35	225290.8	23202.86	114991
合计	273	26579.39	8246.437	136253.5	10344.44	42814.35
差值		-65209.51	23124.81		-111123.3	-19295.74
均值差					*T*=-2.8199	
Ho：均值差=0		萨特思韦特自由度=94.1702				
Ha：均值差<0		Ha：均值差=0			Ha：均值差>0	
$Pr(T<t)=0.0029$		$Pr(\|T\|>\|t\|)=0.0059$			$Pr(T>t)=0.9971$	

回归结果显示：2016 年林权净流入和净流出农户家庭林业生产经营支出存在统计学意义的显著差异。进一步使用两样本非同方差的 *t* 检验对于流入和流出两类农户林业生产经营支出的总体均值进行检验，分析结果也显示，净流入农户家庭林业生产经营支出在统计学上是显著高于净流出农户的。在各种因素中，农户的净流入面积对家庭林业生产经营支出具有显著性的影响，表明在其他条件一定的情况下，家庭净流入面积越大的农户，林业生产经营支出也越大。

以上分析表明，林权流转总体上对于优化集体林地资源的配置确实能够起到积极影响，林地开始从经营意愿与能力不足的农户向有意愿、善经营和有能力的农户流转，并且转入林权的农户切实加大了经营投入，提高了林地的集约化程度，有效地提升了林业生产效率。这也就说明，林地流转有助于促进农户林地的承包经营履责的落实和提高。

4.2.3.3　林地经营权流入来源差异对农户营林生产支出的影响分析

农户家庭林地经营权流入来源可分为村内和村外。从逻辑上说，来自村内的流入林地相对于来自村外的流入林地，由于自然距离相对更近，甚至有可能与流入户家庭原有林地在空间上对接，因此经营上更为方便，农户对来自村内的流入林地的经营投入也可能高于来自村外的流入林地。这个推论是否与实证研究结论相符，对于流转规范管理中如何指导林权流转的范围具有重要的参考价值。

将 2016 年净流入林地的样本农户根据其来源不同分为 3 个观察组：第一组为净流入林地，主要来自本村村民；第二组为净流入林地，主要来自外村村民；第三组为净流入林地，主要来自其他方面。以第二组农户家庭林业经营支出作为基准组、以第一组和第三组农户家庭林业经营支出作为对照组进行方差分析，这样可以帮助了解各组之间的经营投入是否存在统计学意义上的差异。

方差分析结果(表 4-14)表明，流入源自本村、外村和其他方面的样本农户在家庭林业经营支出上没有统计学意义上的显著差别，这也就意味着，流入来源不分村内村外，农户对各种来源的流入林地都采取了基本上统一的生产经营管理措施。

表 4-14　不同流入对象对农户营林支出影响的方差分析

样本量=104			判定系数=0.0085		
均方根误差=217198			修正判定系数=−0.0111		
分类	偏平方和	自由度	均方	*F*	显著性
总模型	4.0997e+10	2	2.0498e+10	0.43	0.6488
组 1 同组 2 间	5.7403e+09	1	5.7403e+09	0.12	0.7279
组 3 同组 2 间	3.8281e+10	1	3.8281e+10	0.81	0.3698
总平方和	4.8056e+12	103	4.6657e+10		

4.2.3.4　林地经营权流转方式差异对农户营林生产投资的影响分析

对 2016 年净流入林地的样本农户，根据其净流入林地的流转方式进行分组，分为 A–抵押，B–转让，C–出租，D–转包，E–互换，F–入股，G–其他等 7 个组。以转让组为基准变量，对其农户家庭的林业经营支出作方差分析，结果见表 4–15。

表 4-15　不同流入方式对农户营林支出影响的方差分析

样本量=104			判定系数=0.0085		
均方根误差=217198			修正判定系数=-0.0111		
分类	偏平方和	自由度	均方	F	显著性
总模型	4.0997e+10	2	2.0498e+10	0.43	0.6488
组 1 同组 2 间	5.7403e+09	1	5.7403e+09	0.12	0.7279
组 3 同组 2 间	3.8281e+10	1	3.8281e+10	0.81	0.3698
总平方和	4.8056e+12	103	4.6657e+10		

回归分析结果表明，通过出租方式流入林地的农户家庭林业生产经营投资支出较其他流转方式更为显著。这个结果可能主要缘于流转价款支付方式对转入农户经营投入的影响。因为转让的价款支付方式多为一次性或者分期支付，一方面这种转让方式会一次性地占用流入农户的大量资金，在转入农户没有更便捷融资渠道条件的情况下，必然会持续地挤占农户家庭的可支配资金份额；另一方面，采取这种流转方式的转入农户也可能只是把流入林地作为保值性投资，本身也没有清晰的经营投资计划。而出租方式则要求流入农户每年都要支付稳定的租金，这一方面对农户经营投入资金挤占份额相对要小些，另一方面也会对农户每年的经营管理提供一个持续的激励。再者，承租农户往往都已经形成了一个比较清晰的经营计划，才可能去租赁林地，否则就会因为无法经营租赁期内的林地及林木资产获得资产的自然增值而白白损失流入林地的租金支出。从上述两方面的对比分析看，出租方式无论是对流出农户持续获得林权的财产性收入，还是对激励流入农户投资开展林业生产经营，从提高集体森林资源的经营效率和提升林地承包经营履责的整体水平上来说，都会具有显著的积极效果。

4.3　农户林地经营权流转影响因素的实证分析

尽管十多年以来各界都在积极鼓动推进林地流转，然而截至 2017 年底，集体林地流转率仅为 10.50%（刘璨，2020；张自强，2020）。前述 4.1.1.4 小节分析说明，当前农户林地经营权流转意愿较弱。对于农户林地经营权流转意愿较弱的原因，通过农户访谈了解到主要有四个方面的因素：一是农户担心林地流转以后流入方（尤其是工商资本）的生产经营活动（例如，修建灌溉渠道、林道或防火道等）会导致林地地貌发生改变，从而导致林地边界难以确认，流转到期后收回来的时候怕会引起林权纠纷；二是怕流转以后如果自己再想经营林地要收回来的时候会很困难，甚至收不回来；三是担心林地流转给某个经营主体以后他再倒手流转给了别人，时间久了，转手人多了，会被别人霸占而丢失；四是怕投资者经营不善，把林地给糟蹋了，人却跑了，除转让费拿不回来外还给自己留下了烂摊子。对于农户的这一解释，想想也确实有其担心的道理。这可能也就是那些离地农户宁可将林地抛荒闲置，也不愿进行林地流转的主要原因。

除了上述农户访谈给出的主观因素外，针对影响农户林地流出意愿的客观因素，可以借助农户调查数据的实证分析来进行判定。

4.3.1　研究假说

4.3.1.1　林地产权类因素对农户林地经营权流转意愿的影响

产权理论认为，完整或稳定的产权界定，能够产生交易成本较少效应来影响资源利用效率。当产权得到明晰界定，即产权制度完善的情况下，产权主体参与市场交易的成本将大大降低，从而使得交易收益得到提高，进而可以提高产权主体参与市场交易的意愿和行为，促进通过市场交易来达到提高资源配置效率的目的。这就是说，农户承包或持有的林地产权完整或稳定可影响农户的林地经营权流转行为。

如图 4-11 所示，在农户林地经营权流转供给曲线 S 一定的情况下，当林地产权得到了明确界定，农户参与林地流转的成本将大大降低进而使得参与林地流转交易的收益能够从 Y_0 扩大到 Y_1，进而就会使得农户参与林地流转的规模由 Q_0 扩大到 Q_1。也就是说，农户持有的林地产权的完整性和稳定性，可增强农户对林地的实际转让能力，进而提高林地转让意愿，促进林地流转行为的发生。同时，如果农户持有的林地签订了承包合同，承包期越长，意味着林地产权越稳定可靠，林地流转收益也就越多、也越稳定可靠，就越有利于提高农户的参与林地流转的意愿。据此，可提出以下研究假设

H_1：“林地确权到位”“签订承包合同”、承包经营期限都会对农户林地流转意愿产生显著正向激励。

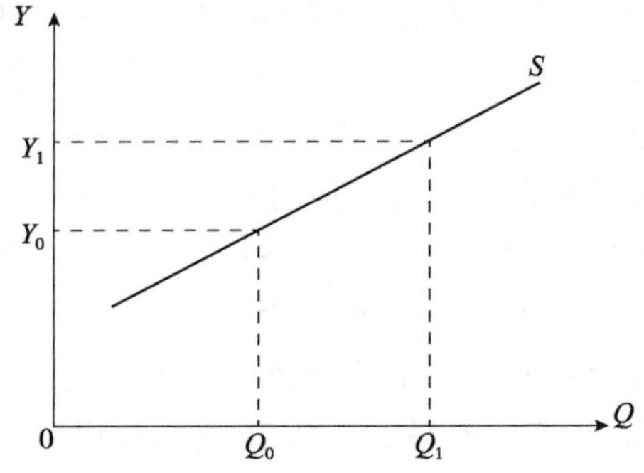

图 4-11　流转收益对农户林地经营权流转的激励效应分析

4.3.1.2 农户家庭林业生产要素类变量对农户林地经营权流转行为的影响

前述农户生产行为理论告诉我们，农户是“理性经纪人”，促使他们在做出生产要素配置决策之前最先要考虑的问题就是要在现有资源禀赋条件下实现自身利益的最大化。换句话说，农户的生产要素资源配置一定会由生产效率低的地方向生产效率高的地方流动。图 4-12 反映了生产效率对农户家庭生产要素资源配置的激励效应。

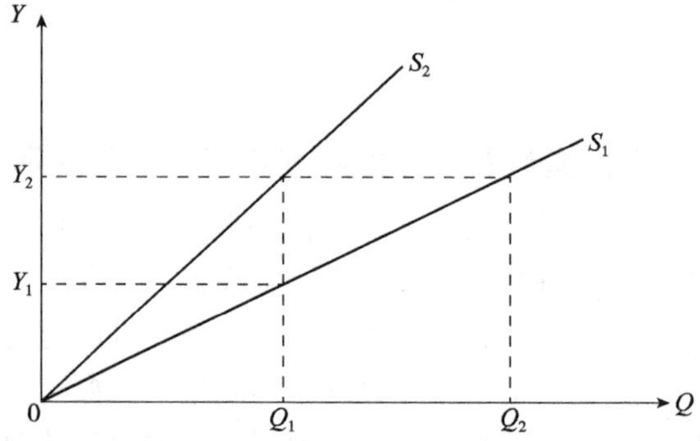

图 4-12 生产效率对农户生产要素配置的影响效应分析

在土地资源方面，林地面积的大小、品质的好坏和细碎化程度，都将直接影响着农户家庭的林业生产经营效率，进而会影响到农户林地流转的行为决策。

(1)林地面积越大，林地的规模经济效应就会使得农户家庭的林业生产效率提高。如图 4-9 所示，当林业生产效率曲线由 S_1提高到 S_2时，在原有林地面积 Q_1上的收益 Y_1会提高到 Y_2，这时，农户的林业生产热情就会被激发出来，从而使得农户家庭在原有的劳动辛苦条件下愿意经营的林地面积由 Q_1扩大到 Q_2。也就是说，这时农户不仅不会产生流出林地经营权的意愿，反而会产生出流入林地经营权的意愿。据此，可提出以下研究假设。

H_2：家庭林地面积规模会对农户林地流出意愿产生负向影响。

(2)林地地块数越多，说明林地的细碎化程度越高，林业生产经营的单位成本就会越高，进而使得农户家庭的林业生产效率降低。如图 4-9 所示，当林业生产效率曲线由 S_2降低到 S_1时，在原有林地面积 Q_2上的收益 Y_2会降低到 Y_1，这时，农户的林业生产热情就会被削弱，从而使得农户家庭在原有的劳动辛苦条件下愿意经营的林地面积由 Q_2减少到 Q_1。也就是说，农户就会产生出流出家庭林地经营权的意愿。据此，可提出以下研究假设。

H_3：家庭林地块数会对农户林地流出意愿产生正向影响。

(3)在劳动力方面。生产函数理论告诉我们，农户家庭农业劳动力数量的多寡、素质的高低、体能的强弱等，都会对农户的家庭经济行为产生重要影响。一般来说，在每个劳动力愿意付出的劳动辛苦程度一定的条件下，农户家庭农业劳动力数量越多，农户家庭开展林业生产的能力就会越强，农户家庭愿意经营的林地面积就会越大，流出林地的意愿就会越弱。

如图 4-13 所示，单个劳动力愿意付出的劳动辛苦程度曲线 R 一定。当农户家庭劳动力由 L_1增加到 L_2时，农户家庭成员愿意经营的林地面积就会由 S_1扩大到 S_2。也就是说，农户家庭不仅不会流出林地面积，而且有条件的话还会有流入林地面积的意愿。据此，可提出以下研究假设。

H_4：家庭劳动力数量会对农户林地流出意愿产生反向影响。

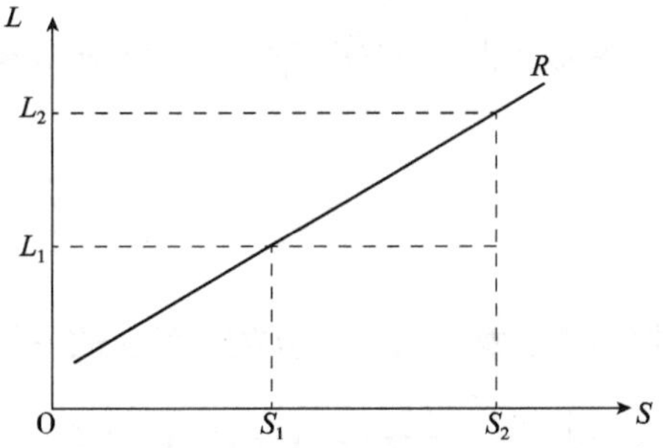

图 4-13　劳动力数量对农户家庭林业生产经营规模的影响

4.3.1.3　家庭收入结构类因素对农户林地流转行为的影响

“理性”小农理论认为，传统农民是典型的“理性”小农，他们在进行生产要素投资和资源配置时，总会遵循市场经济理性原则，将生产要素的配置推向收益最高的均衡。换句话说，也就是农户会将其生产要素资源配置到能够给家庭收益带来最大化的地方。因此，当家庭林业收入在家庭总收入中占比较高时，农户就会重视林业生产，从而不愿流出林地；但当家庭非农收入占比较高时，农户就会倾向于流出林地，而将生产要素资源优先配置到非农生产领域。

图 4-14 反映了营林收入占家庭总收入比重对农户家庭营林生产规模的影响情况。当农户家庭营林收入占比由 B 点下降到 A 点时，农户家庭愿意投资林业生产的资金量将从 K_0下降到 K_1，农户家庭愿意经营的林地面积将由 S_0减少到 S_1。当农户家庭非农收入占比较高时，意味着包括林业收入在内的农业收入占比的下降，也就意味着农户家庭意愿经营的林地面积的减少，即愿意流出林地面积的增加。据此，可提出以下研究假设。

H_5：家庭林业收入占比会对农户林地流出意愿产生负向影响；

H_6：家庭非农收入占比会对农户林地流出意愿产生显著正向激励。

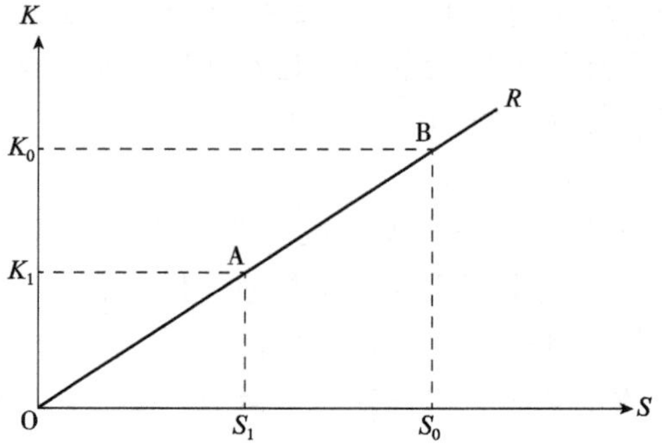

图 4-14 营林收入占比对农户家庭林业生产经营规模的影响

4.3.2 模型与变量

4.3.2.1 模型选取

由于农户林地经营权是否愿意流出为二分类变量，故一般选择采用 Logit 模型。

$$\log[p(Y=1 \mid X)] = \ln\left(\frac{e^{\alpha+X_{ij}\beta_j}}{1+e^{\alpha+X_{ij}\beta_j}}\right) = \alpha + \beta_1 X_{i1} + \beta_2 X_{i2} + \cdots + \beta_j X_{ij} + \varepsilon_i$$

式中：p 为某事件发生的概率，Y 为被解释变量“农户是否愿意将林地经营权流出”（1=是，0=否），α 为常数项，β_j 表示第 j 个解释变量的参数系数估计项，X_{ij} 表示对于第 i 个农户而言的第 j 个解释变量，ε_i 为随机扰动项。

4.3.2.2 变量选取

从现有相关研究成果看，农村人地关系、农村社会保障、林地产权状况、林地经营权流转的市场制度安排、社会经济条件等因素（叶剑平等，2010；钟文晶等，2013；郜亮亮等，2014；刘鸿渊等，2018；钱忠好，2002），农户特征、林权流转的交易成本与机会成本、农户的产权行为能力、家庭资源禀赋，农户对土地产权制度安排的预期和家庭生命周期等因素（刘文勇等，2013；吴巍等，2016；王欢，2018；石玲玲，2018；林善浪等，2018），都可能影响到农户参与林地经营权流转的意愿和行为选择。据此，依据上述理论分析和现有文献研究情况，拟选择林地产权特征、农户家庭资源禀赋、农户家庭收入来源结构作为解释变量；根据掌握的监测数据，拟选择林地流转管理服务、农户家庭特征二组变量作为控制变量。变量的具体设置及赋值情况见表 4-16。

表 4-16 变量设置及描述性统计

变量类型	变量名称	变量赋值	均值	标准差
被解释变量	农户是否愿意将林地流出	1=是，0=否	0.16	0.362

（续）

变量类型	变量名称	变量赋值	均值	标准差
解释变量	林权证是否核发到位	1=是，0=否	0.91	0.288
	承包经营期限	林地最高经营期限，单位：年	60.87	14.816
	是否签订承包合同	1=是，0=否	0.65	0.478
	家庭农业劳动力数量	除外出务工以外的家庭劳动力，单位：人	1.87	0.237
	家庭林地总面积	单位：亩	85.52	135.867
	林地块数	单位：块	3.55	2.494
	林业收入所占比重	林业经营收入占总收入的比重，单位：%	13.00	22.30
	非农收入所占比重	非农工作收入占家庭总收入比重，单位：%	51.00	37.10
控制变量	对流转价格的满意度	1=没有不满意，0=没有满意	0.23	0.419
	对流转政策的满意度	1=没有不满意，0=没有满意	0.43	0.495
	流转是否容易	1=是，0=否	0.22	0.414
	家庭人均年收入	单位：元/人	11130.39	9728.34
	家庭所处农村社会层次	3=较高，2=中，1=较低	1.93	0.57
	户主年龄	单位：岁	52.77	10.285
	户主受教育程度	1=小学及以下，2=初中，3=高中（中专），4=大专及以上	1.78	0.75
	户主性别	1=男，0=女	0.95	0.211

4.3.3　模型估计结果分析

为扩大样本容量，提高研究的科学合理性，本研究采用国家林业和草原局集体林权制度改革监测对辽宁、福建、江西、湖南、云南、陕西、甘肃7省3500个样本农户在2010—2017年参与的林地经营权流转意愿调查的非平衡面板数据来进行logit回归分析。模型估计结果见表4-17。

表4-17　模型估计结果

变量名称	回归系数	Z统计量	p值
林权证是否核发到位	0.2475***(0.093)	2.59	0.0082
是否签订承包合同	−0.0826(0.053)	−1.76	0.1173

（续）

变量名称	回归系数	Z 统计量	p 值
承包经营期限	0.0043**(0.002)	2.28	0.0304
家庭农业劳动力数量	−0.0057(0.021)	−0.34	0.7987
家庭林地总面积	0.0014***(0.000)	4.25	0.0000
林地块数	−0.0142(0.010)	−1.43	0.1685
林业收入所占比重	−0.5087***(0.126)	−3.98	0.0001
非农收入所占比重	0.1386**(0.071)	1.89	0.0491
对流转价格的满意度	0.0176(0.064)	0.39	0.7813
对流转政策的满意度	0.1544***(0.055)	2.58	0.0052
流转是否容易	0.0943(0.059)	1.68	0.1124
家庭人均年收入	0.0024(0.003)	0.76	0.4834
家庭所处农村社会层次	0.1534***(0.053)	2.65	0.0042
户主年龄	−0.0076*(0.002)	−3.37	0.0024
户主受教育程度	−0.0443*(0.035)	−1.57	0.2043
户主性别	−0.2587**(0.108)	−2.54	0.0174
常数项	−1.4124(0.238)	−5.72	0.0000

注：*** 表示 $p<0.01$；** 表示 $p<0.05$；* 表示 $p<0.1$；括号内数字为普通标准误。

4.3.3.1 林地产权特征类变量

由表 4-17 可知，在其他条件不变时，林权证是否核发到位对于农户的流转意愿有正向促进作用。当林权证核发到位时，农户会更有意愿将林地流出。这就说明产权证作为林地流转的核心内容，在当前依然具有重要地位。农户看重产权是否明晰，当产权明晰时才易形成交易意愿，以此避免因产权不清而在未来引起林权纠纷导致的财产损失。林地承包经营期限的长短与农户流转意愿呈正相关，林地承包经营期限越长，农户更有可能将林地转出，这可能是因为承包期越长，农户参与林地流转的条件就越好、获利就会越多。以上两种变量的影响都与研究假设 H_1 关于“林地确权到位、承包经营期限会对农户林地流转意愿产生显著正向激励”的判断相符。“有无签订承包合同”变量在统计检验意义上不显著，这可能是由于现行的林地承包合同管理并不健全，林地承包合同尚未起到应有的法律和经济约束作用。此外，也可能反映出当前流转双方对于承包合同是否签订都不太在意，也间接说明了流转双方都不认为林地承包合同的签订是一件非办不可的事情。

4.3.3.2 农户家庭林业生产要素类变量

该类变量中，只有“家庭林地总面积”一项对农户参与林地经营权流转意愿有正向影响且在1%的水平上显著，其余变量均未通过Z检验。“家庭林地总面积”越大，农户更具林地流出意愿。这与研究假设H_2的判断相反。其可能的原因：一是家庭林地面积越大，需要投资的生产要素就越多，农户承受的生产经营压力就越大，因此更愿意将林地流出；二是家庭林地面积越大，流转的受让方单位面积的流转交易成本就越低越方便，流转的价格就可能越高，农户的获利就越大，农户或许因此更愿意将林地流出。“家庭农业劳动力数量”一项未通过统计检验，这可能是因为样本中该项数据较为集中，均值和中位数都约为2，标准差为1.237，未能形成有效检验数据，因此与相关文献现有研究所得的结论存在偏差。变量“林地块数”不显著的原因可能是样本农户间差异较小，大多数农户的林地块数为3~4块，因此模型未分析出地块数量引起的流转意愿差异。

4.3.3.3 农户家庭收入结构类变量

从表4-17中可以看出，在其他条件不变的情况下，“林业收入所占比重”对农户参与林地经营权流转意愿有反向影响，说明农户家庭林业收入占总收入的比重越高，农户的林地流出意愿越低。这主要是因为家庭林业收入占总收入的比重越高，表明农户家庭对林地的生计依赖度就越高，农户转让林地经营权的可能性就会越低。“非农收入所占比重”对农户的林地流出意愿具有正向积极影响，这可能是因为农户家庭非农收入占比越高，即家庭生计对林业的依赖程度越低，家庭林地经营或许已经成为影响这些农户非农就业的掣肘，所以他们更倾向于将林地流出。这两项回归分析结果与研究假设H_5、H_6的判断完全相符。

4.3.3.4 林地流转管理服务政策类变量

农户对流转政策的满意度对空地流出意愿具有显著的正向影响，说明农户对流转政策越满意，农户产生林地流出意愿的可能性越高。农户对“流转价格的满意度”和“流转是否容易”的评价在模型分析中未通过显著性检验，可能的原因是林地流转市场的价格每年都在发生变化或受访农户对现有的林地流转价格不甚了解或现有的交易制度尚不够完善以致没能产生出有效数据。

4.3.3.5 农户家庭特征类变量

“家庭所处社会层次”会显著影响到农户的林地流出意愿，本项调查数据取自农户的自我感觉和自我评价，其依据主要有二：一是家庭中是否有村干部，二是家庭收入在本村中的地位和水平。由模型分析可知，农户感觉自身的社会层次越高，越愿意流出林地经营权，其原因可能：一是自觉社会层次越高，其文化程度和社会阅历就越高，就越能感觉到林业生产的比较收益较低的社会现实；二是自觉社会层次越高，就越容易轻视农林业生产，而更愿意选择弃农弃林就业；三是自觉社会层次越高，就必定有相对可靠的家庭生计来源。基于以上可能的原因，他们可能就会更倾向于流出林地。“户主年龄”一项对流转意愿有显著的负向作用，户主年龄越高则流出意愿越弱，这可能因为年龄越高者受传统农业观念的影响越深，“恋土情结”更重，更倾向于将林地保留下来作为财产让后代去继承。“户主性别”对农户流出意愿有显著的影响，女性户主较男性户主的家庭更倾向于有流出林地的意愿，这可能是因为女性户主家庭的可用劳动力更少，从而林地经营负担感觉更重，更倾向于转出林地。“家庭人均年收入”一项对农户林地流出意愿影响不显著，而前文第 4 章农户分化研究认为，家庭人均年收入越高代表农户分化程度越高、会越具有流出林地的意愿。出现这一相悖结论的原因可能是该变量与“非农收入所占比重”变量出现了共线性，经相关分析得知，两变量间确实存在显著的相关关系，这也从另一个侧面反映了当前非农收入对于农户家庭生计的重要影响。“户主受教育程度”一项也在10%的显著性水平上对农户家庭林地流出意愿具有显著影响，说明户主受教育程度越高，转移就业能力越强，越具有流出林地的意愿。这与本著前述分析的结论相符。

（注：由于对本问题研究的相关研究文献较多，所得结论大致一致，限于篇幅，模型内生性与稳健性检验问题不再赘述。）

4.4 林地经营权流转的不确定性失责风险分析

林地经营权流转对于推动集体林区林业生产的规模化、集约化发展，改善林业生产经营履责状况会产生重要的积极影响。但是，也会带来一些不确定性的问题与风险。对于这些不确定性问题与风险的调查分析，有助于我们在对林地流转政策制订过程中尽可能地加以规避。

4.4.1 当前农户参与林地流转的动机分析

农户家庭的林地流入目的与林地流出收入支配情况，会反映出农户实施林地流转的行为动机。仔细观察和分析农户的林地流转动机，就会发现当前林地流转中存在的不确定性履责风险。

4.4.1.1 农户家庭林地流入动机分析

为了解参与林地流转的林地流入农户的行为动机，调查中设计了“发展用材林、发展经济林、发展林下经济、非林用途、暂时闲置、不知道”6 个方面的答题选项供农户选择，历年的调查数据整理结果见表 4-18。

表 4-18　农户林地流入的目的动机占比情况　单位:%

年份	发展用材林	发展经济林	发展林下经济	非林用途	暂时闲置	不知道
2015	12. 30	11. 80	5. 00	4. 80	29. 80	36. 30
2016	20. 00	38. 80	8. 00	2. 30	15. 40	15. 50
2017	30. 00	32. 00	3. 50	4. 95	6. 00	23. 55
2018	27. 50	35. 00	2. 50	6. 20	10. 8	18. 00
平均	22. 45	29. 40	4. 75	4. 56	15. 5	23. 34
排序	3	1	5	6	4	2

表 4-18 数据显示：农户家庭流入林地的目的，排在第一位的是“发展经济林”，排在第二位的竟然是“不知道”，排在第三位的是“发展用材林”，排在第四位的是“暂时闲置”，排在第五位的是“发展林下经济”，排在最后的是“非林用途”。

如果这个调查数据不是来源于国家林业和草原局组织的包括北京林业大学、西北农林科技大学、福建农林大学等全国 7 大高校在内的 7 个研究小组对全国集体林区包括东北的辽宁、西北的甘肃和陕西、华东的福建、中南的湖南和江西、西南的云南等 7 个省份的调查结果，如果笔者不是亲自参与了这些农户调查，对于表 4-18 的这个统计数据是很难相信的。

首先，理论上林业的主导林种应该是发展用材林，因为用材林对于实现增绿、增质和增效更具有作用——换句话说，也就是实现林业的生态利用与经济利用都需要优先发展用材林，国家发展林业的主导目标也是要调动农户培育生产用材林，这不仅有利于缓解我国木材供给短缺、改善生态环境，同时也有助于促进农户增收致富。然而，调查数据表明，多年来农户流入林地“用于发展用材林”的选项占比一直在 30%以下，居于目的用途的第三位，而且从趋势上看，近几年还会下滑。

其次，调查结果居于第二位的竟然是“不知道”且平均占比达 23. 34%。“不知道”也可能是农户林地流入目的不明确的托词，但如果是真的“不知道”，那问题就严重了。因为“不知道”也就是等于“没有目标，先流入再说”，这就会造成实际流入林地的“闲置”，如果加上排在第四位的“暂时闲置”(平均占 15. 5%)，那么，农户流入林地中就会大约有 38. 84%的林地会被“闲置”起来。此外，还有平均占 4. 56%的林地有可能被流入农户当作“非林用途”处理。这样的调查结果，对于农户林地承包经营履责治理来说，显然是一项严峻的挑战。

事实上，通过林权流转实现林业的适度规模经营和能否形成规模经济是两个不同的概念，不是简单把林地集中起来“培育”出一个林业大户就能产生规模经济。从规模经济发展的实践来看，只有当某一生产过程中各种生产要素投入同时增加，并且边际产出大于边际投入时，才存在所谓的规模经济。如果林地流转只是单纯增加某一个农户的经营面积，而没有对这些流入林地同步追加资本和劳动力，与其说是扩大了某些经营主体的林地经营规模，还不如说是对国家林地资源的浪费。

诚然，一般农户会存在经营实力的问题。普通农户在支付了流入林地价款后，是否还有能力，或者还有没有融资渠道去获取更多的经营资金，这确实是一个现实问题。但除了缺乏经营资金外，现实中是否确有少数农户只是想通过林地流入来积累家庭财产，使自己成为像温铁军教授讲座视频中所说的"新型土地豪强"①，这确实是一个值得研究的问题。如果这个结论成立，那么，这样的林地流转就会给农户家庭的林地承包经营履责带来一个严峻的局面。

4. 4. 1. 2　农户家庭林地流出动机分析

农户林地流出的行为动机可以从其对林地流出收入的支配情况中得以反映。调查中，把农户林地流出的收入支配分为了"用于林业生产、投入农业生产、用于做生意、在银行存起来、其他"5 个方面。调查数据显示(图 4-15)，农户家庭把林地流出收入存入银行和用于其他(主要是消费)的比例逐年提高，而用于生产投资的比例则逐年减少。2017 年林地流出收入用于农林业生产和生意投资的占比为 28. 57%，与 2016 年、2015 年、2014 年同比分别下降了 2. 75%、12. 30% 和 15. 13%。其中，用于林业生产投资的占比就更少，而且下降态势明显。2017 年农户林地流出收入用于林业生产的比例为 3. 57%，比 2016 年下降了 7. 27%，比最高水平的 2014 年下降了 16. 43%。由此可见，林地流出收入对林业生产的回馈率很低。

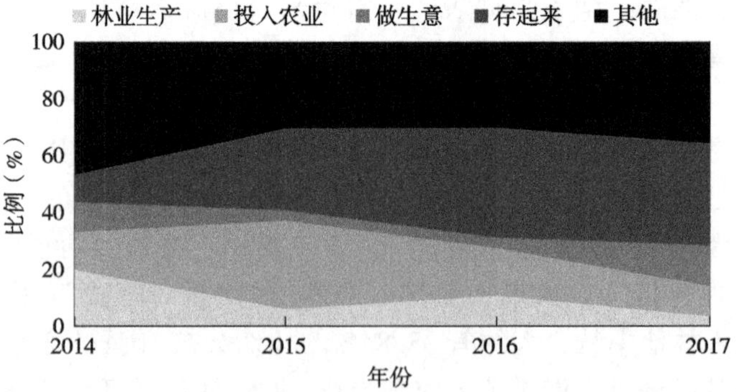

图 4-15　2014—2017 年样本农户林地流出收入的支配情况

① 见温铁军 2017 年在甘肃农业大学的演讲视频《乡土中国研究的基本问题》。

4.4.2　林地流转后森林资源保护问题的农户调查分析

林地流转后对于森林资源的保护问题也是农户家庭林地承包经营履责研究的一个重要问题。借用2018年的原国家林业局集体林权制度改革监测数据来分析这个问题。

表4-19显示的是2018年原国家林业局集体林权制度改革监测对于林地流转后森林资源保护样本农户的调查数据整理结果。数据显示：有林地流入的农户中对林地流转后的森林资源保护表示“满意”的农户数占比最高，为70.59%，同时，认为“不好说”和“不满意”的农户数占比为21.85%；在有林地流出的农户中，对林地流转后的森林资源保护表示“满意”的农户数占比则为43.55%，认为“不好说”和“不满意”的农户数占比高达38.71%；在作为旁观者的没有林地流转的农户中，对林地流转后的森林资源保护表示“满意”的农户数占比只有25.36%，认为“不好说”和“不满意的”农户数占比高达近70%。

这一数据反映出了当前集体林区林地流转过程中可能存在的一些问题，说明林地流转在给新型林业经营主体创造发展机遇的同时，也在一定程度上给森林资源（林地和林木）保护带来了风险和挑战。换句话说，也就是林地流转给林地承包经营履责带来了一些不确定性的失责风险。下面，将从调查数据中分析和揭示这些不确定性失责风险的具体情形。

表4-19　农户对林地流转后森林资源保护情况的满意度调查　　单位：%

分类情况	满意	一般满意	不满意	不好说	合计
有林地流入农户	70.59	7.56	2.52	19.33	100.00
有林地流出农户	43.55	17.74	2.42	36.29	100.00
无流转农户	25.36	5.53	2.30	66.81	100.00

4.4.3　林地流转给农户林地承包经营带来的失责风险分析

前述农户林地流转动机和流转后的森林资源保护调查数据，都反映出了当前集体林区林地流转确实存在一些问题。这就说明，林地经营权流转制度安排也是一把“双刃剑”，如果控制不好，就会给林地承包经营带来了一系列不确定性的失责风险。下面，将从调查数据中分析和揭示这些不确定性失责风险的具体情形。

4.4.3.1　改变林地用途

林地是国家重要的自然资源和战略资源，但随着我国城镇化和工业化进程的加快，工业建设用地不断扩张，部分林农为了追求短期经济利益，不仅不对林地进行造林、抚育和管护，甚至改变林地用途，侵害了国家的林业资源(贾玉杰，2022)。《中国林业与草原局统计年鉴2021》数据显示，2020年全国涉嫌违法改变用途的林地共计有9.36万公顷，违法占用林地问题非常突出。

通过对2011—2018年国家林业和草原局集体林权制度改革监测数据分析后发现，在此8年间发生过林地流转的846户(净流入农户209户，净流出农户504户，流入流出农户133户)样本户中，有72户(占8.51%)农户表示流转林地有改变林地用途的现象发生(表4-20)，其中：①林地上修筑房屋32户，占3.78%；②林地被乡镇政府征收12户，占1.42%；③林地被企业租用8户，占0.95%；④林地改作农用地6户，占0.71%；⑤林地砂石开采9户，占1.06%；其他5户，占0.59%。由此可见，目前在现实的林地经营权流转过程中，确有少数农户存在改变林地用途的现象，因此，林业管理部门需要加强监管，依法惩治改变林地用途的非法行为。

表4-20 有林地流转农户改变林地用途情况

分类	修筑房屋	被征收	企业租用	改农用地	砂石开采	其他	合计
户数	32	12	8	6	9	5	72
占比(%)	3.78	1.42	0.95	0.71	1.06	0.59	8.51
排序	1	2	4	5	3	6	—

4.4.3.2 林地流转后不营林

森林资源是林业可持续发展的基础，要实现人与森林的和谐共存，就必须对林地持续地开展生产经营。虽然不同利益主体对林地的利用方式可以有所不同，譬如，可以将其用来生产经营用材林或经济林，可以用来发展林下经济，但总体应该把流转到户的林地依法合理地利用到林业生产上来，而不能把林地流转当作是一种财富积累的手段。实际上，也只有将林地同其他的生产要素(劳动力和资金)结合起来开展林业生产经营，才能生产出增值的社会财富。然而，现实中确实有一些农户将林地流入到手以后，或是因为缺乏后续经营资金或是因为没有明确规划目标，而将林地闲置起来的现象。

表4-21显示的是对国家林业和草原局集体林权制度改革监测项目组2011—2018年林改监测数据库中净流入农户的流入林地使用状况调查情况的整理数据。数据显示：2011—2018年林地净流入农户共209户，其中，有28户(占13.4%)的流入林地处于闲置状态。由此可见，在林地流转后对林地的不作为行为确实存在，并对营林生产履责造成了不良影响。

表 4-21　2011—2018 年以来林地净流入农户的流转林地处置情况

分类	发展用材林	发展经济林	发展林下经济	非林用途	闲置	抵押贷款	合计
农户数(户)	83	74	9	10	28	5	209
占比(%)	39.71	35.41	4.31	4.78	13.40	2.39	100.00

4.4.3.3　林权抵押后不履责

根据我国相关法律规定，林权抵押贷款是借款人以其依法取得的有权处分的森林、林木的所有权、林地的使用权作为抵押物向银行、农村信用社等金融机构申请借款的行为。在抵押期间，借款人不得任意处置其林地及林木，贷款到期后无法偿还的，可由抵押物代偿。政府推动开展林权抵押贷款的目的是为了方便林农获得从事林业生产经营的资金，推动林业的健康发展。

依据政策，在林地经营权被抵押后，经营林地及林木所获得收益应优先归还贷款本息，经营者负有按照规定从事林业生产和保护林木的责任，应该继续在抵押林地上从事林业生产。然而，现实中，由于林业生产经营周期较长、林木产品变现难度大，这就可能导致林农在将林地抵押后，不从事林业生产，或者不履行造林、管护等职责，更有甚者偷伐林木，改变林地用途，非法侵害抵押权人的利益。

2018 年国家林业和草原局集体林权制度改革监测项目组监测数据分析发现，在林地净流入的 209 户林农家庭里几乎都有林权抵押贷款需求，其中有 158 户(占 75.6%)申请了林权抵押贷款，只有 17 户申请成功，申请成功率为 10.76%。在申请抵押贷款成功的 17 家样本户中，其中有 9 户进行了造林、抚育、管护与采伐生产，有 5 户进行抚育与林地管护，还有 3 户(占 1.44%)未开展任何林业生产。

由此可见，虽然林权抵押贷款获取难度较大，普通林农获取不易，但是还是存在有少数人在取得了抵押贷款后并没有跟进营林履责，存在失责风险，这种失责行为会严重损害农户、银行及社会三方的效益。因此，对于林权抵押贷款后存在的林地经营失责风险必须予以重视，并且要对这种行为强化制度治理。

4.4.3.4　林木资源违规采伐

森林采伐限额管理政策实施的目的是为了保护森林资源，最大限度地维护森林资源的社会效益和生态效益。目前，林农获取采伐指标需通过以下程序：首先，由林木所有者提出书面申请，将签有村委会意见的林木采伐申请表交到乡镇林业工作站；其次，乡镇林业工作站会做好核查和伐区采伐设计工作，在申请表上签署意见并将其上交林业主管部门(县林业局)；最后，林业主管部门在核查属实并签署意见后，呈报主管领导审查，审批后才能发放林木采伐许可证。但是林木生长周期长、林木采伐许可证获取困难等问题，使得部分林农为了追求经济利益最大化而进行违规采伐等行为，对森林资源保护造成了危害。同时，“三权分置”改革催生了一批新型林业经营主体，这些新型林业经营主体的林地大多是通过流转而来，流转有期限，经营主体为了获取利益最大化，就有可能铤而走险超伐、滥伐林木(贾玉杰，2022)。

《中国林业和草原统计年鉴》显示，2021 年全国涉嫌违法违规采伐林木面积 6 万公顷，蓄积量 281 万立方米。其中，无证采伐面积 5.21 万公顷，蓄积量 235.11 万立方米；超证采伐 0.79 万公顷，蓄积量 45.89 万立方米。虽然乱砍滥伐情况有所改善，但问题依旧突出。根据 2018 年国家林业和草原局集体林权制度改革监测项目组监测数据分析发现，在参与过林地流转的 846 户农户家庭里被查出有过违规采伐的就有 7 户(占 8.27%)。由此可见，农户的林木违规采伐现象依然比较严重。

4.5 林地经营权流转对农户林地承包经营失责风险影响的实证分析

前述研究已经说明，林地经营权流转会带来农户林地承包经营履责的不确定性失责风险。本节拟采用国家林业和草原局集体林权制度改革监测数据库 2018 年对全国 7 省 3500 个样本农户的监测数据对其不确定性失责风险进行实证分析。

4.5.1 研究假说

4.5.1.1 林地经营权流转导致林地经营规模变化，进而影响到农户的林地承包不履责行为

规模经济理论认为，经营规模的变化会通过影响单位产品经营成本来影响生产经营者的生产要素资源配置行为。也就是说，经营规模扩大会降低平均生产成本带来边际收益的增加，进而激励生产经营者追加生产要素的资源配置；相反，缩小经营规模则会提高平均生产成本带来边际收益的减少，进而会抑制生产经营者的生产要素资源配置行为。

如图 4-16 所示，林地流入会扩大农户家庭的林地生产规模，从而降低林业生产平均成本，使林地生产规模效率提高，进而会对农户家庭林地承包经营不履责行为产生抑制影响；相反，林地流出，会减少农户家庭林地生产规模，从而提高营林生产单位成本，降低农户家庭的营林生产效率，进而会对农户家庭林地承包不履责行为产生正向影响。据此，可提出以下研究假设。

H_1：林地流入对农户林地承包经营不履责行为产生显著负效应；

H_2：林地流出对农户林地承包经营不履责行为产生显著正效应；

H_3：林地经营规模对抑制农户林地承包经营不履责行为具有显著正效应；

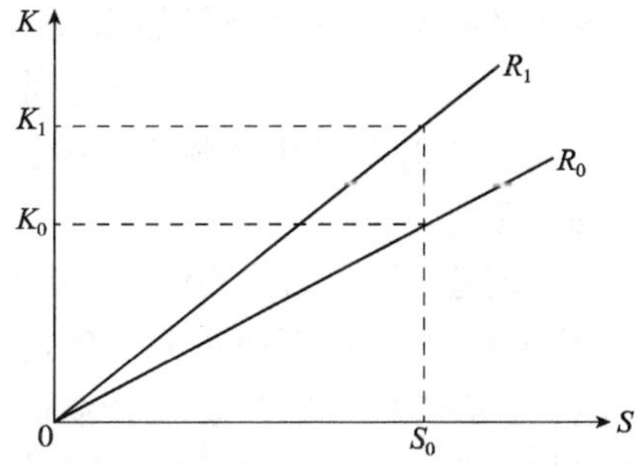

图 4-16　林地生产规模效率对农户林地承包经营履责的激励影响

4.5.1.2　林地确权对农户的林地承包经营不履责行为具有抑制影响

产权理论认为，清晰的产权界定可以很好地解决产权交易损失，从而对生产经营者产生激励效应，诱使产权人产生追加生产要素投入，从而不断增强生产经营的动力。就农户的林地承包经营来说，明晰的林地产权界定，能减少交易成本，从而给农户家庭带来更多的收益，进而对农户家庭的林地承包经营不履责行为产生抑制影响。也就是说，农户持有的林地产权越完整越稳定就越能为农户家庭带来更多收益，从而越能有效地抑制农户的林地承包不履责行为。

如图 4-17 所示，林地确权到位能够使农户家庭的林业经营收益预期由 Y_0 提高到 Y_1，在投资产出曲线 S 不变的情况下，那么，农户家庭的营林生产要素资源配置就必然要由 T_0 增加到 T_1。农户家庭营林生产要素资源配置增加，就意味着农户家庭林地承包经营不履责行为将会减少。据此，可提出以下研究假设。

H_4：“林地确权到位”会对农户林地承包经营不履责行为产生抑制影响。

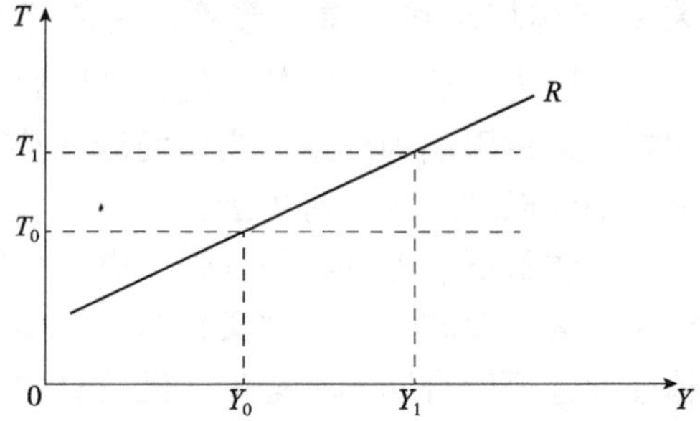

图 4-17　林地确权对农户林地承包经营不履责行为的抑制效应

4.5.1.3　林地细碎化程度对农户林地承包经营不履责行为具有正向影响效应

生产成本理论认为：在产出一定的条件下，生产成本提高意味着生产效率的降低和利润空间的缩小，就会削弱生产经营者对生产要素的投入动力；相反，生产成本降低则意味着生产效率的提高和利润空间的增大，进而会增强生产经营者对生产要素的投入动力。对于农户家庭林地经营来说，生产成本必定会随着林地细碎化程度的提高而提高，从而降低营林生产效率、减少营林收益，进而降低农户家庭营林生产要素投入的积极性。

如图 4-18 所示，当农户家庭林地细碎化程度由 SI_0扩大到 SI_1，农户家庭的林业效率曲线 R_0就会右移下降到 R_1，从而使得农户家庭的营林生产要素资源配置由 T_0点下降到 T_1。随着农户家庭营林生产要素资源配置的大幅减少，农户林地承包不履责的情况就会自然而然地发生。据此，提出以下研究假设。

H_5：林地细碎化程度会对农户林地承包经营不履责行为发生具有显著正效应。

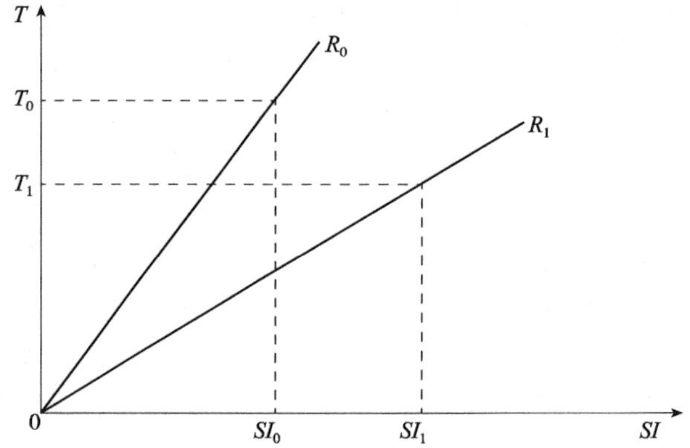

图 4-18 林地细碎化程度对农户林地承包经营不履责的影响效应

4.5.1.4 政府管制对农户林地承包经营不履责行为的约束影响

政府管制理论认为，政府为了达到一定的目的，可以凭借其法定的权利对社会经济主体的经济活动施加某种限制和约束，为市场运行及经济行为建立相应的规则，以弥补市场失灵，确保微观经济的有序运行。

林业生产周期长、比较收益低、外部经济性强、决策分散等特点，容易导致产生农户的机会主义行为。为约束农户机会主义行为的发生，就必须强化政府管制，如强制农户签订林地承包经营合同和林地流转经营合同、服从采伐限额管理制度等。强化对农户林地承包合同、林地流转合同的政府管制，有利于约束农户的林地承包经营履责；制订林木限额采伐指标，有利于防范乱砍滥伐。

如图 4-19 所示，在投入产出曲线 S 不变条件下，没有受到林业管制的农户林地承包经营履责生产要素配置点为 T_0，营林产出为 Q_0。为了保障林业生态功能，政府通过强制手段或合同约束管制农户的营林产出必须达到 Q_1，那么，在林业生产投资产出率不变的情况下，农户家庭的林业生产要素资源配置点就必须

由 T_0 提高到 T_1。在林业生产要素资源配置获得提高的前提下，农户家庭的林地承包经营不履责行为就会得到遏制。据此，可提出以下研究假设。

H_6：加强林地承包合同和林地流转合同的管制会对农户林地承包经营不履责行为产生制约影响。

H_7：规范合理的林木采伐限额管理政策会对农户的违规滥伐行为产生反向的抑制作用。

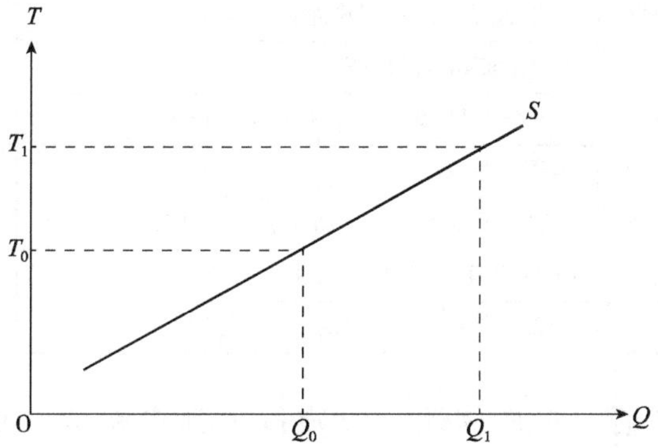

图 4-19　林业管制措施的影响效应分析

4.5.2　模型选取及变量设置

由于农户是否改变林地用途是一个二值变量，故采用 Logit 模型来进行分析。研究模型设定为：

$$\log[p(Y=1 \mid X)] = \ln\left(\frac{e^{\alpha+X_{ij}\beta_j}}{1+e^{\alpha+X_{ij}\beta_j}}\right) = \alpha + \beta_1 X_{i1} + \beta_2 X_{i2} + \cdots + \beta_j X_{ij} + \varepsilon_i$$

式中：p 为某事件发生的概率，Y 为被解释变量“农户是否改变林地用途”（1=是，0=否），α 为常数项，β_j 表示第 j 个解释变量的参数系数估计项，X_{ij} 表示对于第 i 个农户而言的第 j 个解释变量，ε_i 为随机误差项。

变量选取、赋值及描述性统计分析见表 4-22。

表 4-22　模型中的变量界定及赋值情况

分类	变量名称	变量赋值	均值	标准差
解释变量	是否有林地流入	0=否；1=是	0.038	0.0042
	是否有林地流出	0=否；1=是	0.0597	0.0172
	是否尚未确权到位	0=是；1=否	0.0795	0.0104
	是否签订承包合同	0=是；1=否	0.2875	0.4246
	林地总面积	以农户家庭实际林地面积赋值	85.52	135.8570

（续）

分类	变量名称	变量赋值	均值	标准差
解释变量	林地细碎化程度	$SI\in$[0, 0.3]=1, $SI\in$(0.3, 0.6]=2, $SI\in$(0.6, 1]=3	2.1008	0.6124
	林地限伐政策评价	1=不满意；2=一般满意；3=满意	1.6547	0.7124
	林业补贴政策评价	1=不满意；2=一般满意；3=满意	1.5846	0.4038
	森林保险政策评价	1=不满意；2=一般满意；3=满意	2.4135	0.3462
控制变量	户主实际年龄	以户主实际年龄赋值	56.62	12.7654
	户主文化水平	1=小学以下；2=初中；3=高中；4=大专及以上	2.46	0.8742
	是否受过林业培训	0=否；1=是	0.2143	0.0051
	从事林业劳动人数	1=2人及以下；2=3~5人；3=5人以上	0.9650	0.0034
	林业收入占比	1=5%以下；2=5%~25%；3=25%以上	1.3542	0.4321
	林地属性	1=商品林；2=兼有林；3=公益林	1.4875	0.6726

从解释变量来看：农户林地承包确权未到户率为7.95%（即到位率为92.05%）；林地承包合同未签订率为28.75%（即签订率为71.25%）；农户家庭平均承包经营林地面积为85.52亩；有林地流入农户数占3.8%；有林地流出农户数占5.97%；此外，农户对政策评价总体满意度较高。

从控制变量来看：户主受教育程度普遍不高，大多数受教育程度为初中。户主年龄普遍偏大，青壮年劳动力基本在外务工，林区劳动力较为匮乏。此外，从林地属性来看，商品林占比相对较高。

4.5.3 林地流转对农户林地承包不履责行为影响的回归结果分析

依据国家林业和草原局集体林权制度改革监测数据库2018年对全国7省3500个样本农户的监测数据，对本次监测工作开展以来发生过林地流转的846个样本户（净流入农户209户，净流出农户504户，流入流出133户）和没有发生过林地流转的2654户的调查数据进行统计分析。发生违规采伐等其他不履责（违责）行为的样本农户数太少，不足以进行统计模型分析，因此，本问题研究仅以农户私自改变林地用途作代表来就林地流转对农户林地承包经营不履责行为的影响进行回归分析处理。

基于前述构造的Logit回归模型，分别将流入户、流出户和非流转户的相关调查数据输入模型进行分析，结果发现，三个分析对象的伪对数似然函数的绝对值都较大，p值为0.000，表明回归方程整体是显著的（表4-23）。

表 4-23　农户改变林地用途影响因素的分类分析

变量	分析对象		
	流入户	流出户	非流转户
林地流入	−0. 1053 *** (0. 0678)	—	—
林地流出	—	0. 1235(0. 0901)	—
林地是否尚未确权到位	0. 0625 *** (0. 2544)	0. 8541 * (0. 3081)	0. 0231 ** (0. 2547)
是否签订承包与流转合同	−0. 7625 *** (0. 2341)	−0. 8532 * (0. 3081)	−0. 1936(0. 0322)
林地总面积	0. 1617(0. 0623)	0. 1824(0. 0774)	1. 1527 ** (0. 2376)
林地细碎化程度	0. 1234 * (0. 1427)	50. 5263(0. 2074)	0. 0231 ** (0. 2547)
林地限伐管理政策评价	0. 1176(0. 0912)	−0. 0619(0. 1250)	−0. 1924(0. 1445)
林业补贴政策评价	−0. 1793(0. 2274)	−0. 2456(0. 2919)	−0. 0126(0. 2033)
森林保险政策评价	−0. 1383(0. 1471)	−0. 2800(0. 1872)	−0. 1404(0. 1281)
户主实际年龄	0. 1834(0. 0898)	0. 0275(0. 1167)	−0. 1449(0. 2438)
户主文化水平	0. 2562(0. 0976)	−0. 0094(0. 1374)	−0. 0076(0. 1438)
是否接受过林业培训	−0. 0854 * (0. 1446)	−0. 0813 * (0. 2007)	0. 0795(0. 1546)
从事林业劳动人数	0. 1415(0. 1001)	0. 2365(0. 1340)	−0. 1393(0. 2777)
林业收入占比	−0. 0800 *** (0. 0863)	−0. 3854 *** (0. 1067)	−0. 1283 ** (0. 1305)
林地属性	−0. 0563 *** (0. 1280)	−0. 0105 * (0. 1774)	−0. 3395 ** (0. 1837)

注：*** 表示 $p<0.01$；** 表示 $p<0.05$；* 表示 $p<0.1$；括号内数字为普通标准误。

由表 4-23 回归结果可知：

(1)林地流入在 1%显著性水平上对流入林地农户的改变林地用途的行为产生抑制作用，这一研究结论与研究假设 H_1 关于“林地流入对农户林地承包经营不履责行为产生显著负效应”的推论吻合。林地流出对流出林地农户的改变林地用途行为影响不显著，这一结论与假设 H_2 关于“林地流出对农户林地承包经营不履责行为产生显著正效应”的推论不太相符，可能的原因是：林地流出农户或是已经将林地全部流出，或是其保留的林地质量相当较高，或是这类农户家庭经济条件往往比较困难因而无力改变林地用途。

(2)林地尚未确权到位对流转户和非流转户的改变林地用途的行为的影响方向是一致的，呈显著正相关，但是对流入户的改变林地用途的行为的影响显著程度明显高于流出户和非流转户的。签订林地承包合同对林农改变林地用途的行为显著负相关，这说明签订林地承包合同与签订林地流转合同对于约束经营者改变林地用途的行为具有重要影响。在没有合同约束的条件下，经营者可能会更容易通过改变林地用途来获取其他林地效用与效益。以上研究结论与假设 H_4关于“林地确权到位会对农户林地承包经营不履责行为产生抑制影响”和 H_6关于“加强林地承包合同和林地流转合同的管制会对农户林地承包经营不履责行为产生制约影响”的推论一致。

(3)无论是流转户还是非流转户，采伐限额管理政策满意度评价和林业补贴满意度评价对林农是否改变林地用途的行为均没有显著影响。其可能的原因是，农户改变林地用途的目的在于林地采矿与林地建房等。因此，森林资源限伐政策和林业补贴政策对农户家庭改变林地用途行为没有显著影响。

(4)林地总面积仅对非流转户的改变林地用途行为产生显著影响。林地越大，非流转户改变林地用途的风险越大；林地规模对流入林地农户和流出林地农户没有发生显著影响。这就与前述假设 H_3关于“林地经营规模对抑制农户林地承包经营不履责行为具有显著正效应”的推论不完全一致。可能的原因是，林地流入农户对林地资源财产更加珍惜，因此无论规模大小，林地流入农户发生改变林地用途行为的概率都较低；而林地流出农户本身可能就轻视林业生产，因此这类农户或是已经将林地全部流出，或是保留具有相对较高林业价值林地，因此这类农户家庭发生改变林地用途行为的概率也会较低；只有非流转户，由于其家庭林地规模越大，质量相对较差的林地占比就可能相对较高，因此，这类农户发生改变林地用途行为的可能性就会越大。

(5)林地细碎化程度在5%的显著水平上影响非流转户农户的改变林地用途行为，在10%的显著性水平上影响流入户的改变林地用途行为，对流出户没有显著影响。这一分析结论与假设 H_5关于“林地细碎化程度会对农户林地承包经营不履责行为发生具有显著正效应”的推论基本一致。稍有出入的是，对于流出户而言，由于这类农户或许已经将林地全部流出，或许保留的少量林地已经大幅降低了其林地的细碎化程度，因此林地细碎化程度对这类农户家庭的改变林地用途行为已经影响不大。

此外，控制变量中，家庭林业收入占比对农户改变林地用途行为具有显著的抑制作用，说明农户家庭的林业收入占比越高，家庭生计的支撑能力就越强，农户发生改变林地用途行为的概率就会越低。是否接受过林业培训对参与林地流转农户的改变林地用途行为产生显著抑制影响，说明林业培训对于提高林农的法律政策认识具有重要作用。林地属性对农户改变林地用途行为均具有显著的抑制作用。这是因为农户家庭林地的公益性越强，政府的保护和管制力度就会越大，因此，农户家庭的公益林地占比越高，发生农户改变林地用途问题的可能性就会很低。

综上所述：林地流入只对林地流入农户改变林地用途的行为产生显著抑制影

响；林地面积只对非流转户改变林地用途的行为产生显著正向影响；是否签订林地承包与流转合同、是否接受过林业培训，只对林地流转农户的改变林地用途行为产生显著抑制影响；林地细碎化程度只对林地流入和非流转农户的改变林地用途行为产生显著激励影响；此外，林地是否未确权到位对所有农户的改变林地用途行为产生正向激励影响；林业收入占比和林地属性对所有农户家庭的改变林地用途行为产生显著抑制影响。

第 5 章 农户林地承包经营履责行为规律的理论探讨

通过以上对农户林地承包经营履责及相关调查数据的分析，已经初步掌握了当前农户林地承包经营履责的现状、存在的主要问题及影响的关键因素；初步掌握了当前农户分化与林地经营权流转对农户林地承包经营履责的现实影响。接下来，就需要运用多方面理论来对农户林地承包经营履责的行为规律进行深入的研究和分析。

5.1 农户家庭经济行为的基本范畴

农户是农村中以血缘和婚姻关系为基础组合而成的一种社会组织形态。与绝大多数城市家庭不同的是，农户不仅是一种生活组织，更是一种生产组织；农户的行为不只是个体的消费行为，同时也是有计划有组织的小规模群体性生产行为(彭莹，2015)。

5.1.1 农户家庭经济行为的运行机理

农户的经济行为是以家庭共有制为基础，以血缘婚姻关系为纽带、以家庭效用最大化为目标的联动性运行体系(郑杭生和汪雁，2005)。

5.1.1.1 以家庭财产共有制为基础

这里所说的家庭财产共有制，指的是农户家庭财产的所有制形式。农户家庭的所有经济行为都是以家庭成员共同占有生产资料为前提而开展的生产经营活动。从财产所有权关系来看，农户家庭的经济行为是以自然人名义进行的，并对外承担无限责任，家庭生产的资金投入都是家庭成员的共同投入，所以农户家庭生产所得的盈余应当归全体家庭成员共同所有。

5.1.1.2 以血缘婚姻关系为纽带

血缘、婚姻关系是维系农户家庭经济利益关系的纽带。在农户家庭特别是较传统的农户大家庭中，有爷爷奶奶、父亲母亲、儿子儿媳、女儿女婿、孙子孙女等。在这样复杂的成员结构中，家庭经济行为不可避免地会产生一些利益纠葛，导致家庭成员之间产生矛盾，进而影响到成员之间关系的和谐性与行动的一致性。但在农户家庭关系中，由于有这种血缘和婚姻关系的存在，成员之间的矛盾与分歧就能够得到包容与谅解，从而达成一致，使家庭经济行为的效率得以提高。在这里，血缘和婚姻就成为家庭成员间的一种天然的纽带关系。

5.1.1.3 以家庭效用最大化为目标

效用最大化是农户家庭一切经济活动的内驱动力，也是其最根本的目标。农户家庭效用的最大化不同于企业的经济利益最大化目标，它是指家庭成员幸福指数的最大化和家庭成员满足感的最大化，既包括家庭成员消费效用的最大化，也包括家庭财产收入的最大化。这里的家庭消费，并不单纯是指家庭的物质消费，还包括医疗、教育与文化消费、家庭成员荣誉感等精神消费。由于农户家庭消费必须建立在一定的经济基础之上，所以为了实现家庭效用的最大化，农户家庭的生产与消费必定会相互制约、相互影响，使之成为一个完整的经济活动运行系统。

5.1.2 农户经济行为的一般特征

农户家庭作为一种生产生活并行的社会组织，在各成员之间存在着共同的利益，并使维护家庭共同利益成为家庭成员在生产生活中遵循的共同目标和行为准则。农户家庭的一般经济行为特征都会在农户的林地承包经营活动中得到具体的体现。

5.1.2.1 自给性生产与商品性生产并存

农户经济行为的核心目标是为了满足家庭成员的生活消费，在满足家庭消费的基础上才将盈余的产品拿来销售。这种自给性生产和商品性生产的相互交叉与融合，是农户生产行为的一个基本特征。

据《中国农业统计年鉴 2021》统计数据，2020 年农户家庭农产品商品化率约为 46%，也就是说，有 54%的农产品被农民自己消费了。由此可见，农户家庭的自给性生产相对较高，农产品具有很强的自给属性。与农产品生产不同，在集体林区，农户家庭的林业生产具有更强的商品性，尤其是从事经济林生产经营的农户家庭，林产品(茶叶、水果、坚果)的商品率达 95%以上；用材林(含竹林)经营农户的产品商品率也达到了 90%以上。

因此，农户的林业生产比农业生产更依赖于市场，如果林产品缺乏市场或市场交易不畅(含成本过高)，农户家庭的林业生产积极性都会受到影响，进而影响农户的营林履责行为。

5.1.2.2 经济目标与非经济目标并存

农户家庭的生产行为与其他的经济主体的一样，都具有很强的经济目的性，都是为了获得经济收入而开展的生产，都具有追求经济收益最大化的行为动机（彭莹，2015）。然而，农户家庭经济行为的目标并不只局限于经济目标，还有许多非经济目标，譬如，全体成员的健康与安逸、生活的安定和保障、家庭的荣誉与地位，等等。这些非经济目标与经济目标结合在一起，共同组成了支配农户家庭生产经济行为的动因。

林业是更为偏远的农业。在集体林区，林业生产相较于农业生产，其生产环境更为恶劣，生产经营投资的比较收益更低，因此，林业生产比农业生产更需要“土地规模”的扩大来获取规模收益，否则，就必须通过大量的兼业劳动来获得家庭生计的支撑。

5.1.2.3 理性行为与非理性行为并存

在资源和环境约束相对宽松的条件下，农户通常表现出来的生产行为都是理性行为，如根据市场林产品供求情况及价格波动来规划和组织营林生产，力争以最小的林业生产要素投入取得最大的林业产出，在国家法律允许的范围内自觉地从事生产经营活动等。但是，在资源与环境约束相对紧张的条件下，农户的生产行为也会存在许多非理性的方面，例如，在家庭人口较多而土地资源稀缺的情况下，为了获取更多的粮食产量与生计支撑，农户往往会通过在林地上开垦出土地来生产粮食和其他经济作物，从而造成擅自改变林地用途的违法行为，进而出现严重的营林履责问题。

5.1.2.4 趋同性与独立性并存

总体来看，农户的生产行为具有很强的趋同性，这主要缘于地缘环境的影响。在农村，农户大多文化水平较低、信息获取渠道有限、独立判断能力较差（这种现象在越偏远的地区表现越突出），因此，除了政府部门的引导外，主要依靠跟周边村民的交流与学习，与别人做一样的事情，不管合适不合适，没有创新性，也没有差异性。这里有一个典型的例子：1995 年，湖南地区蜜橘畅销，价格上涨，结果造成大量农户跟风营造蜜橘林；到了 1999 年，蜜橘市场供过于求，价格大跌，不少农户又将大片的蜜橘林推毁，从而导致大面积经济林损失。

这个特征在当前农村的另一个现实反映就是：多年来，由于城镇打工赚钱的示范效应，农村外出打工的人数越来越多（不管能否在城镇找到工作，都愿意往城市钻），农村留守劳动力素质越来越差，进而出现了大量“农地抛荒”和“林地闲置”的现象。因此，为强化农户的林地承包经营履责意识，政府必须加强对农户的产业规划与发展引导。

5.1.2.5 长期性与短期性并存

传统意义上的农户家庭生产行为都具有长期性。也就是说，在一个较长的时期内农户家庭都会以农业或林业生产为主业，对农业或林业生产进行长期的规划和安排，并使之成为家庭成员的主体性生产活动。然而，当今社会农户的不断分化，已经使得农户家庭生产行为的长期性与短期性出现了更为复杂的局面。

纯农户大都是以土地种植为主，生产形式单一，生产要素转移困难，因而其生产行为具有相对较长时期的稳定性。因此，纯农户对于林地承包经营履责的效果，理论上应该更好。对于兼业农户来说，由于其在种植业以外还从事其他生产项目，而且受其兼业的深度不同的影响，其从事种植业的劳动时间很不确定，譬如Ⅰ类兼业农户的兼业劳动时间为种植业外的其他产业的短期生产劳动，而Ⅱ类兼业农户则使得种植业劳动成为家庭的短期性兼业劳动。由此可见，兼业农户生产行为的稳定性较差，他们往往会根据比较收益和机会成本来确定要素资源在林业和其他产业之间的分配，并根据市场变化对生产行为做出较灵敏的调整，他们的生产行为往往具有较强的短期性和不确定性特征，因此，兼业农户的林地承包经营履责的不确定性风险较大。而对于转移就业农户，由于他们已经在城镇实现了转移就业或创业，所以，他们的长期生产行为是在作城镇谋业打算，但是短期的也可能是回到农村来进行一些经营周期较长生产劳动，譬如，植树造林，但造林以后的幼林抚育和林地管护自然就成了问题。

5.1.3 农户经济行为的制约因素

农户家庭经济行为的制约因素很多，根据其密切程度不同，可以将其分为直接因素和间接因素。

5.1.3.1 直接因素

直接因素是指与农户家庭经济行为密切相关的土地、劳动力、资金及其生产收益等方面。

(1)土地。自古以来，土地就是农户家庭生产四个基本要素中最为重要的元素，对于农户家庭生产有着不可替代的作用。没有了土地，农户就没了生存的保障，农户也就不能称其为农户，所以说土地直接制约了农户的经济行为。前述第2章的调查数据已经说明，在农户家庭的林业生产经营活动中，林地数量的多少、品质(坡向、坡度，土壤厚度与土壤肥力、灌溉条件等)的好坏，都对农户家庭的营林生产行为具有直接的影响，进而通过营林收益影响到农户家庭营林履责的积极性。

(2)劳动力。劳动力也是农户家庭生产经营活动中必不可少的资源条件。跟劳动力相关的因素包括劳动力数量的多寡、素质的高低、体能的强弱等，都会对农户的家庭经济行为产生重要影响。农户家庭的林业生产经营活动需要常年在崇山峻岭中开展劳动，因此，对劳动力的体能要求很高。如果农户家庭缺少青壮年劳动力或者青壮年劳动力常年外出打工，那么，就预示着其家庭林业生产会受到劳动力短缺的影响，进而就会严重制约农户家庭的营林生产活动，即其履责的行为能力。

(3)资金。充足的资金是维持农户家庭经济活动的基础。没有资金，农户就不能从事生产经营活动，特别是在现代化的林业生产过程中，需要运用到机械设备，如果农户缺乏购买或租赁机械设备的资金，林业生产就会受到严重影响。因此，农户家庭是否具有足够的生产资金，也是影响农户家庭营林履责行为的一个重要因素。

(4)生产收益。农户开展生产活动的最直接目的就是为了获得经济收益，收益是农户开展生产经营活动的最根本动力。农户为了家庭的生存和发展，为了追求家庭成员福利的最大化，必须提高生产经营的绝对收益(即总收入)和相对收益(即比较收益)。当前，就集体林区农户家庭林地承包经营的总体情况来说，林业收入在家庭总收入中的占比不高，同时，相较于外出打工甚或农业生产，其比较收益都较低，这就会严重影响到农户的林业生产积极性，对农户家庭的营林履责行为造成至关重要的影响。

5.1.3.2 间接因素

间接因素是指对农户家庭经济行为具有重要制约影响的政策环境、市场环境、机会成本等因素。

(1)政策环境。当今社会，国家政策环境对于农民家庭的经济行为的影响是显而易见的。例如，20 世纪 60~70 年代将农民严格约束在农村的国家政策，不论生产效率如何，农民都只能乖乖地在农村选择从事农林业生产。20 世纪末以来，国家逐步取消了户口限制，农村劳动力就有了自由进城打工的机会，这就直接导致了农村大量青壮年劳动力的外流，进而自然而然地给农户家庭带来了林业生产劳动力严重不足的问题，使农户家庭的林地承包经营履责受到了严重影响。

(2)市场环境。在市场经济条件下，市场结构的合理性、市场监管的有效性、市场风险的大小都影响着农户的经济行为。就林业生产来说，林产品具有很强的同质性，林产品市场竞争非常激烈。当前，林产品市场结构不合理，市场监管难度大，市场风险相较于农产品更高，以农户家庭个体为单位的林业生产很难抵御来自市场环境的各种风险，从而给农户家庭的林地承包经营履责带来了更为严峻的挑战。

(3)机会成本。一般而言，机会成本是引起生产要素资源在不同产业之间流动与配置的根本动因。21 世纪以来，随着我国工业化与城镇化的快速发展，农户选择就业的机会越来越多，农户家庭林业生产的机会成本变得越来越高，进而给农户家庭的林地承包经营履责带来了严峻的挑战。

5.2 基于经典理论的农户林地承包经营履责行为规律分析

这一部分拟运用经典农户行为理论——西奥多·舒尔茨的“经济人”小农理论、斯科特的“风险厌恶”理论、A. 恰亚诺夫的“劳动—消费均衡”理论来对当前我国的农户林地承包经营履责行为进行规律性认识。有关这些理论的基本内容已经在本著1.3小节的基础理论一节中进行了具体阐释，在此不再赘述。

5.2.1 基于“经济人”小农理论的农户营林履责行为规律分析

根据“经济人”小农理论的观点，经济制度变革的最根本目标是促进人力资本的增长，换句话说，也就是合理的农村经济制度变革能够产生对农户人力资本投资的极大推动力。该理论似乎能很好地诠释20世纪80年代我国家庭联产承包责任制变革所产生的农业与农户经济增长绩效的巨大变化(史清华和张惠林，2000)以及21世纪初中国集体林权制度改革对林农林业生产积极性与生产决策过程的影响(王文烂，2009；杨玮等，2009)。20世纪80年代中国农村“分田到户”和21世纪中国集体林区“确权到户”的改革，从制度上给农户追求家庭福利最大化提供了自由的空间，因此，改革后的一段时期内在一定程度上确实反映出了制度变革的巨大成效。

然而，应当明确，“经济人”小农理论是建立在“完全竞争市场”假设基础之上的。当前，在我国广大农村尤其是最广大的集体林区，一是不具备“完全竞争”的市场基础，二是“完全竞争”市场即使存在，林业生产在市场竞争中也处于绝对的劣势。这就是为什么这一理论很难解释20世纪80年代中国农村“分田到户”和21世纪中国集体林区“确权到户”改革几年之后，农户的生产热情在达到一个峰值后便断崖式下降，农户对土地的承包经营履责不再像改革初期那样“卖力”的原因，当然该理论的生命力在于它在一定程度上拓展了对农户经济行为研究的“理性人”分析视角。

5.2.2 基于“风险厌恶”理论的农户营林履责行为规律分析

林业生产的物质基础是森林资源，森林资源的复杂性决定了林业生产的高风险性和不确定性。在林业生产周期普遍较长的情况下，林种的不同使林业生产的周期相差很大。如经济林(生产各种经济果木、油料等)生长周期相对较短，有“桃三杏四李五”之说；用材林(生产木材)一般生产周期需要十几年至几十年；生态公益林为了更好地发挥其生态效益，生长周期要求比用材林的自然成熟期更长。可见，森林资源多种多样，生产周期长短不一，造成了林业生产的多层次性和复杂性，由此必定会衍生出林业生产的高风险性。这种高风险性主要反映为在森林资源培育过程中可能会发生的森林火灾、森林病虫(鼠)害等。除此之外，还可能会受到社会包括市场和人为(诸如盗伐)因素的破坏与干扰，这就造成了林业生产的最终成果很难预测。故此，林业生产经营活动具有较高的风险性和不确定性。而这种较高的风险性和不确定性就会给农户的营林生产履责带来直接的影响。

根据斯科特的风险厌恶理论，并结合林业生产的这种高风险性和不确定性的客观存在，就有理由相信农户的林业生产决策行为必定是保守型的生产，他们大多不愿意扩大投资，不愿意引进新的品种和技术。为了规避风险，林农普遍选择兼业，在兼业生产条件下，林业注定只能成为家庭经济行为中的一项"副业"。在有条件转移就业的情况下，素质较高的林农大多会选择弃林经商、弃林务工，甚至弃林务农。那种确权到户以后林农把"林地当菜地、种树胜种菜"的说法，只是当年福建集体林权制度改革试点地区的一种政治性宣传，这种政治性宣传是很难经得起现实和历史检验的。今天，即使在当年改革口号喊得最响的福建省林改试点地区，林农的林业生产和营林履责也是处于一种"冷热自知"的莫名状态。

根据斯科特的风险厌恶理论，本著认为：由于农户"风险厌恶"偏好的存在，林业生产的高风险性注定了农户林地承包经营行为的风险规避性和生产要素投资选择的从属性，进而会带来林农林地承包经营履责行为的复杂性以及不确定性的系列风险。

5.2.3 基于"劳动—消费均衡"理论的农户营林履责行为规律分析

"劳动—消费均衡"理论的核心要旨，是农民家庭的经济理性决定其要在劳动辛苦程度和需求满足程度之间寻找某个均衡点，这一均衡点使得劳动辛苦程度的边际效益不会降低，同时需求满足程度能得到提高。恰亚诺夫对于小农经济行为均衡点的讨论是建立在消费决定生产这一基础之上的，主要是探讨了消费与辛苦程度主观评价之间的关系。

恰亚诺夫的"劳动—消费均衡"理论对于中国集体林区的小农林业生产来说有其现实的适用性，其所谓的消费也是相对具体的个体家庭消费，是根据个体家庭具体的生命周期来进行调整的家庭消费行为。同时，家庭可以根据劳动辛苦程度和需求满足程度这一均衡曲线来决定农民家庭的生产行为。当劳动辛苦程度增加、边际收益递减、闲暇价值提高时，农民就会在"继续投入劳动以换取递减效用"和"不劳动换取闲暇时间"之间做出抉择。

在21世纪集体林权制度改革初期，由于刚刚确权到户的林地上的可采伐资源相对较多，农户家庭林业生产收入对于消费的满足程度相较于营林生产的劳动辛苦程度来说边际效用较高，农户对收入正效用的主观评估相对较高，劳动取得收入比追求闲暇更为重要，因此，在集体林地确权到户之后的头几年，农户的林业生产热情相对“高涨”。但随着山林可采资源的逐步减少(林业生产周期长、森林资源生长缓慢)，林业生产的比较收益越来越低，林区大量劳动力便朝着对家庭消费满足度更高的“城镇打工”和非林产业转移。由于非林劳动收入不断增加，加之国家的扶贫政策、惠农惠林政策的实施，农户家庭生活水平突然间有了明显的改善。在农户家庭收入水平明显改善前提下，AB 曲线右移到了 AB_1，CD 曲线右移到了 C_1D，于是，恰亚诺夫的劳动—消费均衡点由 X 显著下降了 X_1(图 5-1)。农户对林业生产的收入正效用的主观评价就会变得越来越低而对劳动负效用的评价就会变得越来越高，这样就导致了农村剩存劳动力的生产性努力程度大幅下降。调查发现，当前在广大集体林区留守在家的劳动力积极开展林业生产的农户家庭愈来愈少，相反，“游手好闲、赌钱打牌”现象极为普遍。农户弃农弃林化倾向不断增强，在灌溉不便、基础设施相对较差的偏远农村，可以发现大量的耕地(尤其是旱地)被抛荒撂荒。对于比较收益更低的林业生产来说，农户就自然而然地更加缺乏营林生产的积极性了，进而就使得农户家庭的营林履责问题越来越尖锐和复杂。

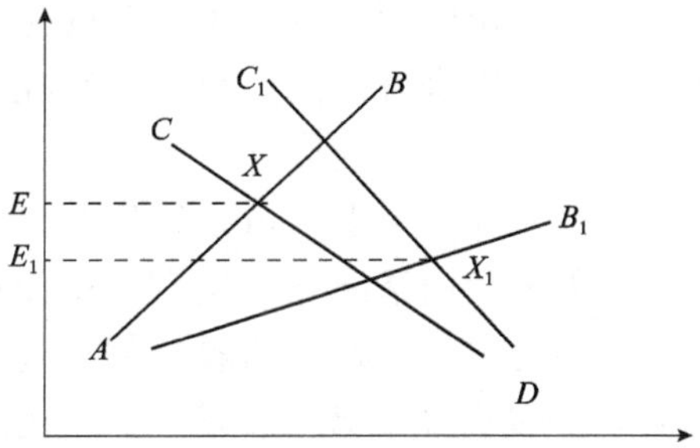

图 5-1 恰亚诺夫“劳动—消费均衡”曲线

21 世纪以来的中国，市场经济已经高度发达，随着工业化、城镇化速度的不断加快，在广大农村无论是劳动力的就业选择还是生产要素的投入选择，都已经发生了前所未有的变化，这些变化直接导致农户家庭对于“比较收益偏低”而“外部经济性”很高的林业生产明显地缺乏投资热情。因此，本论著高度赞赏恰亚诺夫关于市场经济条件下改造传统农业的途径在于“农户走合作化道路”的观点，这对于规模化程度相较于农业要求更高的林业产业来说，用林业合作化发展道路来改造农户家庭经营的小农林业生产，应该是当前解决农户林地承包营林履责问题的最为有效的制度选择。

5.3 基于林业生产函数的农户林地承包经营履责行为规律分析

人类从干预自然、征服自然，将自然森林资源纳入人类社会经济范畴后就开始了林业生产。林业生产是包括森林保护、造林、森林抚育、森林采伐与更新以及非木质林产品经营利用等一系列林业生产活动的总称（张建国，2008）。因此，本章所研究的农户林业生产函数包括农户家庭营林生产（包括造林、抚育、管护）和木材采伐利用两个方面。

5.3.1 农户家庭林业生产函数

农户林业生产行为主要是指农户（不论是商品林农户或是公益林农户）从事造林、抚育、管护、采伐等的生产经营性行为。在经济学中，生产过程就是各种生产要素进行组合以生产出产品的过程。生产一定数量的商品或劳务需要的生产要素可以有多种多样的组合方式，生产要素的数量和组合方式同产出之间存在着一定的依存关系。

生产过程中生产要素的投入量和产品的产出量之间的关系，可以用生产函数来表示。生产函数表示在一定时期内，在技术水平不变的情况下，生产中所使用的各种生产要素的数量与所能生产的最大产量之间的关系。在当前农户的林业生产过程中，技术水平可视为基本不变，生产要素主要包括劳动 L、资本 K、土地 N 和劳动者技能 E 等，因此，农户家庭的林业生产函数可用式（5-1）表示：

$$Q=f(L, K, N, E) \tag{5-1}$$

在林业再生产中，投入的各种生产要素是相互联系、相互制约的。这种相互联系和相互制约的关系主要反映在：

（1）各种林业生产要素之间具有相互依赖性。林业的物质产品和生态产品是各种林业生产要素结合在一起共同作用而产生的结果。如果仅有劳动力而没有林地，任何人都不可能从事林业生产。同理，如果只有林地而没有劳动力的投入，也谈不上现实意义上的林业生产。

（2）资金和劳动力在特定条件下是可以互补的。资金投入量的增加，可以使劳动投入量相应地减少。例如，在造林中如果使用机械作业，就可以大量地减少劳动量的投入，这当然会导致用于机械购买或租用的资金投入量的增加。相反，劳动投入量的增加，也可以使资金投入量相应地减少。例如，在营林生产活动中自有劳动的大量投入，会减少雇用劳动力的资金量的支出。

（3）林农的个人技能，反映为林业劳动力的素质。高素质林业劳动力的一定劳动量的投入，表现为多倍的低素质劳动力的劳动量投入，有时甚至是低素质劳动力成倍的劳动量投入都难以达成的。因此，林农的个人技能对林业生产具有重要影响。但对于普遍的农户家庭来说，林农的个人技能是一个很难界定的因素。故此，本著不打算对林农的个人技能加以明确的界定与分析。

综上所述，如果只考察劳动、资本、土地对产出的影响，林业生产函数的公式就可以简写为：

$$Q = f(L,\ K,\ N) \tag{5-2}$$

5.3.2　农户家庭营林生产投资的一般循环运动规律

从经济学角度来看，任何生产都是投入与产出的循环运动过程。在农户家庭的林业生产活动中，如果把土地和劳动都看成是资金可购买的商品，那么，林业生产本质上也就是林业资金的循环运动过程。

西方经济学认为，资本运动是资本形成、积累、投资和产出、资本回流的周而复始的运动过程。资本投资来源于资本积累，资本积累又来源于产出的资本回流。因此，产出的资本回流被认为是资本的可靠来源。故此，投资有没有产出、产出能否实现增值以及增值的多少(即投资回报率)，是产业资本运动的关键。如果投资没有产出，或有产出但产出的增值很少，就会导致资本积累不足，投资减少，从而产出进一步减少，进而形成资本的恶性循环。这样，可预期的结果就是经济萧条、生产不可持续和产业萎缩。

对于农户来说，林业的生产过程也是投入与产出的资金与劳动力的循环过程(图 5-2)。在林业生产的四个阶段中，都需要有大量的生产要素(资金、劳动力)投入，尤其是在造林和长期的林木管护过程中。抚育特别是成林抚育，尽管也能产生一定的经济收入，但主要的还是以资金和劳动力的投入为主。成林采伐，虽然是林业生产的收获阶段，但也需要有大量的劳动力和机械设备的投入。作为“理性人”的农户，在其进行生产投资决策时总是会以投入产出效益最大化为原则。如果林业生产投入太多而收益不足，农户就会缺乏投资林业生产的积极性。只有在林业生产收益大于投入并能产生一定量的生产盈余时，农户家庭的林业生产才能产生可持续的生产投资动力。

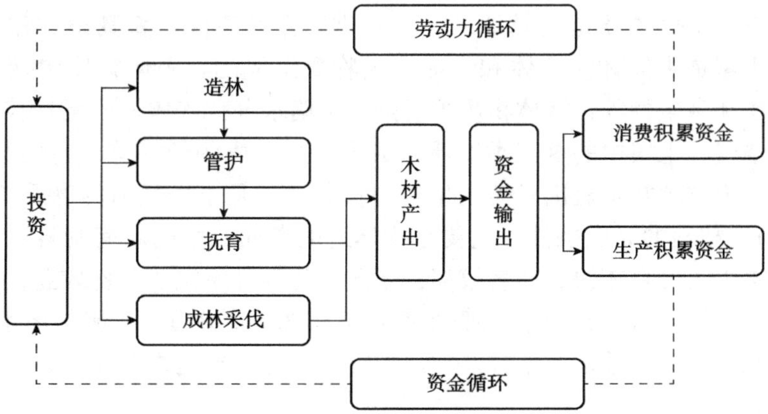

图 5-2　农户家庭林业生产的投资循环过程

如图 5-2 所示，就林业资金输出来说，应该且必须分解为两个部分：一部分叫作消费积累资金，主要用于生产者的劳动力再生产(即家庭消费)；另一部分叫作生产积累资金，主要用作林业的再生产投资。用于劳动力再生产的消费积累资金，必须达到和满足生产投入时的预期收益，否则，劳动力就可能流出到能够达到和满足其预期收益的其他产业领域，从而造成林业生产劳动力的不足。这里需要特别强调的是，在林业劳动力流出的过程中，最先流出的必定是生产技能较高的精壮劳动力，且由于趋利性的影响，一旦流出以后就很难再流转回来。在当前农村劳动力相对短缺情况下，劳动力尤其是精壮劳动力对于包括林业在内的各产业发展都具有极为重要的影响。而用于林业再生产投资的生产积累资金，必须达到并超过上期林业生产总投入的资金数量。超过则产生林业的扩大再生产，等于则形成简单再生产，减少则会造成林业萎缩性生产。

由此可见，只有使农户家庭的林业生产收益能够满足农户对家庭消费积累资金和林业生产积累资金的最低需求时，才能推动和激发农户家庭的林业生产投资积极性。农户家庭林业生产的投资积极性越高，林地承包经营履责的水平就越高，履责的行动力也就越强。因此，从根本上说，要提高农户家庭林地承包经营履责水平，就必须切实提高农户家庭的林业生产收益。

5.3.3 林地资源禀赋差异对农户履责行为的差异影响

林地资源禀赋是指林地的自然条件与林地上的林木种类特性。林地资源禀赋直接影响着农户林地承包经营的经济收入与投资效率，因此，会对农户家庭的林地承包经营履责产生最为直接的重要的影响。

5.3.3.1 不同林地自然条件特征对农户履责行为的差异性影响规律

林地自然条件主要是指林地的土壤条件、光照条件、灌溉条件和交通条件等。林地土壤是由固体、液体和气体三类物质组成的：固体物质包括土壤矿物质、有机质和微生物等；液体物质主要是指土壤水分；气体物质是指存在于土壤孔隙中的空气。土壤中的这三类物质构成了一个矛盾的统一体，它们互相联系、互相制约、为林地林木提供必需的生存生长条件，是土壤肥力的物质基础(苏秋红，2012)。林地的光照条件，主要是指林地的坡向，坡向朝南则日照光线条件较好，林木生长发育较快，产量较高；坡向朝北则日照光线条件较差，林木生长发育较慢，产量较低。林地灌溉条件主要是指林地离水源(河流与溪水)的远近或取得灌溉用水的基础设施条件。林地的交通条件主要是指有无林道以及离家的远近距离。

林地自然条件的差异性决定了不同的林地适宜于种植不同的林木种类，并由此形成不同的林木及林副产品产量。因此，林地的自然条件对农户家庭的营林生产履责行为具有极为重要的影响。

(1)在集体林地“确权到户”的改革过程中，农户对不同自然条件林地的重视程度不同，因此，提出了“均山均树”的分配办法。这一办法，虽然体现了公平分配的原则，但同时也带来了林地细碎化的严重缺陷；尤其在林地资源不足的地区，农户家庭的林地细碎化程度就更加高。林地细碎化程度高的直接后果，就是造成了农户在林业生产过程中的生产、管护和经营成本的增加。生产、管护和经营成本的增加，导致少数农户对一些不便管护的小块林地直接放任不管的抛荒撂荒的现象发生。对林地的放任不管，严重地违背了林地承包经营合同的履责条款，是严重的林地承包不营林履责行为。目前，由于林地的细碎化程度普遍较高，农户不同程度地存在对高细碎化林地的抛荒撂荒问题，政府被迫对抛荒撂荒严重的地区进行了封山育林，但这种听凭自然力的封山育林方式肯定不及人工造林育林来得更为有效。

(2)在林地资源丰富的集体林区，林地的交通条件会对农户家庭的林业生产行为产生重要影响。一些离家偏远的、交通不便的林地，会对农户家庭的林业生产造成极高的营林生产成本和管护成本。在调研过程中了解到：很多农户反映对于离家偏远的林地在管护上往往力不从心，在遭遇森林火灾或病虫害侵害后很难做到及时防范和补救。由此，客观上便造成了非人为的林地承包经营不履责行为的发生。

(3)对于自然条件较好的承包林地，当林地既可以用于林业又可以用于农业或其他种植业(如药材)或开发养殖业的时候，由于营林生产的比较收益偏低，在政府监管缺失的情况下，农户往往会毫不犹豫地对林地进行改造，变相地发展所谓的“林下经济”，从而隐性地或显性地造成林地用途的改变。

(4)对于一些自然地力较差的承包林地，当有外来资本或其他渠道对林地地下石料或其他矿石(如砂石、煤炭等)进行开采并有利可图时，农户也会毫不犹豫地联合他们开展对地下资源的开采。这种行为不但会造成对现有森林资源的破坏，而且还会造成日后林地森林资源恢复的极为困难。因此，当前少数农户在承包林地上擅自开展的采石采矿行为就是严重的违法不履责行为。

5.3.3.2　不同林地属性特征农户在营林生产行为上的规律性抉择路径

林地的种类属性，按照森林用途来划分，主要是指农户承包林地的林种类型，包括用材林、经济林、薪炭林和灌木林等；按照森林经营目的来划分，主要是指以生态防护、生物多样性保护为目的的公益林和以向社会提供木材及林副产品为目的的商品林。

林地种类属性是森林资源质量和森林生态系统稳定性的重要保障，同时其林产品也是林农家庭收入的主要来源。农户对林地林分种类的偏好将直接影响农户的林业生产行为。农户在综合考虑到自身家庭所拥有的资源禀赋和国家政策、市场环境与社会习俗以后，往往偏好于选择一种能够给家庭带来利益最大化的林种进行生产经营，譬如，选择商品林还是公益林、选择商品林中的用材林还是经济林。一般来说，不同林地属性特征农户的营林生产履责行为可能存在以下几方面规律性的抉择路径。

(1)如果农户获得的承包林地为公益林，在自身家庭劳动力和林业生产经营能力有限的情况下，即使农户不偏好公益林经营，也不会去改变现有的林种结构；反之，当农户具有较强的林业生产经营能力或当地商品林农户的林业经营收入相对可观时，农户就会产生出改变林地林种特性的行为冲动。

(2)如果农户获得的承包林地是商品林，当林地的资源禀赋条件较好，使农户家庭的林业收入高于其他农户家庭林业收入或没有明显差异时，农户往往缺乏改变林地林种特性的行为动力；反之，当林地的资源禀赋条件较差(如大多为灌木林、薪炭林时)，或当农户家庭林业生产经营能力较弱，或当农户家庭林地处于国家自然保护区外围时，农户则会倾向于将林地改为公益林以获取公益林补偿收益。

(3)单就商品林而言，农户自然地偏好于生产收益较高的用材林或经济林的生产经营。比方说，福建武夷山地区的农户就特别偏好于经营茶叶生产；三明地区农户则偏好于用材林(杉木)的生产经营；湖南地区农户则偏好于油茶、柑橘等经济林和用材林(杉木、马尾松等)的生产经营。而对于生产经营效益较低的灌木林地和薪炭林地，农户则普遍缺乏生产经营兴趣。从广大集体林区来看，目前灌木林地大多处于一种无人经营的资源配置之中。在有外来资本开发或自身有能力开发林下矿石矿砂资源时，灌木林地就很容易成为农户改变林地用途、非法使用林地的最具行为动力的对象。

5.4 基于SCP分析范式的农户林地承包经营履责行为的政策影响

美国经济学家贝恩(J. Bain)所建立的“结构—行为—绩效(简称SCP)”分析范式，不仅为产业组织理论研究提供了一个基本的分析框架，也为广义的组织制度与行为研究提供了一套很好的分析方法。本著试图借用这种分析范式来建立林业生产的制度影响函数，并以此分析探讨当前林业政策制度对农户林地承包经营履责的现实影响。

5.4.1 农户林地承包经营履责SCP分析的逻辑函数

一定社会经济制度的基本规定性(制度体系)及其运行原则构成特定的社会

经济运行模式和生产组织形式。在强调森林生态和经济利用多目标下，林业发展需求表现为森林资源总供给量的增加。根据本著 5.3.1 小节的分析，林业生产函数可以表述为 $Y=F(K, L, N, E)$。由于林地资源 N 和农户的生产技能 E 对于某一个农户家庭来说是一个相对稳定的变量，为简化分析，将其从生产函数中剔除。与此同时，将特定的制度运行模式[制度体系(R)、生产组织形式(C)]对林业生产效用的影响都纳入生产函数之中。此外，由于林业生产周期长、不确定性因素多，森林资源价格波动很大，自然灾害对林业产出影响也很大，所以，林业生产必须考虑风险因素(β 为风险系数，意指不确定性事件发生的概率)。综合以上因素，可以把包含林业制度体系和风险因素影响的林业生产函数表述为：

$$Y=(1-\beta)F_R[C, K, L] \quad (5-3)$$ ①

对于生产者来说，林业的经营风险 β 与制度体系安排 R 有关。譬如，国家建立林业风险基金，或国家对森林及其产品价格实行保护，或国家建立营林生态补偿制度，或国家允许林地经营权自由流转等，林业的经营风险 β 就会相应降低；反之，林业的经营风险 β 就会升高。这就说明，林业经营风险 β 在一定程度上也是林业制度体系 R 的函数。因此，根据(5-3)式，我们可以进一步构建出包含林业经济制度风险影响的生产函数为：

$$Y=(1-\beta_R)F_R[C, K, L] \quad (5-4)$$

式中：C 代表在“三权分置”改革制度体系下林业经营组织可采用的生产组织形式，它由经营组织内部的生产技术 T、资产特性 A、林种特性 I(例如，商品林或公益林)等因素所决定，即 $C=C(T, A, I)$。制度体系 R 由制度环境(国家林业法律法规等)和制度安排(林业相关政策)共同构成，制度体系 R 决定着生产组织形式或行为选择集 C。一个约束较多的制度体系 R 会决定一个选择空间较少的 C。进一步地，组织形式或行为 C 的选择会影响到对劳动力及其他生产要素的投入行为，从而决定林业生产组织绩效 Y 的高低(生产可能性边界)。各生产组织绩效 Y 的矢量叠加，就反映出一定时期内某一制度体系的总体运行绩效(即林业发展的宏观经济效果)。

在对制度体系的评价中，由于经营组织(如农户家庭、林业生产合作社等)投入的生产要素资金 K、劳动力 L 都会受到制度体系 R 的激励与约束，那么，林业生产组织投入的生产要素资金 K、劳动力 L 实际上也是林业制度体系 R 的函数。当把一定时期内的生产技术 T 看成常量时，林业生产的制度函数就可以进一步明确地表述为：

---

① $F_R[C, K, L]$ 表示在相同的组织形式[C]、生产要素组合[K, L]条件下，由于政策制度结构的不同而可能导致的不同产出效果或经济绩效.

$$Y=(1-\beta_R)F[C_R,\ K_R,\ L_R] \tag{5-5}$$

式中：Y 代表林业生产制度绩效，R 代表林业的制度体系，C 代表林业的生产组织形式选择，K、L 分别代表一定制度体系下林业生产经营组织的资金与劳动力投入，β 代表林业生产经营风险。式(5-5)在一定意义上揭示出了一定时期的林业经济运行绩效 Y 同其林业制度体系 R 及其在这种制度体系下的生产组织形式、具体的劳动力与资金投入之间的函数关系。

农户林地承包经营履责本质上就是农户家庭依法规范开展的林地承包生产经营，也就是说，农户家庭林业生产绩效的提高就是农户家庭林地承包经营履责状态的改善。因此，完全可以借用林业生产制度函数来对农户家庭的林地承包经营履责的政策制度影响来进行具体分析。

从以上对于林业生产制度函数式(5-5)的分析可以看出，制度对于林业生产绩效 Y 的影响主要有 3 个途径：一是改善制度 R，从而使之产生出对于生产要素(K，L)资源配置的激励作用；二是通过制度改善林业生产的组织形式 C；三是通过制度安排降低林业生产风险 β。以下就从这三个方面来分别分析当前主要的林业政策制度对农户林地承包经营履责产生的现实影响。

5.4.2 "三权分置"政策对农户林地承包经营履责行为的影响

当前，林业产权制度变革的最重要政策就是"三权分置"。"三权分置"改革政策必将对农户的林地承包经营履责行为产生重要影响。

5.4.2.1 "三权分置"改革的政策内容

农村土地"三权分置"改革的主要内容，就是三句话：落实集体所有权，稳定农户承包权，放活土地经营。"三权分置"改革的实质，就是要将集体土地所有权、承包权、经营权分置运行，形成经营权流转的格局。从当前实际出发，实施"三权分置"改革的重点就是要放活经营权，核心要义就是要明确赋予经营权应有的法律地位和权能。在"三权分置"制度安排下，所有权、承包权和经营权既存在整体性功效，又有各自不同的效能。独具特色的农村土地"三权分置"制度安排，是我国农村土地管理制度的又一次创新。

就林业来说，"三权分置"改革的政策目标主要是按照产权理论和林业经营特点来分置林地所有权、承包权和经营权，界定好三权之间的权利关系，落实好三权的具体权能，推动形成集体林地集体所有、家庭承包、多元经营的格局。

(1)落实集体所有权，强化集体经济组织的对集体林地的监督管理

林地所有权是林地产权结构中最根本、最核心的一项权利，因此实行"三权分置"的最基本前提条件就是要落实集体所有权。在"三权分置"制度安排下，集体经济组织是集体林地的所有权主体，依法对集体林地享有以下权利：①发包本

集体组织所拥有的林地；②监督承包方或经营方依照承包经营合同约定的林业用途合理利用和保护林地；③制止承包方或经营方损害承包林地和森林资源的行为；④法律、行政法规赋予的其他权利。集体土地所有权是农村基本经营制度的核心。

“确权到户”后集体经济组织的弱化和监管权的难以落实，已经成为当前制约农村集体林业发展的关键因素。“三权分置”改革再次强调要“落实集体所有权”，就林业来说，就是要落实集体经济组织作为发包方对林地承包者、经营者依照承包经营合同约定的林业用途合理利用和保护林地的监督权、对承包方或经营方损害承包林地和森林资源的行为的制止权，避免造成对林地的闲置浪费和破坏，避免集体组织所有权被虚化的现象发生。

(2)稳定农户承包权，进一步明确农户作为承包方对承包土地的权利与责任

稳定农户承包权是“三权分置”改革的基本保障，即要让林地承包关系保持长期稳定，并在严格遵守国家林业法律法规的基础上维护广大林农利益。林地承包权，是由集体林地的承包经营权分解出来的，它指的是在集体经济组织内以农户家庭为单元同集体经济组织签订林地承包合同，承包户可以依法获得对承包林地的占有、使用、收益、自主组织林业生产经营和处置产品的权利。在“三权分置”制度安排下，承包户可以依法互换、转让土地承包经营权，可以依法流转土地经营权，承包地被依法征收、征用、占用的，承包户还有权依法获得相应的补偿等。与此同时，承包户作为集体林地的承包主体，还负有维持林地的林业用途、未经依法批准不得用于非林建设的责任，负有依法保护和合理利用林地、不得给林地造成永久性损害责任，还负有法律、行政法规规定的其他义务。

(3)放活土地经营权，推动形成集体林地多元经营的社会化林业生产格局

“三权分置”改革的重点与核心政策目标是要放活土地经营权。土地经营权，是从农户的承包经营权中分离出来的一项权利；它是依据土地流转合同规定，在农户土地流转过程中让原有土地承包农户保留土地的承包权而将土地的经营权依法转让给流入土地的经营主体，从而使得新的土地经营主体依法获得对土地的使用、收益和部分处分(有条件的抵押担保)权利以及获得国家相应经营补贴的权利。

就林业来说，放活土地经营权就是要把林地经营权从林地承包经营权中独立分离出来，并明确赋予林地经营权应有的法律地位和权能。放活林地经营权，为农民在自愿、平等基础上有偿流转山林的权利奠定了法律依据，也为盘活森林资源资产创造了制度条件。

5.4.2.2 “三权分置”制度安排对于促进农户林地承包经营履责的影响效应

在“确权到户”改革的制度红利被消费完以后，农户的林地承包经营履责行

为已经随着农户的不断分化而分化，一些农户家庭的林地承包经营履责积极性已在不断消退，农户家庭承包的林地已经出现了大面积的“抛荒与闲置”现象。要实现农户家庭小规模林业生产与社会化大生产的对接，就必须把经营权从承包经营权中分离出来，并使之合理有序地进行流转。

从林业生产制度影响函数式(5-5)视角来看：

(1)集体林地的“三权分置”改革，通过对林地经营权更明晰的设权与赋权，形成了更加开放的集体林权体系重构，解除了林地对林农的生产经营约束，破除了传统村集体对非集体组织成员的阻隔，破解了集体林区林地承包经营权的社会保障属性与财产权属性之间的矛盾。显然，“三权分置”的这种林业制度安排会使林业制度体系 R 更具有灵活性和合理性，从而产生出对于林业生产要素资金 K 和劳动力 L 的投资激励影响。

(2)林业“三权分置”改革的制度安排，就是要在城乡之间建立起以“林地”流转为核心的生产要素重组和以“人”的流动为目标的双向对流渠道。这种“双向对流渠道”的建立，不仅有利于林业生产要素资源的合理配置，更有利于推动社会资本投资林业生产建设，形成多元林业经营主体融合发展的社会化林业生产建设格局；鼓励和推动将林地经营权从那些承包林地而不愿或无力有效经营林地的农户家庭流转到有意愿、有能力经营好林地的农户家庭手中，尤其是要引导、鼓励和推动农户将林地资源流转到更有效率的合作经济组织或企业手中，从而在林地“清产核资”的基础上推动实现“资源变资产、资金变股金、林农变股东”的三变转换，提高森林资源资产的经济价值和社会价值，推动林业的规模化、专业化和集约化发展，进而从根本上改变传统的集体林业的生产组织方式，有效破解了家庭承包经营对林地资源利用的“小农经济”局限，破解了由于农户分化带来的不愿或无力有效经营林地的农户家庭的困惑与羁绊，使得对林业生产组织形式 C 的选择趋向更优、更好。

(3)林业“三权分置”改革的制度安排，通过放活经营权流转，进而使广大农户在扩大林业生产规模基础上走上林业适度规模经营的道路，提高林地产出率和资源利用率，从而使得林业生产经营风险 β 大幅降低，在推动林业现代化发展的同时，为从根本上解决少数农户林地承包经营履责不力的现实问题提供有力的制度保障。

综上所述，“三权分置”改革政策通过对林业制度体系 R 和林业生产组织形式 C 的合理有效改善，会大幅降低林业生产风险 β，从而从整体上改善农户家庭的林地承包经营履责状况，提高农户的林地承包经营履责水平。

5.4.3 生态补偿制度对农户林地承包经营履责的影响

森林不仅具有经济效益，而且还具有更为重要的生态效益。森林生态效益补偿，就是对森林资源所能提供的生态环境服务功能效益的一种补偿，是对个人或组织营造和保护森林资源行为的一种经济补偿。当前，公益林生态补偿制度作为我国林业政策的一项重要制度，对农户的林地承包经营履责必定会带来重要影响。

5.4.3.1 我国森林生态补偿制度的建立与发展

从1989年提出建立森林生态效益补偿基金制度起，我国就开始了森林生态资源有偿使用的探索。1998年，第九届全国人民代表大会常务委员会第二次会议第一次修正《中华人民共和国森林法》，其第八条第二款规定，国家设立森林生态效益补偿基金。该次修订标志着森林生态补偿正式以法律的形式得以体现，并明确森林生态补偿的范围主要针对防护林、特种用途林的管理和维护。随后2001年国务院颁布《中华人民共和国森林法实施条例》，财政部发布《森林生态效益补助资金管理办法》，同时在全国11个省(自治区)试点设立森林生态效益补偿基金，补偿资金10亿元，补偿面积2亿亩。这标志着我国在贯彻执行《中华人民共和国森林法》和《中华人民共和国森林法实施条例》方面迈出了具有实质性的一步。

根据2003年《中共中央国务院关于加快林业发展的决定》的指示精神和国家设立森林生态效益补偿基金的三年试点工作情况，2004年国家财政部和国家林业局联合发布《中央森林生态效益补偿基金管理办法》，同年12月全国森林生态效益补偿基金制度电视电话会议宣布，在试点工作的基础上，正式建立中央森林生态效益补偿基金，并在全国范围内推广，补偿资金20亿元，补偿面积4亿亩(苏秋红，2012)。自此，我国关于森林生态补偿的相关法律制度不断优化完善。

2004年修正后的《中华人民共和国宪法》第九条、第十条、第十三条分别对森林生态补偿制度作出了相应的规定与解释，这是宪法首次明确肯定了公共利益与私人利益发生冲突时补偿机制的地位。2007年财政部、国家林业局下发了《关于印发〈中央财政森林生态效益补偿基金管理办法〉的通知》(财农〔2007〕7号)，2009年国家林业局、财政部下发了《关于印发〈国家级公益林区划界定办法〉的通知》(林资发〔2009〕214号)，这些文件逐步对森林生态补偿制度的具体实施办法进行了明确规定。2009年“中央一号文件”提出要逐步提高中央财政森林生态补偿标准。2016年国务院办公厅发布的《国务院办公厅关于健全生态保护机制的意见》(国办发〔2016〕31号)明确提出“结合生态保护补偿推进精准脱贫”。2019年新修订的《中华人民共和国森林法》正式从法律层面将森林生态补偿制度确立下来。

国家森林生态效益补偿基金的建立与实施，带动和促进了全国各省(自治区、直辖市)地方性森林生态效益补偿基金制度的建立，加快了公益林投资体制与国家公共财政体制的有机衔接。据统计，目前全国已有 28 个省(自治区、直辖市)建立了省级森林生态效益补偿基金制度(苏秋红，2012)。建立森林生态效益补偿基金制度，是党中央、国务院强化国家生态建设的重大举措，体现了中国政府在经济社会发展中的生态文明战略思考和现实选择，对于加快现代林业发展、推进生态文明建设具有重大意义。

5.4.3.2 生态补偿制度现存的主要问题及其对农户林地承包经营履责的现实影响

从林业生产制度函数式(5-5)视角来看，林业生态补偿政策制度的要义，是为了补偿林业生产者营林生产外部性经济损失而推出的一项重要政策。因此，从这项政策本身来看，其肯定能够产生出对营林生产者追加林业生产要素(资金 K 和劳动力 L)的激励效果；同时，也能在一定程度上起到降低林业经营风险 β 的政策效果，进而对提高林业生产绩效和改善农户家庭的林地承包经营履责产生积极的影响。

然而，由于受理念、体制、机制等因素的制约，当前我国的森林生态效益补偿制度仍然存在补偿主体单一、补偿对象和范围较窄、补偿标准过低等问题(王莹，2021)，并没有把农户的营林生产积极性有效地调动起来，使得森林生态补偿政策的实施效果并不理想。

(1)补偿资金来源单一

当前，我国森林生态效益补偿资金几乎全部来源于国家财政拨款。这一方面体现了我国政府对于森林生态效益建设的高度重视和认可，另一方面也表明我国森林生态效益补偿资金来源渠道过于单一，只是依靠政府补助的方式进行筹措，没有建立起政府、社会、市场多渠道的筹资机制和融资渠道。这种只依靠国家财政补助的生态效益补偿基金，不仅会使政府财政负担过重，而且还会存在资金量过少且不具有稳定性的问题，实践中也就造成了森林生态效益补偿基金难以满足当前生态公益林营造与管护的实际需要。生态补偿资金不到位就会严重影响到公益林农户家庭的营林生产的积极性，从而给公益林营林履责带来了消极的或不确定性的影响。

(2)补偿标准不合理

从理论上讲，森林为社会提供了无偿的生态服务，使森林经营者私人边际收益小于社会边际收益，导致森林供给不足。为了解决森林的有效供给问题，应为森林经营者提供额度为私人边际收益低于社会边际收益的差额补偿。但要确定私人的边际收益和社会的边际收益及其差额在现实操作中十分困难，这就需要在森林生态效益的计量技术层面确立一个法定标准。在当前补偿资金完全依赖于政府财政支持的情况下，补偿标准的确定主要依据政府部门的财政支付能力，这就导致了当前我国的森林生态效益补偿很不合理。主要反映在：

一是补偿范围过窄。当前我国森林生态补偿对象仅限于国家级和省级公益林，所有商品林都不在补偿范围之内。另外，国家和地方都没有把森林生态效益补助资金和天然林保护工程建设资金、退耕还林补助资金等明确地区分开来。这样的结果，一方面造成了基层林业管理部门资金套用现象的普遍存在；另一方面，也使得农户对国家给予的公益林生态补偿资金缺乏正确认识，从而对生态公益林的营林生产履责造成了隐患。

二是补偿标准过低。政府实施的生态补偿每公顷只有 75 元(据各地调查，只有其中的 90%能够到达农户手中)，而营造生态林每公顷需要 2000 元以上，每年的管护费每公顷至少需要 150 元；林农最后能得到的补偿费用远远达不到林木禁伐所产生的经济损失。此外，由于各地区之间经济发展水平的差异，政府的森林生态效益补贴也只具有象征意义，在一些经济不发达的地区，地方政府根本不能落实配套资金，也就更谈不上进行足额的生态补偿了。

(3)少数地区存在较严重的拖付、克扣与挪用现象

近年来，随着我国森林生态效益补偿政策制度的推进，在实施上取得了长足发展，但对于实施过程中的监管问题还是存在不少漏洞，主要反映在政策实施过程中存在较为严重的资金拖付、克扣和挪用现象。国家财政拨付款项后，如何下发到地方，又如何下发到林农手中，资金的下发运作过程是否合理合法、是否有人能利用职务之便中饱私囊等，都没有一套有效的运行监督管理机制(王莹，2021)。所以，建立和完善对森林生态效益补偿资金的监管机制也成了目前工作的当务之急。

本课题组调查中发现，由于以上问题的存在，各样本区农户对当前公益林生态补偿政策意见很大，现实中确实影响了公益林农户的营林履责积极性，甚至造成了少数农户由于对政策执行的不满而发生自我“盗伐”和滥伐林地林木的违法行为。

5.4.4　政策性森林保险制度对农户林地承包经营履责行为的影响

5.4.4.1　我国森林保险开展的具体情况

森林保险是指森林经营者(被保险人)按照一定的标准缴纳保险费以获得保险企业(保险人)在森林遭受灾害时提供经济补偿的行为(张长达，2012)。森林保险作为林业生产风险防范和风险管理的重要手段，是国家的一项重要的惠林助林政策。

我国森林保险工作起步较晚，1984—1988 年全国有 20 个省(自治区)首次开始森林保险试点；21 世纪我国集体林业“确权到户”改革完成以后，在福建、江

西和湖南等省启动了中央财政保费补贴试点；2014 年在全国铺开。

当前我国集体林区普遍实行的是政府开展的政策性森林保险。所谓政策性森林保险，是指由政府对林业生产者(农户、林业生产合作社等)提供保费补贴，保险公司根据保险合同，对被保险人在林业生产过程中因合同约定原因造成的损失，承担赔偿保险金额责任的保险活动。

当前在政策性森林保险实施过程中，按照"政府引导、市场运作、自主自愿、协调推进"的原则，实行国家政策性森林保险制度，保险费由国家、地方政府出大头(占 96%)，林业生产经营者出小头(占 4%)，赔偿金全部返给被保险人，用于林业生产和森林资源恢复重建。森林保险有商品林、公益林火灾险和综合险 2 种，全国实行统一的基本保险费率 2‰~10‰，每年保险额 7500~18000 元/公顷。2015 年，调整保险费率为 2.46‰，每年保额 8190 元/公顷(张鹏和张敏欣，2018)。2019 年，全国参保覆盖面积占比 71.68%，共有 1.1 亿公顷公益林和 0.016 亿亩商品林参保，公益林参保面积占全国公益林总面积的 94.1%①。

5.4.4.2 森林保险政策现存的主要问题及其对不同特征农户的差异影响

从林业生产制度函数式(5-5)视角来看，我国目前推行的政策性森林保险政策，其要义是为了降低农户营林生产过程中的经营风险 β，进而逆向地对农户家庭的林业生产要素资源配置产生激励影响。显然，这项政策能在一定程度上发挥出林业生产制度函数的校正作用，进而对改善农户家庭的林地承包经营履责产生重要的积极影响。

然而，当前在我国政策性森林保险实施过程中，由于在顶层设计上还存在诸多问题，政策的实际执行并没有达到预期的效果。主要反映在以下方面。

(1)政府保费补贴结构不尽合理

政府对森林保险保费进行财政补贴，是现阶段政策性森林保险的关键标志，也是森林保险业务得以顺利开展的重要保证。在本课题专项调查中发现，福建、江西、湖南、云南等省森林保险的保费补贴资金，除了来源于中央和省级财政以外，均要求县级财政实行配套保费补贴(15%左右)。这种保费补贴分配结构增加了县级财政的支出压力，尤其是经济欠发达、森林资源丰富的县域。由于森林面积越广，需要配套的财政资金越多，这就给经济相对落后的县级财政造成了沉重负担，严重影响了基层政府推行政策性森林保险工作的积极性和有效性(张鹏和张敏欣，2018)，导致一些财政实力较弱的县域，假各种借口取消了县级配套保费补贴比例，改由林权所有者承担。对于公益林保险，一些县域把县级财政保费补贴部分连同农户家庭该承担的部分直接从农户的生态效益补偿资金中扣除；而

① 摘自《2020 中国森林保险发展报告》。

对于商品林保险，一些县域把县级财政保费补贴部分直接取消，由农户自行处理投保问题。故此，在调查中发现，在没有县级保费补贴的县域商品林投保率不足1‰。

(2)森林保险费率厘定欠科学

森林保险产品的费率厘定是森林保险业务的核心环节，不仅直接关系到保险公司的灾后偿付能力与经营管理的稳定性，也关系到政府财政保费补贴的实际支出程度，同时还会直接影响到农户对森林保险产品的有效需求(张长达，2012)。

本课题组的专项调查结果显示，2019年，福建省开展的森林保险险种只有综合保险，对省级及以上生态公益林实行以县为单位统一投保，费率为2‰，商品林实行自愿投保，费率为3‰；湖南省公益林和商品林费率均为4‰，一般实行由县或乡政府统一投保的方式；江西省和云南省统一投保公益林火灾险，费率为1‰，而商品林保险包括火灾险和综合险两个险种，费率分别为1.5‰和4‰，主要采取由县或乡政府统一投保的方式。显然，在现有的林业生产条件下保险费率实在太低，很难满足受灾林地的森林资源恢复。对此，农户意见很大。

据了解，保险费率太低的原因，主要是省级层面不同程度地对森林保险费率的行政干预，保险费率要以联席会议的形式决定。因为提高费率则意味着森林保险价格的上涨，这将影响到政府财政保费补贴支出的大幅上升。

(3)灾害理赔难以落实到位

森林保险理赔难是一个现实的、普遍存在的问题。作为保险业务的基本程序，“保险理赔到户”到现在为止依然没能得以落实。究其原因可能有以下几点：首先，林权不清带来的问题。投保森林保险的一个重要前提就是需要对林木具有清晰的产权。林业经营者只有持有产权明晰到户的产权证的林地林木，才可以进行森林保险的投保；但现实情况是一些地方林地林木产权证发放不到位或林木所有权的归属存在争议。其次是查勘定损工作量大且技术复杂。受灾林地主要分布在山区，交通条件不便、产权主体不集中，给保险机构的理赔工作增加了难度，理赔成本一高，若又缺乏政府财政支持，那么到户工作任务就更加艰巨。最后，最为关键的原因可能是存在地方政府机构与保险公司的“利益合谋”问题。目前，多数地区的森林保险都是由政府机构直接与保险公司签约，经费由财政拨付(农户负担部分则直接从农户家庭的森林生态效益补偿费中扣除)，农户基本不参与。这就给负责帮助农户投保的基层政府机构与保险公司的利益合谋提供了空间与机会。本课题组在专项调查中了解到，多地存在投保林地发生林地火灾多年后得不到赔付的现象，甚至有些地方还存在农户多年一直上访都得不到灾害赔付的情况。得不到及时赔付的农户意见很大，为发泄“私愤”，一些农户就干脆将受灾林地抛荒撂荒。这就严重地造成了对农户林地承包经营履责的反面影响。

基于了解到的基层事实，笔者一直以来都对政府部门直接替农户包办森林保险的行为提出反对意见。因为政府包办，农户不直接参与，已经造成了一些严重后果：一是由于森林保险的政府包办，农户普遍对森林保险政策漠不关心，政策失去了对农户开展营林生产的激励作用；二是实际工作中由于受灾赔付率和到位率不高，反而使农户应该获得的公益林生态补偿资金被消减，导致农户感觉到不但没能从中获利反而遭受了利益损失，从而造成了农户对森林保险政策的不满和干群关系的恶化。最直接的后果就是：一旦发生森林火灾，只有少数干部上山参与救灾灭火，而普通农户则很难被动员一起参与救灾灭火行动。显然，农户这种行为严重违背了林地承包经营合同的相关条款，是一种不履责行为，但是基层干部对农户的这种不履责行为却毫无办法。

政府实施政策性森林保险政策的初衷肯定是为了农户的利益，但在政策执行的过程中显然出现了这样或那样的问题。这些问题亟待得到解决，否则，长此以往，可能会给农户尤其是公益林农户的林地承包经营履责造成极为严重的消极影响。

5.4.5 林业分类经营管理体制对农户林地承包经营履责行为的影响

5.4.5.1 我国林业分类经营的管理体制

我国林业分类经营管理体制是以优先满足生态需求为导向，以《中华人民共和国森林法》为保障，在“森林多效益主导利用理论”和“林业分工论”的基础上建立起来的。

建国初期，森林是国家重要的基础资源，为国家经济建设作出了重大贡献。然而，随着森林资源的大量采伐，可采林木锐减、林地面积减少、森林质量也大幅下降，森林生态服务功能不断弱化。1998 年发生在长江流域和东北地区的两次特大洪灾，就是生态破坏带来的恶果。为此，中国一直致力于寻找一条生态与经济协调发展的道路。

1979 年中国第一部环境资源法——《中华人民共和国森林法(试行)》颁布。此后，《中华人民共和国森林法》经过 3 次修改，都把森林资源分为五类：防护林、用材林、经济林、薪炭林和特种用途林。在森林资源分类的基础上，我国于 1987 年启动林业分类经营管理试点，苇河林业局是首个试点单位。1992 年，雍文涛在《林业分工论》著作中首次提出了“中国林业分类经营”的概念(杨磊，2018)。1995 年，原国家体制改革委员会、林业部联合颁布的《林业经济体制改革总体纲要》中提出：在综合考虑区域自然、社会、经济状况的前提下，在营林体制上，国家将按照森林用途和生产经营目的，将用材林、经济林、薪炭林纳入商品林类，将防护林和特种用途林纳入公益林类，实行森林培育的分类经营、分类管理。在商品林种类中，将速生丰产林、工业原料林、竹林、经济林作为重点，实行集约化经营，提高林木增长质量。在公益林种类中，重点发展对国土保护、生物多样性保护、农业生态保障和城市生态环境影响功能突出的防护林和特种用途林。1999 年，国家林业局发布《关于开展全国森林分类区划界定工作的通知》，要求各地开展森林分类区划工作，由此全国首次开展森林分类区划界定，为实施林业分类经营管理和建立森林生态效益补偿制度奠定了基础（张长达，2012）。

2003 年，中共中央国务院颁发《关于加快林业发展的决定》明确提出：实行林业分类经营管理体制。在充分发挥森林多功能前提下，按照主要用途的不同，将林业区分为公益林和商品林两大类，分别采取不同的管理体制、经营机制和政策措施。2008 年，中共中央国务院发布《关于全面推进集体林权制度改革的意见》提出：对集体林实行商品林、公益林分类经营管理；依法把立地条件好、采伐和经营利用不会对生态平衡和生物多样性造成危害区域的森林和林木，划定为商品林；把生态区位重要或生态脆弱区域的森林和林木，划定为公益林。对商品林，农民可依法自主决定林业经营方向和林地经营模式，木材产品自主销售。对公益林，在保障生态功能的前提下，可依法合理利用森林资源，开发林下种养业，利用森林景观发展森林旅游业等。2019 年，修订的《中华人民共和国森林法》按照充分发挥森林多种功能，实现林业可持续经营的立法思路，首次将“国家以培育稳定、健康、优质、高效的森林生态系统为目标，对公益林和商品林实行分类经营管理”作为基本条款写入“总则”一章。同时，还在“森林保护”“经营管理”等章节，对公益林划定的标准、范围、程序等进行了细化，对公益林、商品林具体管理措施作出了明确规定，从制度上体现了严格保护公益林和依法自主经营商品林的立法原则。

5.4.5.2 分类经营管理体制对农户林地承包经营履责行为的政策影响

当前，农户家庭承包经营的森林资源既包括商品林，也包括公益林。在国家林业分类经营管理体制下，政府对商品林和公益林实行了不同的激励和约束政策。这些不同的激励和约束政策，肯定会对农户家庭的林业生产经营行为带来不同的影响，进而影响到农户对林地承包经营履责行为的抉择。

（1）分类经营管理体制对公益林农户林地承包经营履责行为的影响

从林业生产制度函数式（5-5）视角来看，分类经营管理体制对公益林农户的林地承包经营履责同时会产生出正反两方面的影响。从正向影响来看，主要是为公益林农户提供了一定的森林生态效益补偿，但前面已经分析过，由于补偿措施存在的诸多问题，进而使得政策 R 对农户生产要素资源配置的正向激励作用十分有限。再从反向影响来看，主要是国家对公益林实行严格的保护措施，执行严格的限额采伐政策，要求承包经营公益林的农户以管护为主，这就严重制约了公益林农户对林业生产经营组织形式 C 的运作空间，从而客观上给公益林农户的林地承包经营履责带来了诸多无法回避的问题。

当前，虽然允许公益林农户在不破坏生态功能的前提下依法合理利用森林资源，诸如开发林下种养业、利用森林景观发展森林旅游等，但毕竟能够开发利用发展森林旅游的森林景观资源有限，且独家私自开发利用不易，开发林下种养业也要受到诸多条件的限制(诸如先期投资的资金和技术等)。因此，对于大多数经营公益林的农户来说，管护成本高而营林收益少，收不抵支，因而普遍缺乏营林履责的积极性。尤其在公益林农户拥有的林地自然资源条件相对较好的情况下，他们往往更希望将自家的林地属性更改为商品林。在客观上难以达成目的的情形下，就造成了少数农户擅自改变林地用途的诸多违法违规行为的发生。

(2)分类经营管理体制对商品林农户林地承包经营履责行为的影响

目前，我国政府对于商品林的管理政策是：农民可依法自主决定其经营方向与经营方式，在政府限额采伐制度的规范指导下开展木材采伐生产，生产的木材可以自主销售。从林业生产制度函数式(5-5)视角来看，分类经营管理体制既不改变商品林农户的林业生产组织形式 C，也不改变商品林农户的林业生产经营风险 β，同时也不会带来政策对农户林业生产要素(L，K)投资的任何激励影响，因此，分类经营管理体制对商品林农户林地承包经营履责行为基本上不会产生这项政策的独立影响。

第6章 农户林地承包经营履责面临的现实问题及制度治理

当前农户家庭的林地承包经营履责会面临到三大现实问题：一是林业生产经营过程的复杂性会带来农户林地承包经营履责的不确定性；二是营林生产特有的外部经济性如果长期得不到有效解决，会伤害到农户林地承包经营履责的积极性；三是“一家一户”的农户家庭经营所固有的弱质性，也会给农户家庭的林地承包经营履责带来系列影响。

6.1 营林生产过程的复杂性影响及其治理

林业生产所固有的长周期性和自然力作用的独立性，带来了营林生产过程的复杂性；这种复杂性主要表现为林业生产运行及其结果的不确定性。

市场经济条件下，农户家庭在周期相对较长的营林生产过程中对于相对稀缺的生产要素资源配置具有很大的不确定性，譬如，营林生产经营的物质基础——林地是稀缺的、资金与劳动力是稀缺的，如何抉择和配置这些生产要素，都将面对许多不确定性因素的影响。抛开自然力的作用，农户对营林生产要素资源配置的不确定性就会带来农户家庭林地承包经营履责的系列风险。

6.1.1 营林生产过程的复杂性表现

营林生产经营过程的复杂性，主要反映为农户在林业生产运作过程中对于生产要素资源配置的不确定性和生产运作结果的不确定性。所谓不确定性，是指在现实的生产经营决策过程中生产者所面临的直接或间接影响生产经营活动的外生和内生变量，无法准确地加以观察、分析和预见的一种情形(布劳格，1990)。当前农户林地承包经营过程中的不确定性主要表现在以下三个方面：①营林生产收益的不确定性；②林业生产要素资源配置的不确定性；③森林资源产权变动的不确定性。

6.1.1.1 农户家庭营林生产收益的不确定性

营林生产收益是农户家庭开展林业生产运行的最终结果。林业生产运行的直接结果是森林资源物质产品——包括林地、林木及其林地上的附属资源。这些森林资源物质产品是具有多功能、多效用的，因而，营林生产就会产生多功能价值。为了便于研究，可以将营林生产的多功能价值简化为物质产品收益(Ec)和生态产品收益(Es)两个方面。那么，林业生产的收益函数可表示为 $Q=f(Ec, Es)$。营林生产收益的不确定性在理论上也就可表示为函数 Q 对物质产品收益和生态产品收益(Ec 或 Es)的一阶偏导。因此，总体上，某一时期农户家庭林业生产收益的不确定性就等于函数 Q 对于森林资源物质产品收益与生态产品收益的一阶偏导的矢量叠加。

长期以来，森林资源生态产品价值很难兑现，因而，森林资源生态产品收益基本为零。但随着我国森林生态补偿制度的不断完善、补偿标准的不断提高和森林碳汇市场的发育完善，森林资源的生态产品收益就会逐渐地得到越来越多的实现。尤其在林木限伐管理条件下，如果因社会生态需求急剧增长而导致森林碳汇市场得以稳步发展从而使得生态产品价值能够得以实现，或是公益林生态补偿标准能够得到稳步提高，就会刺激林农家庭的林业生产投资行为，进而对农户的林地承包经营履责行为产生激励影响。

森林资源的物质产品价值收益，一直以来是林农家庭的生计依靠。由于它往往随着森林资源物质产品市场的变化而变化，因而，它的不确定性影响因素很多，林农对森林资源物质产品的价值收益会表现得非常敏感。在市场经济条件下，林农对于森林资源物质产品收益的感知源于其对未来森林资源产品市场价格的预期，所以，一般来说，当林农预期未来市场森林资源物质产品价格会飙升时，他们就会放弃其他产业投资发展机会，从而不仅会加速造林，培育新的森林资源，而且会节约对现有森林资源的利用，这时农户就会积极地开展营林生产，林地承包经营履责就不会存在问题。然而，当林农预期未来市场森林资源产品价格将会降低甚至收益无望时，他们就会放弃培育新的森林资源，同时努力抓住目前对现有森林资源利用的选择机会，如大肆砍伐、滥伐森林资源等，这样对林地林木的过度开发利用就会成为现实的经济选择，这时林地承包经营履责的问题就会凸显出来。

6.1.1.2 林业生产要素资源配置的不确定性

市场经济条件下，农户家庭对于林业生产要素资源配置的不确定性源于以下两种情形：一是一定时期内农户家庭林业生产要素资源可支配量的不确定性；二是农户家庭择业发展的不确定性。前者决定着农户家庭林业生产的可投资规模，后者决定并影响农户家庭生产资源要素的投资产业方向。

在特定时期内，农户家庭择业的不确定性，在很大程度上取决于农户家庭之外的社会就业环境。随着我国城镇化和工业化的不断发展以及城镇户籍制度的放开，农户家庭择业的自由度越来越大，因此，农户家庭择业的不确定性肯定会越来越高。但是，无论怎样，发生农户转移就业不确定性的发展是相对缓慢的，同时，农户转移就业作为一种社会发展引发的农户分化趋势也是很难左右的，这主要取决于外部的社会经济发展和国家的宏观管理政策。因此，这里所分析的农户家庭林业生产要素资源配置的不确定性，主要从林业生产过程中的要素资源可支配量的不确定性来进行分析。

农户家庭林业生产要素资源可支配量是指其在一定时期内(5 年或 10 年)农户家庭能够投入林业生产经营过程中的经济总量，主要包括土地 D、资金 K 和劳动力 L。林业生产要素资源配置则是指在林业生产经营过程中将这些生产要素按一定的函数方式加以组合，在这个意义上林业生产函数可简单地表示为：$Y=f(D, K, L)$。

在市场化条件下，农户家庭林地 D、劳动力 L 和资金 K 的投资取向取决于机会成本，实际上也就是投资的比较收益。现实中，林业生产比较利益的高低将会直接影响到农户家庭对林业生产要素资源供给量的多少，故此其不确定性很大。主要表现在以下三个方面。

(1)农户家庭的林地资源要素配置具有不确定性

林地是林业生产的最基础性生产资料。但在人多地少的特定环境下，林地的效用价值会随着土地资源稀缺性的提高而增长。在农村土地“三权分置”条件下，农户会对承包到户的土地具有很强的自主支配决策能力；农户既可以将土地用于林业生产，也可以将其用于农业生产，其支配使用的原则必定是依据投资的比较收益最大化原则——即谁能带来的收益多就是其投资的产业取向。一般来说，土地的投资收益能力取决于多种因素，包括其肥沃程度、灌溉条件、光照条件、地形地貌和交通条件等。各项因素的重要性随开发利用程度的不同而变化。因此，学者们通常将土地的经济潜力看作是由一系列根据其开发利用不同而立地自然条件重要性也不同的因素特征所组成的复杂系统。

农户的“理性”，决定了农户必定依据土地效用(收益)最大化的原则来对土地的利用做出抉择。这里为了方便说明农户对土地的农业利用和林业利用的界限区分，将土地的立地条件看作是影响土地质量的最为关键因素。根据农林业的投资比较收益，农民通常会选择把立地条件好的土地作为农业用地，而把立地条件差的土地作为林业用地。这样，就可以依据立地条件的好坏将土地分为农业用地、宜农宜林地、林业用地三种类型。

在土地能够自由支配的环境条件下，图 6-1 反映出了农户家庭土地资源配置随立地条件好坏而发生转化的一般情形。根据第九次全国森林资源清查结果数据，在我国集体林区现有的林地资源分布中，有 5%～10%的土地立地条件相对较好，它们既可以投入农业也可以投入林业，这就造成了林地资源配置的不确定性。在我国退耕还林工程的实践中就是在这5%～10%的土地上发生着农林业土地争相利用的矛盾。其反映为：在退耕还林工程实施过程中，由于政府给予退耕还林钱粮补贴，农户就积极地响应将土地退耕还林；而当退耕还林工程项目结束，农民就又会在这些土地上毁林复耕(彭柯，2020)。

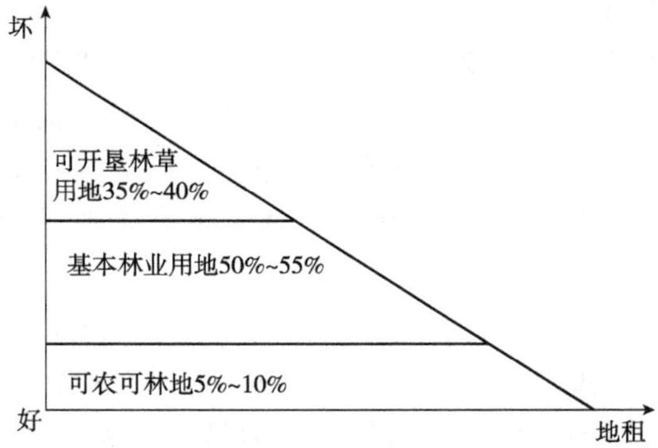

图 6-1 农户家庭林业土地资源配置的不确定性分析

不仅如此，农户家庭林地资源配置的不确定性还表现在：当林地土壤肥力、光照条件、坡度适宜发展农业生产或药材种植的情况下，追求利益最大化的农户一般都会选择将林地改造为农用地以获取更多的投资收益。如果没有强有力的监管措施来进行有效监督管理，那么，这种情形的林地用途改变就不可避免地会发生。与此同时，对于立地条件相对较差的荒山荒地，虽然完全可以配置于林业生产，但由于其造林成本相对较高，能不能实际开发用于营林生产还得取决于农户家庭生产要素的投资意愿与可投入规模。前面的调查数据分析发现，在当前林业生产比较收益偏低特别是荒山荒地造林成本相对较高的现实条件下，农户对于荒山荒地造林基本上都缺乏应有的积极性。因此，这些相对肥沃或较为贫瘠的土地在林业生产的资源配置中都具有较高的不确定性。

(2)农户家庭的劳动力资源配置也具有不确定性

人民公社体制的解体和市场化体制的建立，给农户家庭带来的最大利益就是劳动力的自由流动。在市场经济条件下，农户的经济"理性"会使其在家庭劳动力的投入上依据投资回报率最大化原则来做抉择。在当前我国城镇化、工业化快速发展的特定时期，农村劳动力就业渠道越来越多，就业选择(务农、务林、兼业、进城打工或创业)空间越来越大。与此同时，随着农户收入来源的增加和家庭人口数量的减少(少子化倾向)，农户家庭生活水平变得越来越高，负担越来越少，也给农户家庭成员带来了在"劳动"与"休闲"之间选择的更大空间。在这种情况下，由于林业生产多为野外作业，劳动强度大，危险性高，这些因素都会直接的或间接地给农户家庭的林业生产劳动力资源配置带来高度的不确定性，进而给农户家庭的林地承包经营履责带来不确定性风险。

(3)农户家庭的林业生产资金投入更具有不确定性

经济人的"理性"会使农户家庭在资金投入上依据投资回报率来进行抉择。林业生产周期长，资金回报率相对较低，故此，除了非投资不可外(例如，造林必须投入资金购置树苗，采伐林木必须租用机械设备等)，个体农户一般很难对林业生产进行直接的资金投入。前面第 3 章的调查数据分析也验证了农户家庭对于营林生产的资金投入量户均很少。

6.1.1.3 森林资源产权变动的不确定性

在"三权分置"条件下，农户尤其是林地经营权流入农户家庭的林业生产经营往往会受到森林资源产权变动的不确定性影响。主要表现在以下几个方面。

(1)当林地承包经营合同即将到期时，如果森林资源产权缺乏保障，导致林地经营权主体担心其森林资源产权有可能被变更或其收益权有可能遭受侵害时，他们就必定会采取措施加快对森林资源的采收速度，如大肆砍伐林木。这种情形已经在林业"三定"改革时期和"确权到户"改革初期得到了验证。

(2)在林地经营权流转以后，由于林地流转经营者使用了新技术、开发了新产品从而使林地收益发生"急剧"增值时，林地原承包农户就有可能对林地流转合同毁约，进而造成林地经营权有被变更的不确定性。

(3)林业生产经营周期长，在经营过程中山体滑坡、泥石流等自然灾害造成林地界碑移动或遭到破坏时，会引发林地林木产权纠纷的不确定性。

(4)森林资源培育的外部经济性问题的长期无法有效解决，也可能加剧产权的不确定性。其主要反映在当公益林经营农户感觉到所获得的森林生态价值补偿太少时，其对公益林资源产权变更的驱动力就可能会增加。

(5)在当前集体经济组织被虚化和弱化的情况下，集体组织往往无法对其所有权林地进行有效的监督管理，这样造成的直接结果就是农户"在位控制权"的过度膨胀——只承包占有林地而不依法经营林地，具体表现为林地承包后不造林、造林后不抚育不管护，甚至擅自违法改变林地用途(在林地上毁林采石采砂、修建住房，把林地改为家族坟地等)。

以上这些行为，都是典型的林地承包经营不履责行为或违法行为，如果听任不管，将会给集体林区的林地资源造成严重的损害。

6.1.2 生产过程复杂性带来的农户林地承包经营履责风险及其治理

"三权分置"下林业生产过程复杂性的客观存在，意味着农户林地承包经营履责可能会长期存在系列性风险。

(1)最可能发生同时也是影响最大的风险将是，一旦林地承包经营者或森林资源所有者或资源实际掌控者不严格履行林地承包合同或经营权流转合同约定的对森林资源培育和保护的责任义务，不遵守国家法律法规，而热衷于对森林资源的乱砍滥伐，那么，就会造成森林资源的大面积破坏，林业的发展就会面临极大的损害，其引发的系列生态问题将是严重的。

(2)尽管"三权分置"改革的政策目标是为了促进林地经营权流转，进而在推动新型林业经营主体发展的同时促进林业生产经营组织方式的改变，但是，在未来很长一段时期内以农户家庭为单位的林业生产组织形式还会是集体林区林业生产的主导形式。农户家庭林业生产所固有的生产规模小、交易成本高、缺乏市场竞争能力等缺陷的存在，客观上要求政府必须在强化对农民林业合作组织的培育与建设的同时，加强林业社会化服务的组织建设和制度建设。

(3)为寻求对农户林地承包经营履责治理的有效途径，无论是对于营林生产还是对森林资源采伐利用，政府在管理政策措施上都应有不断的制度创新与优化。

(4)对于防范农户家庭林地承包经营或经营权流转经营可能出现的失责风险，可供选择的制度措施哪项或哪一套效果更好，在选择时我们应该提前进行预判分析，同时要注意借鉴国内外先进经验，要尽量保持对治理制度措施抉择的谨慎。

在当今森林资源严重短缺、生态文明建设越来越重要的前提下，激励和引导农户积极开展营林生产履责，已经成为集体林权制度改革的战略性指导思想。党的二十大报告明确提出要进一步加快生态文明体制创新，建设美丽中国。当前，在"三权分置"改革背景下，政府选择的改善和提高农户林地承包经营履责的政策措施就是要鼓励和引导林地流转，培育和发展新型林业经营主体，以克服"一家一户"农户家庭林业生产存在的现实问题。实现这一政策目标要解决的首要问题就是要在保障林地集体所有权、农户承包权、第三方经营权的基础上，确保以上各林地权利主体都能依法享有权利的同时承担起相应的责任与义务，建立起集体林地产权责任制度体系。其次，就是要建立起新型林业经营主体同农户家庭的利益链接机制，尽最大可能地推动"资源变资产、资金变股金、农民变股东"的"三变"转化。其三，要从法律上明确赋予集体组织对其所有权林地的合理监督管理权和有效处置权(这一点现在已经被大多数学者所忽视)的权能可实施措施，要从法律上明确界定农户对集体林地承包权取得、持有与丧失的具体条件和规范要求，要从法律上明确林地流转第三方对集体林地取得、持有与丧失其经营权的规范条件与林地经营必须履行的责任义务，以此保障集体林地的所有权、承包权、经营权都能落到实处。只有这样，才能建立起农户林地承包经营履责的治理制度体系，推动农户林地承包经营履责迈上新台阶。

此外，当前农户林业生产经营履责缺乏动力的根本原因在于营林生产收益太低，故此，政府应为营林生产提供更为合理的财政补贴或成林生态服务的产权购买。如果追求财政支出效益最大化的政府面临的是确定性的情况，即能够确切地知道财政补贴政策能够大幅度地激发农户的营林生产积极性并使林业生产效率大幅提高，进而促进森林资源质量得到显著改善，那么，采取营林生产补贴和成林生态服务产权购买会得到完全相同的结果，而且还会减少政府的监控成本，显然，政府会选择营林生产财政补贴措施。

然而，政府往往面临的是不确定的情况。例如，假设政府提供营林生产财政补贴，那么财政补贴在哪个阶段发放更为恰当？如果选择在造林阶段发放，造林补贴兴许能保证农户能积极参与造林，但无法保证农户造林后能保障苗木成活、成活后能保障成林、成林后能保障将营林抚育和森林管护长期经营下去。事实上，能否把营林生产活动持续进行下去的关键取决于林业生产要素(主要是林地和劳动力)的机会成本。这就说明，营林生产财政补贴政策的实施效果具有很大的不确定性。相反，如果能够推动建立起以森林资源“成林标准”为条件、以成林的生态服务功能效益产权交易为要件、以合同管理为手段的“成林生态服务产权购买”的创新政策措施，那么，就会有效地制约住农户和其他林业生产经营者参与营林生产的政策投机性，政府对林业生产建设支出的绩效就会显著提高。因此，本著认为：在“三权分置”制度安排下，林业生产不确定性的客观存在，决定了政府鼓励农户及其他林业生产经营者积极开展营林生产的财政补贴政策措施取向应理性地转变为对“成林生态服务的产权购买”(具体制度设计建议见 8.1.3 小节)。

6.2　营林生产的外部性效应及其影响

在林业经济问题研究中，外部性一直是一个备受关注的研究难题，这就足以说明外部性问题对于林业生产经营具有极为重要的影响。因此，要解决好“三权分置”下的农户林地承包经营履责问题，就必须从制度上重视并解决好林业生产的外部性问题。

6.2.1　外部性及其主要分类形式

所谓外部性，就是指一个人或一群人的经济行为使另一个人或一群人受损或受益的情形。

(1)根据外部性对他人的损益影响，外部性可分为外部经济性和外部不经济性。外部经济性又叫作正外部性，它是指人们的生产或消费使其他人受益而又无法向他人收费的现象。譬如，因上游居民积极开展植树造林有效地保护了水土，使下游居民获得了更有保障的生产生活用水而无须向上游人们付费的情形。外部不经济又叫负外部性，就是指人们的生产或消费使他人受损而前者无法补偿后者的现象。例如，上游居民大肆砍伐林木导致河流水量无常和水质变差，影响了下游居民的生产与生活，而下游居民得不到补偿的情形。

林业生产既有正外部性，又有负外部性。负外部性的产生，源于林业的违法行为，这需要通过法律制度来进行治理。考虑到林业生产（营林生产）表现出来的主要是外部经济性，因此，本著后面对于林业生产外部性问题的分析将主要针对外部经济性问题。

（2）根据外部性的可控程度，外部性又可分为可减少的外部性和不可减少的外部性两种类型。

外部经济性产生的一个极端情形就是因为存在一类被称为公共物品的特殊产品。公共物品通常具有供给的普遍性和消费的非排他性。供给的普遍性和消费的非排他性有时可能同时存在，但却不一定相互依存。例如，一条河流上游的森林资源遭到破坏导致河流水量减少、水质变差，受其影响的将会是居住在这一河流两边的所有居民，显然这是一种普遍性的“损害”。反之，一个区域内森林资源数量与质量的提高会使其环境改善，导致空气与水源质量变好，这对于整个地区来说就是一种公共的“福利”。上述森林资源变化所带来的水质变差或变好，会分别带来公共损害和公共福利，而现行的市场机制却无法对其实施有效的作用与影响，这就是市场失灵。

造成“公共物品”市场失灵的根本原因是公共物品供给的“不可减少”性（李显，2006），即一个人增加对某种公共物品的消费不会减少或影响其他人对该公共物品的利用。但是，公共物品的不可减少性有时是可以排除的，例如，管理部门可以对森林公园修建围栏、林业部门可以对森林资源消费行为实施收费等。然而，公共物品供给的普遍性存在，往往会导致个体的排出行为成本过高。

与不可减少的外部性相对应的是可减少的外部性。可减少的外部性虽然可以减少，但不等于可以排除。例如，森林资源的水源涵养功能的外部性是可减少的，森林资源的拥有者可以把区域内的水源储存起来不让它外流，但水流的储存成本可能会高得让人无法承受。

综上所述，外部性根据可控程度可以分为可减少的外部性和不可减少的外部性。对于可减少的和不可减少的外部性，政府可实施的调节政策措施是基本相同的；对于一些可减少的外部性调节，通常会需要一些成本相对较高的辅助性政策措施。

6.2.2 林业生产经营中的外部性效应

经济学研究认为，外部性与产权之间存在着极其密切的联系。市场经济条件下的社会资源配置过程只是对生产要素的一种市场组合开发利用模型。在市场交易过程中，交易者之间的界限十分清晰，一般不会发生交易摩擦，所以交易者的个人交易成本为零，从而使资源配置可以达到帕累托最优（罗必良和王玉蓉，1994）。这就说明，完整的产权作为既定前提能够充分保证市场交易的有效性。然而，在我国当下的集体林区，“三权分置”制度下林地所有权归集体，承包权归农户，使用权归经营者，在这种“复杂的”混合产权制度条件下，市场的交易成本就会变得相对较高，因此，从法律上明确界定森林资源产权使之不可或缺，成为提高林业资源配置效率和有效保障集体林权所有者、承包者和生产经营者权益的重要的制度选择。当前，对于生产经营者的权益保障显得更为迫切。

在林业生产经营过程中，完全可以想象得到农户采取某些行为的积极性会较高，而另一些行为发生的积极性会较低。农户积极性高的行为，并不是因为该行为的收益很高，而是在于采取这一行为的人发现可以把部分的或全部的成本转嫁给了他人（如在林区放牧）；而积极性较低的行为，也不是因为该行为的收益太低，而是由于采取这一行为的人发现部分的或相当多的收益无偿转嫁给了别人（如营林生产）。

对产权的完整界定、实施与保护，由于往往需要支付高昂的成本，使得“产权完整”只是一种理想的状态。也就是说，产权的不完整是社会的常态，这种社会常态往往会因为交易摩擦的存在而导致市场失灵。市场机制的基本效能不是使社会的福利最大，而是使交易双方的福利最大；在缺乏政府干预的情形下，纯市场化的机制就可能会产生交易者个体福利与社会福利的背离。在经济活动中，如果所有的成本都由生产者或消费者承担，所有的收益都由消费者或生产者获取，或生产与消费的所有成本与收益都由交易双方共同承担，那么，交易双方的福利和整个社会的福利是一致的，因为没有任何非交易的一方受到影响（高建中，2005）。但在通常情况下，交易之外的人们也会不可避免地受到交易活动（无论是有害还是有利）的影响，这就是说，市场很难独立地起到使社会福利最大化的作用。于是，任何一种经济活动的边际社会收益（*MSB*）等于边际私人收益（*MPB*）之和加上边际外部收益（*MEB*）。同样，边际社会成本（*MSC*）等于边际私人成本（*MPC*）之和加上边际外部成本（*MEC*）。即：

$$MSB = MPB + MEB \tag{6-1}$$

$$MSC = MPC + MEC \tag{6-2}$$

若交易双方福利最大，条件是边际私人收益等于边际私人成本（$MPB = MPC$）。然而，社会福利最大的条件却是边际社会收益等于边际社会成本（$MSB = MSC$）。对于营林生产活动来说，营林生产能产生生产外部收益，却几乎不发生外部成本，故此，

$$MSB > MPB，MSC = MPC \tag{6-3}$$

$MPB=MPC$，因此 $MSB>MSC$，这就说明，营林生产者的经营活动已经超过了市场因素所决定的森林资源供给量而多生产了一些，即产生了外部经济性。如果没有政府的恰当干预和制度约束，营林生产外部经济性问题就会引发市场失灵（王南，2002），由此导致营林生产者的利益受到损害，进而必然会影响到营林生产者的积极性并导致林地资源配置的低效率，也就是全社会层面的营林生产规模萎缩。

6.2.3 外部性对农户营林生产资源配置效率的影响

根据 6.2.1 外部性的定义，假设农户 i 家庭的营林预算约束为：

$$y_i - \sum P_h x_i^n \geqslant 0 \quad (h=1,\ 2,\ \cdots,\ m) \tag{6-4}$$

式中：y_i 为 i 的收入，P_h 为 x_i^n 的价格，x_i^n 为营林生产投资因子。

考虑外部经济性，x_i^h 对 i 的边际效用为正值，x_i^n 不出现在 i 的预算约束中，其实际价格为零。如果 i 要使其效用最大化，必使任两项 x_i^h 的投资替代率 RCS 等于这两项的价格比率，由于 x_i^h 边际效用为正，而 x_i^n 也为正，又因为 P_h 为正，则农户家庭营林生产投资高效率的条件为：

$$RCS(h,\ n)i = RCS(h,\ n)j = P_h / P_n \tag{6-5}$$

上述分析表明，在式(6-5)中只有 P_n 为正值才能成立，但实际的 P_n 为零（外部性未能得到校正的情况下），所以农户林业生产投资的高效率条件不能得到满足，资源配置的低效率也就由此发生。

理论上，如果存在帕累托相关外部性效果，就必须能够具备对其外部经济性价格进行精准界定的能力，并在交易中使外部经济性的价格为正，外部不经济性的价格为负，林业生产者的营林投资才能达到高效率。若市场林产品价格 P_n 是包含了外部经济性的高效率价格，则农户 i 就会有容忍外部经济性存在的经济动力，因其收入将随着 x_i^n 的增加而增加，而个体 j 则有减少 x_i^n 的经济动力，因其收益将随着 x_i^n 的增加而减少。这里需要特别指出的是，这种行为价格的刺激作用与一般商品交易价格的作用正好相反。

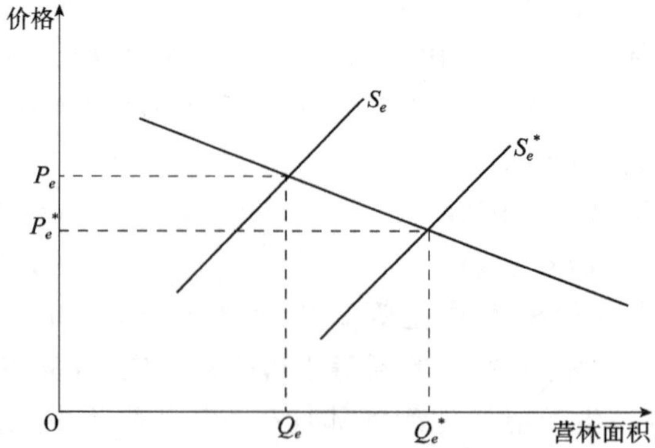

图 6-2 外部性对农户营林生产规模的影响

外部经济性对农户林地承包经营生产要素资源配置的影响如图 6-2 所示。在不考虑外部经济性时，x_i^n 的价格为零，森林资源

价格为 P_e，社会有效营林面积为 Q_e。但在考虑对外部经济性作出必要补偿时，比如，政府为农户提供森林生态服务补偿，就会相应地减少农户的营林生产成本，从而使供给曲线 S_e 右移，到达 $S_e{}^*$ 的位置，形成 $P_e{}^*$ 和 $Q_e{}^*$，进而使全社会的营林生产规模扩大。外部经济性内在化的实现导致整个社会经济福利水平提高，进而使得 $P_e{}^*$ 和 $Q_e{}^*$ 都达到了高效率的水平。

6.2.4 营林生产外部性的帕累托改进

6.2.4.1 营林生产不可减少的外部性及其帕累托改进

现实中，营林生产不可减少的外部性与国家林业政策制度的关系极为密切。例如，农民开展营林生产获得的森林资源功能环境，改善了整个区域内的大气环境和水资源环境，使区域内的所有居民和工农业生产因获得了良好的生态服务而受益。从整个社会角度看，对于林业生产资源配置处理就可能存在两种不同的决策方式：一是营林生产部门(林农的集合)缩小生产规模以使森林资源及其产品价格被控制在有效率的水平；二是采取生态服务受益付费的措施，从而刺激营林生产者保持并扩大生产规模。

第一种决策方式的抉择目标是明确的，就是要让营林生产部门自主选择恰当的生产规模，这样就会把森林生态服务降低到部门经济效率的水平。显然，在市场经济条件下，如果营林生产的外部经济性——森林生态效益得不到有效的补偿，那么控制并缩小营林生产规模就必然成为营林生产部门的不二选择。这就意味着农民不会全力发展林业生产，林地的资源浪费行为——即农户林地承包不履责行为就会普遍发生。

采用第二种决策方式——即采取对森林生态服务受益收费的措施，实施起来会有许多困难，受益者会找出许多理由或借口来逃避对森林生态服务的受益付费。为了实现全社会营林生产者和森林生态服务受益者之间在营林生产资源配置上的效率最优，作为全社会利益化身的政府就必须制定出一些切实可行的激励措施，以鼓励和引导"理性"的营林生产者——农户和效用最大化的生态服务受益者群体来共同努力实现营林生产帕累托最优的相关条件。

当前学界普遍认为，营林生产外部经济性问题的解决必须有赖于政府出台有效的制度措施。在当今我国森林资源极度短缺条件下，为了有效提高营林生产规模促进林业发展，作为社会代理人的政府必须提供生态效益补偿以保证营林生产者能够获得社会平均投资收益的报酬。从纯经济学的角度来说，政府应当根据营林生产者单位森林面积(包括公益林和商品林)所能提供的生态服务价值，以合理的折扣提供补偿。同时，为强化政府财政的支付能力，可以考虑对森林生态环境服务的受益者部分地或全面地开征森林生态消费税等。

6.2.4.2 营林生产可减少的外部性及其帕累托改进

对于营林生产提供的可减少的外部经济性(例如涵养水源)问题处理时，也有两种可供选择的决策方式：一是假定营林生产部门不计成本地在林区河流的源头建立蓄水库，从而采取有偿付费的方式向下游居民和用水单位收取水资源供应费；二是假定营林生产部门将林区内的水资源年供应量一次性地转让给水利部门，营林部门再将水资源转让收入按照林区森林资源面积和林分质量综合补偿给森林资源产权所有者或营林生产者。显然，第一种决策方式会导致高昂的交易成本，第二种决策方式则需要有来自政府的支持。

总之，在市场经济条件下，不论林业生产外部经济性是可减少的还是不可减少的，合理的校正措施就是要对营林生产的外部经济性提供等于社会边际收益的经济补偿，并同时对森林资源生态服务受益者征收相应数额的税费。只有这样，农户的营林生产的积极性才能得以提高，林地承包经营履责的自觉性才能得到加强。

6.3 营林生产外部性问题内部化的现实讨论

在现实经济活动中，外部性问题随处可见，但并不是所有的外部性经济问题都有必要且能够加以解决。其原因在于解决外部性经济问题本身就需要花费高昂的成本或代价。如果我们用于解决外部性问题所支付的必要费用确定地要大于解决外部性问题所能获得的收益，那么，不对外部性问题施以解决的行为本身就是经济的。正因为这个道理，现实社会中才会有许多的外部性问题被听之任之。

然而，营林生产中的外部性问题却是一个值得解决的问题，尤其是在“三权分置”改革后的多元林业主体生产经营背景下，解决营林生产的外部性问题就显得更为必要。这是因为营林生产外部经济性问题如果得不到解决，就会导致林业生产要素市场失灵，一方面会造成林地承包经营者农户的营林生产积极性下降，林业生产投资规模萎缩；另一方面，也会极大地削弱社会主体投资林业生产的积极性，从而无法推动林业的规模化、集约化和社会化发展。这两方面的结果都会造成林业生产资源配置的低效率，也就意味着农户林地承包经营履责的低效率。事实上，只要制度设计合理并安排得当，解决营林生产外部性问题的成本与提高营林生产资源配置的效率相比就会显得微不足道。

从理论层面来说，解决营林生产外部性问题的制度措施总体上可归纳为两个方面：一是产权界定途径，二是政府的行政干预。产权界定途径的理论依据是科斯定理，政府干预的理论依据来源于“庇古税”理论(罗必良和王玉蓉，1994)。这两种措施本质上应该是一致的，都旨在将外部性经济问题内部化，进而使私人收益与社会收益、私人成本与社会成本达成一致，从而借助市场机制的作用来实现对林业生产要素资源的合理有效配置。

6.3.1 营林生产外部性效应内部化的产权界定途径

理论上，通过产权界定途径能够促使营林生产要素资源配置实现帕累托最优的状态，但这一状态的实现受制于多种因素的制约。其中，最为关键的因素就是要有明确的排他性的产权界定。然而，在“三权分置”条件下，对于林地承包经营农户来说，要单方面通过明确的产权界定来解决外部性问题会具有一定的困难，原因主要来自以下两个方面。

(1)森林生态产品价值的产权界定存在系列问题

明确界定森林生态产品价值的产权，包括森林生态产品价值产权内容的界定、具体权能的计量和评价以及法律上的认可等，这是一项非常复杂的系统工程。要做好这项工作，现实中会存在很大难度。目前最基本的困难的是，无法对森林生态产品的标的物范围加以明确的界定，要对其进行具体计量那就更加困难。如果不能从法律上完整地对森林生态产品的标的物加以界定并准确地进行价值计量的话，那么，森林生态效益产权就远远不可能被界定清楚，也就根本不能形成完整的森林生态效益产权体系及其相应的市场。也就是说，当前现实的问题是，要对森林生态效益产权作出完整的界定还存在认知和量化上的双重困难。如果这一问题得不到解决，要运用产权途径来解决营林生产外部性问题就是不可能实现的臆想。事实上，纵观世界各国目前所建立的森林碳汇交易市场，能够进入市场进行交易的产品仅局限于林木碳汇，能够进入市场交易的主体也仅局限于大型林业企业，对于其他营林生产者尤其是一家一户的林农来说，要想确认其能够进入市场交易的森林资源的碳汇产权，现实中几乎是不可能实现的。

(2)森林生态效益产权交易成本极高

营林生产所产生的森林生态效益能够使社会大众受益，譬如，净化的空气、清洁的水源、湿润的环境和肥沃的土壤等。但是，社会不同群体的受益程度又会有很大的不同，如果要与各类社会群体谈判，并向他们收取与其消费程度相对等的生态效益费用，交易费用之高显然是无法估计得了的。

鉴于以上两方面情形的复杂性，目前要想通过产权途径来解决营林生产中的外部性效应问题显然是不切实际的臆想。

6.3.2 营林生产外部效应内部化的政府干预

前述分析阐明，在目前的社会制度环境下要借助产权界定途径来解决营林生产中的外部性效应问题会存在非常大的困难。森林生态产品产权界定存在的困难，会导致营林生产外部性效应内部化的市场机制失灵。而外部性效应内部化的市场失灵，说明了通过政府干预来解决营林生产外部性效应内部化问题的必要性。一方面，作为管理社会群体的权力机构，政府具有对社会经济事务实施干预措施的特定权力；另一方面，在当今社会环境问题日趋恶化的现实条件下，政府更有组织林业生产建设以改善和解决社会生态问题的责任。具体来说：

首先，在林地承包经营关系明确的情况下，森林资源产权关系也应该十分明确，当林农的营林生产行为所产生的森林生态效益被第三者无偿享受时，无疑就表明了农户森林资源产权的流失与受到侵害。科斯的“自愿协议论”认为，在具有外部性的情况下，利益相关者的相互协商与利益补偿能够有助于资源的优化配置。但科斯的“自愿协议论”并不适合当前我国集体林区“确权到户”制度安排下的林业生产情形。对于一家一户的个体林业生产经营者来说，解决营林生产外部经济性问题的最大障碍，就是分散的个体营林生产者要面对的是众多的森林生态效益受益者，而为数众多的森林生态效益受益者根本不会参与任何外部经济效果提供者所举行的“受益付酬”谈判，也就是说理论上的“交易谈判”成本会变得高不可攀，现实中根本无法实行。为推动林业生产发展、维护社会公众福利以及基于改善生态环境的需要，政府就有责任和义务出面来对营林生产者的外部经济性行为的产权流失与受到损害问题实施必要的政策干预。

其次，营林生产得到的森林资源产品总体上来说属于环境资源，而环境资源是一种社会的共享资源。社会的共享资源就是一种典型的社会公共产品。对于公共产品来说，任何社会群体及个体都不享有事先明确规定好了的独占使用权，这就需要政府出面来对社会公共产品(比如森林生态效益)的提供者提出的各项要求的相对合理性作出评判并进行产权界定，同时，作为产权界定主体的国家也可以保留住一些特定的产权。就林业生产的共享森林资源的提供者——营林生产者来说，由于森林资源共享性的普遍存在与社会供求矛盾的日益尖锐，政府完全有必要给予营林生产者相应的产权补偿，以鼓励和推动生产要素在营林生产过程中的资源优化配置。

一般情形下，政府干预外部性经济问题的制度措施主要有三(洪流，2005)：一是从政府财政预算中直接安排补偿支出，比如，政府安排的森林生态效益补偿的财政转移支付；二是采取行政事业收费形式向外部性经济问题的受益者收费；三是开征补偿性税收，比如，对森林资源产品利用者开征森林资源产品利用补偿税和生态服务消费税。就以上三种措施而言，第一种由政府财政预算对营林生产者直接安排森林生态效益补偿费的方式比较规范，而且操作方便，但问题是往往由于领导者的重视程度不够而使之难以得到落实；第二种采用行政事业收费的方式，有悖于当前我国财税体制改革的政策取向，而且征收难度大，成本高；第三种采用税收调控手段来对森林资源利用、生态服务消费进行收税的方式，其实质就是要让从森林资源利用或受益于生态环境改善的生产(消费)单位和个人向国家支付环境消费成本。事实上，对森林资源利用者开展征税、收费的措施，符合市场经济规律的客观要求，本质上也反映了由社会公众共同承担生态建设的社会成本或享受者付费的社会道义。只要措施得当，应该能够得到社会大众的普遍支持。

6.3.3 政府对营林生产外部性的干预政策及其对农户的影响

目前，我国政府选择了森林生态效益补偿这一政策作为对营林生产外部性的干预措施，但补偿的对象仅限于公益林，且各方面都反映补偿的标准太低。理论上说，森林生态效益补偿标准应该等价于凝结在森林资源产品中的生态服务功能价值，即等价于森林资源所能发挥的生态效益。然而，就目前人们的认识水平来说，要对森林生态效益价值功能进行具体的界定和计量还存在很大的难度。正如庇古自己所承认的(陈钦和刘伟平，2000)："要确定一个合理的补助金或课税标准实际上非常困难。举例来说……又怎样来计算植树造林对气候可能造成的间接利益呢?""庇古税"的局限之处就表现在以下两个方面：一是政府很难准确界定外部性问题的边际外部收益；二是即使政府能够准确界定边际外部收益，也很难避免不会发生政府干预失灵。例如，就开征森林生态效益税来说，政府就很难保证做到能使那些享受森林生态服务较多的主体支付更多的费用和承担更多的责任，而那些较少享受森林生态服务的人却可能比别人支付了更多的费用和承担了更多的责任，原因在于要计算社会每一个人的生态服务实际需要量或受益量并按此征税或收费，是很难能够做到的(高建中，2005)。如果政府不能对享受森林生态服务的主体进行有效的征税，那么，政府又哪里有足额的财政收入来对林业生产者进行恰当的森林生态效益补偿呢?

当前，政府只对生态公益林经营者提供少额(各地区标准不一)的生态效益补偿，因此，这一政策对于林农的激励效应极为有限。表现在：

(1)在林地自然条件较好的情况下，由于政府对公益林管理相对严格而生态补偿标准太低，林农一般不愿意经营公益林而愿意选择经营商品林。即使林地已经被划为公益林，农户也有要将公益林改划为商品林的意愿与要求；如果不能改划为商品林，则农户就可能发生改变林地用途(如林地农用化)甚或盗伐林地林木的行为，从而给林地承包经营履责带来不确定性风险。

(2)只有在林地自然条件较差的情况下，农户才有意愿将林地划为公益林管护，以获取定额的生态公益林补偿。尽管公益林补偿标准较低，但也是一笔较为稳定的收入来源。

(3)当经营公益林农户与周围经营商品林农户收入相差不大的情况下，农户对于经营商品林或公益林的选择意愿就可能会更倾向于接受政府的规划安排。

(4)对于经营纯商品林的农户，当前的公益林补偿政策基本上不会对其生产行为产生任何激励影响。

6.4 以家庭为单位的小规模林业生产面临的困境及破解

当前集体林区“一家一户”农户家庭的林业生产依然面临着经营规模小且分散、生产经营周期长、交易成本高、抵御风险能力弱、林农高龄化特征明显、科技水平低和经营效率差等的一系列问题，进而给集体林区的林业发展和农户家庭的林地承包经营履责带来了诸多困难。

6.4.1 当前农户家庭小规模林业生产所面临的现实问题

6.4.1.1 生产规模过小、细碎化程度高，难以达成适度规模经济

市场经济条件下，社会经济发展的本质要求是在劳动分工基础上的社会化大生产。林业的社会化大生产发展取向是林农走适度规模经营的道路。在当前我国集体林业“三权分置”改革背景下，集体林区林业适度规模经营的实现就有赖于以下两个途径(林伊宸，2018)：一是农户家庭内部林业生产经营规模的扩大；二是农户家庭外部林业生产经营规模的扩大。

从当前我国广大集体林区的现实情况来看，农户家庭普遍实行的是小规模的林业生产经营。这主要缘于农户的林业生产规模首先要受到家庭可承包林地规模的限制，其次还要受到家庭劳动力和生产资金等因素的制约。从调查数据来看，在我国绝大多数地区一家一户的林农所能承包的集体山林面积普遍有限，且细碎化程度高。有资料显示，中国 2 亿多农户承包经营着 1.26 亿公顷的集体林地，平均每户经营管护山林面积大约在 0.5 公顷，平均每户经营林地块数达 4~5 块，农户林地生产经营规模之少、细碎化程度之高由此可见一斑(朱文清和张莉琴，2019)。与此同时，农户家庭劳动力外出务工人数逐年增多，留守劳动力老龄化特征明显；农户家庭积累有限，他们很难拥有足够的资金扩大林业生产规模。况且，现有研究表明，生产要素资源配置的趋利性，决定了比较利益偏低的林业生产很难获得内部规模经济优势，农户普遍缺乏足够的动力来实现家庭林业生产内部投资规模的扩大。

在现阶段一家一户的小农林业生产条件下，也很难获得农户家庭的外部规模经济优势。按照规模经济理论，外部规模经济属于一种“企业规模经济”，即生产同样产品的若干生产单位进行横向联合或者处于生产工艺过程中不同环节的若

干生产单位进行纵向联合而形成经营规模的扩张。这种性质的规模扩张，同样能够产生比农户家庭分散经营更高的效益和市场支配力量(孙亚范，2006)。但就我国集体林区当前的林业生产而言，一方面，由于农户家庭林业生产原子化倾向的存在，目前已经很难做到让农户自觉地联合起来进行统一的决策；另一方面，一家一户的小农林业生产很难保证能够做到与产前、产中、产后服务部门保持一致，这就意味着农户在林业生产资料采购、林产品加工及流通等环节中已经一定程度地丧失了实现外部规模经济的条件。

由于一家一户的农户家庭林业生产生产规模过小、细碎化程度高，难以达成适度规模经济，故此，农户家庭林业生产投资的积极性受到了制约。农户家庭由于对林业生产普遍投资不足，就会产生林地承包经营履责的系列问题。

6.4.1.2　一家一户的林业生产组织形式导致农户的市场交易成本过高

当前，随着农户家庭林业生产市场化程度的不断提高和农户参与市场交易的深度和广度的不断扩大，一家一户的生产组织形式的市场交易费用过高的问题已经凸显出来。主要表现在以下方面。

首先，信息的不对称导致了农户的市场交易成本不断提高。“信息不对称”是指在市场交易过程中“某些参与人拥有另一些参与人不拥有的信息”(张维迎，1996)。在林业生产经营过程中，农户在市场信息方面的劣势是显而易见的，主要反映在两个环节：一是生产资料的购买，二是林产品的销售。在生产资料购买环节，林农和生产资料供应厂商之间存在信息不对称。林农想要获得种苗、农药、化肥等生产资料的品质和价格信息，就要不断地付出信息搜寻成本，如向专业机构咨询、向供应商询价、向其他农户了解情况以及对不同品牌产品进行比较等。在产品销售环节，农户要为寻找更友善的交易对象而付出相应成本。在一个相对“公平”的可接受的价格点上卖出所有产品以提高销售收入是林农生产经营追求的目标(李显，2006)。由此可见，在林业生产经营过程中，无论是生产环节还是销售环节，林农每家每户都需要付出高昂的交易成本，才能获得更为广泛的信息，以减少因信息不对称而导致的利益损失。

其次，农户家庭单个面对市场，独立地在众多的市场交易中承担费用。约翰·罗杰斯·康芒斯(1862—1945)在其《制度经济学》著作中认为，“交易”是与经济学中的“生产”概念相对应的，它们分别反映了人与人之间的关系和人与自然的关系。社会是无数人组成的集合，在营林生产过程中，一家一户的林地承包经营者农户，必须单独面对市场并与市场上的各种不同经济主体发生这样或那样的交易行为，并承受着不断增加的交易费用。他们不仅要向产前服务部门购买生产资料，诸如种苗、化肥、农药等，还要向产中服务部门办理森林保险和受灾赔付等相关业务，向产后营销服务部门咨询市场信息、办理采伐指标并寻求买家收购产品等。在这些频繁发生的交易过程中，独个农户家庭都要独立地面对交易双方可能发生的摩擦，解决这些摩擦都需要付出相应的交易费用(孙亚范，2006)。由于集体林区农户家庭众多，林农的整体交易费用支出显然会非常庞大。故此，有学者认为，“在市场经济条件下，对农户家庭经营来说，生产成本与生产效率问题虽然重要，但当前迫切需要解决的关键问题是如何降低交易成本和提高流通效率，以有效解决农户小规模家庭经营与大市场之间的矛盾问题。”(庄天慧和骆希，2019)

由于一家一户的林业生产组织形式导致了农户的市场交易成本过高，从而在整体上提高了农户家庭的林业生产成本，让本已捉襟见肘的农户家庭面临更多的经营困难，使农户家庭的林地承包经营履责变得更加力不从心，进而产生出了一系列问题。

6.4.1.3 劳动力“量少质低”，生产投资有限，营林生产能力弱

前述调查数据表明，当前在广大集体林区青壮年劳动力极其短缺，留守在家务农务林的劳动力基本上都属于老弱病残，农村的空心化现象十分明显，对于农户家庭的林地承包经营生产来说，劳动力的“量少质低”已经成为常态。造成这种现象的缘由主要有以下三个方面。

一是青壮年劳动力外出城镇打工或经商，已经成为广大农村劳动力的普遍追求。新古典经济学理论认为，地区之间产业发展的不平衡，会带来地区之间的劳动力工资差异，引导劳动力从低工资收入地区向高工资收入地区转移，进而造成地区间发展差距的进一步扩大。多年来，在我国城镇化的发展过程中，由于在城镇打工收入远远高于在农村务农务林的劳动报酬，越来越多的农村劳动力倾向于向城镇转移就业，在创造城市“经济繁荣”的同时，农村产业则呈现出相对“凋敝”，造成了城乡“二元结构”差距的越来越大。

二是农户分化程度越来越高。随着青壮年劳动力转移就业的不断增多，农户家庭收入差距越来越大，产业分化越来越明显，进而使农户家庭分化程度越来越高。新劳动力流动经济学认为，农村劳动力在决定向城镇迁移就业时，不只是为了个人考虑，而且还会考虑到家庭的其他因素(Stark 等，1978)，例如，子女上学和病人就医。调查中发现，目前农村中小学学校越来越“衰败”。这种“衰败”，不是学校校舍的衰败，而是由于学生人数的大幅减少而带来的学校数量和在校学生人气的“衰败”。农村分化出来的高收入农户家庭将孩子送到城镇学校上学。为了照顾在城镇上学的子女，农户就自然而然地举家迁移进了城镇，在城镇就业、在城镇购房置产，进而由农户变成了城镇居民。在由农户逐步转变成城镇居民的过程中，农户家庭原有的承包土地(包括耕地和林地)，便逐步成为“有主的”但无人经营和管理的抛荒“闲置”之地。

三是受过高等教育的年轻一代普遍背离农村。随着我国高等教育的发展，农村中有越来越多的孩子能够获得接受高等教育的机会，这本身应该是一件好事。但是，在缺乏有效激励的情况下，接受过高等教育的农村小孩很难让他们再回到农村去做一个新型的有知识的“农民”，由此导致了农村劳动力数量的进一步减少和青年劳动力的缺失。与此同时，那些没有机会接受高等教育的农村青年，不是去城镇打工就是在家游手好闲，几乎很难让他们能够潜下心来在农村做一个地道的“庄稼人”，一心一意地来从事农林业生产经营。这样便使得农村从事农林业生产经营的劳动力素质(无论是技能上还是体力上)不断下降。

与此同时，林地可采资源的逐渐减少和林业投资效率的逐渐降低，投资趋利性的存在加之农户家庭本身资金不足，使得农户家庭林业生产投资积极性越来越低、投资量越来越少。林业生产成为大多数农户家庭无关痛痒的择业取向。

农户为了家庭收入的最大化，自觉或不自觉地将家庭劳动力和生产资金从农村转移到城镇，在提升家庭收入的同时带来了农村产业的“衰败”，进而给农户家庭的林地承包经营履责带来了严重问题。

6.4.2　农户家庭林业生产经营困境破解的路径选择

前述分析已经阐明，当前农户家庭林业生产面临的困境问题都会严重影响到农户家庭林地承包经营履责的主观意愿，并对现实的营林生产履责产生消极影响。因此，只有突破农户家庭的小规模生产方式的束缚，对农户家庭的林业生产组织形式进行改造，进而实现多主体、高协作、规模化、社会化的林业生产经营，才能从根本上解决农户家庭林地承包经营履责不力的问题。

当前，集体林区的一家一户的林业生产改造，应该在借鉴世界林业发达国家先进经验的基础上，结合我国的国情和林情，走出一条具有中国特色的林业社会化发展道路。

6.4.2.1　法国私有林合作经营组织形式的借鉴

法国是世界林业发展先进国家之一，法国林业发展的主要经验就是得益于对个体私有林主的林业合作组织改造。

法国位于欧洲西部，国土面积约55万平方千米，全国森林总面积1689万公顷，占国土面积的31%。森林属性分为公有林和私有林两部分，其中，私有林1250万公顷，占全部森林面积的74%；公有林面积439万公顷，占26%。公有林主要由国家森林局负责管理，在大区和省设立分支机构。私有林除林主个人经营外，主要采取以下四种合作经营方式(张良和孙友，2017)：

(1)家庭合作经营。法国共有私营林主350多万个，75%的私有林主拥有的森林面积在1公顷以下，其林地林木多为继承而来。大部分私有林主属于经济上较为富足的人，不以经营森林为主业。出于对祖先遗产珍惜的心理，私有林主一般不对外流转其拥有的林地，面积较大的则会专门委托家族中的某一成员进行经营。大多数私营林主经营林业的主要用途为娱乐、游憩和狩猎。

(2)专业协会经营。根据 1901 年颁发的《非营利社团管理法》规定，法国私有林主成立了诸如私有林主协会、私有林联合会、木材贸易协会等多种多样的协会组织。其中，一类属非营利性组织，例如私有林联合会、私有林主协会，其基本功能是为会员提供管理、技术及销售服务，发挥政府部门与私营林主之间的沟通桥梁作用，同时提供森林认证、编制森林经营方案、对外谈判等服务；另一类是营利性的协会，如木材贸易协会，它作为中间商存在，从会员处收购林产品后对外出售，其运转的经费也主要来源于会员会费(一般按会员的年营业额收取)。

(3)合作社经营。法国政府将合作社定位为政策扶持和行业管理的重要载体。林业合作社一般都为营利性机构，是一种林业经营实体，其业务范围主要包括四类：森林经营与生产、林业技术咨询、林木采伐与销售、林产品加工。林业合作社成立的要件有三：一是遵守国家法律，符合生态保护原则，以促进经济可持续发展为目标；二是管理透明，入社的私营林场主都为股东，民主选举董事会，由董事会雇用职业经理人进行经营管理，合作社的财务状况、主要经营措施要定期向全体社员公开，并随时接受社员的查询；三是风险共担，利益共享。

(4)林业事务所经营。在法国，林业事务所是作为一种对森林进行可持续经营的专业性服务组织而存在，一般由几名拥有森林经营师资格证书的合伙人向工商部门申请成立。其主要业务是为私有林主提供法律、技术咨询与服务，包括林木种苗培育、营造林、森林资源评估、采伐、林道建设、木材和其他林产品销售等。同时，金融机构、保险公司一般也将其拥有的林地交给林业事务所经营管理。事务所接到林主委托后，再通过招标的方式将技术含量较低、特别具体的营林生产活动转交给专业公司承担。此外，林业事务所一般还编辑有一些专业性杂志，刊登全国各大区各省林区可采林分的情况，供木材采购商查询和投标报价。

6.4.2.2 芬兰私有林合作经营组织形式的借鉴

私有林在芬兰林业发展中具有十分重要的地位，芬兰私有林的成功在很大程度上得益于其成熟的林业合作组织。

芬兰位于欧洲北部，国土面积 33.8 万平方千米，森林总面积 2300 万公顷，占国土面积的 68%。芬兰有国有林、私有林和公有林三种森林所有制形式，其中，私有林包括家庭私有林和公司私有林，占森林总面积的 60%。芬兰人口约 460 万人，其中，1/5(约 92 万人)是私有林主。拥有 1 公顷以上森林的林主约 44 万人(占 47.83%)，1 公顷以下森林的林主约 48 万人(占 52.17%)，可见芬兰私有林主众多，规模有限。这种小规模的林业生产曾经使得芬兰的林业生产成本相对较高，经济效益受到影响。为改善这种情况，芬兰政府致力于林业合作组织建设，大力发展合作经济。20 世纪 50 年代，芬兰全国出现多个林业合作组织，业务范围包括林业生产的各个环节，涵盖私有林主的各方面需求。为统一规范林业合作组织的运行，保证私有林主的利益，芬兰在 1950 年颁布了《森林经营协会法》。1999 年，又对 1950 年通过的《森林经营协会法》进行了修订，明确提出了森林经营协会的主要任务，即森林经营协会是私有林主的机构，其目的是提高私有林主经营森林的收益，帮助私有林主实现经营目标，促进森林的经济、社会和生态效益的可持续发展。多年以来，为推动私有林发展，芬兰逐步建立起完整的林业合作组织管理模式和运营机制，从中央到地方，建立起合作组织职责分工明确的国家、区域和地方三级组织机构，业务范围划分清楚，覆盖政策决策、协调发展和基层服务三个方面。

首先，在国家层面，设立农业生产者和森林所有者联盟，联盟内设有林业理事会。理事会是全国私有林主合作组织的中央领导机构，主要职责是维护私有林主的权益，影响国家、区域和国际林业政策走向。其次，在区域层面，设有 10 个区域森林所有者联盟。其作用是搭起中央林业理事会与地方森林经营协会之间的桥梁，具体职能是协调和指导地方森林经营协会的活动以及鼓励私有林发展和保护私有林主权益。最后，在地方层面，有 150 个森林经营协会，设有 300 个办事处，协会会员超过 63 万人，协会为会员提供与森林相关的各种服务。

在芬兰，农业生产者和森林所有者的“联盟理事会”是国家层面的决策机构，他们制定区域私有林主联盟和基层森林经营协会的运行规则并向其提供木材市场的价格信息，以此影响国家林业政策。区域森林所有者联盟负责对本区域内的私有林发展与基层森林经营协会的运行提供帮助和指导。基层森林经营协会为私有林主提供相关森林经营、木材销售的服务，并开展造林和森林抚育技术培训。森林经营协会根据《森林经营协会法》向加入协会的私有林主收取会费，私有林主缴纳会费即自动成为协会会员。地方林业主管部门根据《森林经营协会法》监督森林经营协会运行与管理情况。

芬兰林业合作组织建设具有以下特点(鲁德等，2012；宋鄂平等，2006)：

(1)有法可依，定位明确。20 世纪 40~50 年代，芬兰国内出现了多个林业合作组织，业务范围涵盖林业生产各个环节。为规范林业合作组织的运行，保障私有林主的利益，芬兰于 1950 年和 1999 年先后颁布并修改了《森林经营协会法》。该法案明确提出森林经营协会是私有林主的合作组织机构，其目的是帮助私有林主实现经营目标，提高私有林主森林经营收益，促进私有林经济、社会和生态效益的可持续发展。

(2)建立分工明确的服务体系。从中央到地方，各级组织业务范围划分清楚，覆盖政策引导、协调发展和基层服务，职责分工明确。林业合作组织的服务内容考虑到了私有林主的各方面需求，涵盖林业生产各个环节，形成完整的服务体系。

(3)民主决策，共同管理。森林经营协会由经选举产生的理事会管理。在自愿基础上，理事会的选举对所有会员开放，每个会员具有同等的选举、被选举的权力。选举产生的森林经营协会成为私有林主自己的组织，在机构管理中实行民主决策，共同管理。

(4)建立专业化服务队伍。森林经营协会聘用专业的技术人员为私有林主提供政策咨询、技术支持和生产服务；同时，面向私有林主开展业务代理服务，满足私有林主在林业专业知识、生产技能、市场信息方面的实际需要。在服务国家总体林业政策的基础上，保障私有林主收益最大化，同时促进森林的可持续经营。

芬兰的实践表明，建立合作经济组织，把分散的农户力量集中起来进行规模经营，对于优化资源配置，推动林业发展具有重要意义。

6.4.2.3 我国农户家庭“小规模”林业生产方式的改造

前述法国和芬兰私有林合作化发展经验表明：通过改变经营模式和发展农民林业专业合作组织，在合作组织内增强农户在林业生产过程中的分工协作和技能培训，在合作组织外建立起合作组织同市场紧密连接的各种渠道，从而完全可以逐步摆脱小农经济和小农生产的束缚，进而提高合作组织内农户家庭林业生产的整体效益，农户家庭的林业生产积极性自然而然地就会被调动起来。

在当前我国集体林区一家一户的小规模林业生产面临诸多困境的情形下，借鉴世界林业发达国家的私有林林业合作组织建设的发展经验，尝试变革生产组织模式，培育和发展新型林业经营主体，以此推动林业生产向合作化、规模化、专业化方向发展，对于提升农户的林地承包经营履责水平具有重要意义。

实际上，我国党和政府早就注意到了一家一户的“小规模生产”给农村经济带来的制约影响。因此，一直以来都在不断地进行着农村的深化改革。

粮食安全是国家的命脉，农业在国民经济中具有举足轻重的影响，因此，农村的土地改革往往要从农业开始。过去的家庭联产承包责任制改革就是这样首先从农业领域开始，然后逐步向林业生产领域推广的。

2013 年以来，中央农村工作部在全国 30 多个地区陆续开展了农户耕地承包权有偿退出试点，2015 年党中央正式在农村工作文件中提出了关于土地承包权有偿退出改革的相关政策。经过多年来实践，试验区在农户耕地承包权退出方面探索出了“土地换资金、土地换社保、土地换房产、地权换股权、土地换户籍、土地换就业”等实践模式。但是，由于各地经济和社会发展状况不同，目前还没有探索出一种能在全国范围内得以普遍推广的实践模式。

2014 年“中央一号文件”正式提出了农村土地实行“三权分置”改革构想，2015 年和 2016 年两个“中央一号文件”都明确要求在全国范围内推动农村土地的“三权分置”改革。2015 年 11 月，中共中央办公厅、国务院办公厅印发《深化农村改革综合性实施方案》，对农村土地“三权分置”改革的具体内涵、经营权流转和适度规模经营原则、进城农民财产权利保障等作出系统规定(刘守英，2022)。中央文件要求在坚持“三权分置”改革基本方向的同时，“推进土地经营权有序流转，鼓励和引导农户自愿互换承包地块实现连片耕种，鼓励和引导建立新型农业经营主体。”

2017 年以来，中央农村工作部又在全国 27 省(自治区)推行了“小田变大田”的改造试验，并取得了很好的效果。2023 年“中央一号文件”就明确指出：“要引导土地经营权有序流转，发展农业适度规模经营。总结地方‘小田并大田’等经验，探索在农民自愿前提下，结合农田建设、土地整治逐步解决农户家庭土地细碎化问题。”随后，中央农村工作部部署了执行 2023 年“中央一号文件”精神的具体工作措施。这个具体的工作措施就是要做好“统一农村土地整合与规划、统一乡村基础设施建设、统一筹划乡村产业发展和统一乡村环境整治和保护”的“四个统一”工作。这“四个统一”，涉及农村工作的方方面面，其中的第一个统一工作的要义，就是要“推动各地的土地资源进行整合、合理规划土地用途，以实现土地资源的最优配置，提高农业生产的效率和质量。”显然，这一政策措施的主要目标，就是要着力改变当前“一家一户”的农业生产经营方式，推动农村土地资源的整合与优化配置。

林业传统上从属于农业，林业的改革一直跟随着农业。因此，对于集体林区的林地资源整合和优化配置，也必然会在不久的将来逐步试行。我们期望这一改革政策能够很好地改变当前集体林区的林业生产状况，为农户家庭的林地承包经营履责治理带来一个明媚的春天。

第7章 农户林地承包经营履责治理机制的创新研究

前面已经对于当前三权分置改革背景下农户林地承包经营履责的现状、问题及根源、治理的制度选择与优化进行了深入分析与探讨。接下来，逻辑上应该分析和研究如何创新与“三权分置”改革相适应的农户林地承包经营履责治理机制，使之既能满足对广大农户家庭林地承包经营履责治理的需要，又能满足对林地经营权流转后发展起来的各类新型林业经营主体的林地经营履责治理的需要。

7.1 农户林地承包经营履责治理机制创新的理论基础

7.1.1 农户林地承包经营履责治理机制的含义、功能与结构

7.1.1.1 农户林地承包经营履责治理机制的含义

“机制”一词英文为“Mechanism”，原意是指机器、机械的构造及其运行的原理。后来“机制”一词被移植于生物学、生理学和医学中，泛指有机生命体的构造、功能及运动原理。现在“机制”一词已被广泛运用于自然科学与社会科学，泛指某一复杂系统的内部构造、内在规律及其运行原理。

农户林地承包经营履责治理机制，或者说“农户林地承包经营履责治理体系”，它是指为适应对农户及其他林业生产经营主体林地经营履责的激励和约束、失责风险的防范和处置而设立的一系列制度所具有的内部结构、相互制约关系与运行原则。简单地说，就是管理部门为激励和约束林地承包经营者营林履责所设立的一系列制度化管理措施(方式与方法)的总和。

林地承包经营履责治理机制的含义具体包括以下三个方面：第一，林地承包经营履责治理机制是协调林地承包经营行为的各种内在因素及其相互关系的总称；第二，林地承包经营履责治理机制功能的发挥依赖于其中相互联系的构成要素之间的相互作用；第三，整个林地承包经营履责治理机制是有规律地按照一定方式运行并发挥整体功能的管理传导系统。这一机制存在于林地承包经营活动的各环节，实际上就是经济规律在林地承包经营过程中起调控作用的实现形式。值

得注意的是，林地承包经营的整体运行有其客观的运行规律，各环节、各要素在相互联系构成统一整体的前提下，又有其各自特定的运行机制，如激励机制、约束机制、风险预警机制等。

实质上，“林地承包经营履责”本身就是一种机制，它是把林地承包经营者在林地承包经营过程中对稀缺的林业生产要素资源依法进行合理有效配置的一种责任机制。从这个意义上说，林地承包经营履责治理机制要解决的就是：如何自觉地按照法律法规、政策的规定把林地资源与劳动力、生产工具、生产技术及资金等生产要素进行有效配置，从而生产出满足人类社会需求的林产品和服务，包括“生产要素配置形式”“配置多少”“如何配置”等相互联系的这一系列问题。解决这些问题，需要根据外部客观需要与家庭内部主观能力来决定。农户家庭本身的林业生产要素资源往往是有限的，但外部对于生产要素资源配置的需求是无限的，农户对于财富追求的欲望也是无止境的。林地承包经营履责治理机制就是要能够激励和约束林地承包经营者自觉地按照国家法律和林地承包经营合同的要求，以林业生产经营为中心，有效地将林地资源与劳动力、资金等生产要素进行组合，用以开展林业生产，包括林业生产要素的配置形式(即林地资源与劳动力、资金等的组合形式)——配置多少(林业生产的投资规模)——如何配置(如何配置到林业生产的各环节)，这是一个相互联系和相互作用的农户家庭林业生产的决策与行为过程，覆盖从造林、抚育管护到林木采伐的整个循环过程，构成了整个林业生产经营过程的基本框架。因此，林地承包经营履责治理机制也可以被界定为在一定的法律法规和经济合同约束下的林业生产要素资源配置的具体运作形式以及组织、管理和调节生产要素资源配置过程的制度、方式方法的总称。

7.1.1.2　农户林地承包经营履责治理机制的功能作用

林地承包经营履责治理机制的功能作用主要反映在以下三个方面。

(1)驱动功能。林地承包经营履责治理机制的驱动功能反映在它是如何诱导和激发林地承包经营主体积极开展林业生产经营活动，从而保障林业生产规模和效用都能得到扩大的一种动力功能。换句话说，就是如何保证林地承包经营主体的营林生产积极性的问题，这需要依赖于机制的驱动功能来解决。林地承包经营履责治理机制必须具有一种能够促使林地承包经营者从事林业生产活动的内在驱动力，即一种追求林业生产收益最大化的行为，并在该行为过程中尽量选择对森林资源损耗最小的方式。

(2)制约功能。林地承包经营履责治理机制的制约功能反映在它是如何抑制和约束林地承包经营主体在对林业生产要素的配置过程中自觉地依法开展林业生产经营活动，保障其在林业生产经营过程中能够自觉地减少对森林资源的破坏和浪费，并使之尽可能达到一种最符合社会效用最大化目标的状态。实践中表现为，林地承包经营履责治理机制会能动地给林地承包经营主体发出“指令”，指示它去自觉地开展林业生产活动，将林地与资金、劳动力和技术等生产要素组合起来，按照相关法律规定开展生产。

(3)失责防范与处置功能。由于人们趋利性的存在，林地的承包经营总是会存在这样或那样的失责风险，林地承包经营履责治理机制的失责防范与处置功能反映在：当出现林地承包经营失责风险时，“系统”能够自动采取某种防范措施进行风险预控，化解失责风险的发生；当出现林地承包经营失责事实时，“系统”能够自动采取某种处置措施对失责肇事者进行警告和处罚，并将林地经营失责损失降至最低程度。林地承包经营履责治理机制的失责防范与处置功能在“三权分置”改革背景下的林地承包经营过程中是不可或缺的，它能保障林地承包经营的稳定运行和持续发展。

7.1.1.3 农户林地承包经营履责治理机制创新的结构类型

林地承包经营履责治理机制的运行主要有三种方式：一是市场方式，即通过提升市场上的森林资源产品价格来刺激农户扩大林业生产和提升林地承包经营履责的自觉性(市场机制)；二是行政方式，即由政府出台并发布一系列“政策”制度激励林农扩大林业生产并抑制林农恶意违背林地承包经营责任与义务的行为(行政机制)；三是综合配置方式，即把市场方式、行政方式结合起来的“混合治理机制”。如此组合，可创新的林地承包经营履责治理机制就可以分为以下四种基本的结构类型。

(1)激励机制。激励机制是指通过满足林地承包经营者的利益最大化要求，并提高这种满足度来引导和刺激其积极开展林业生产的行为的一种机制。通常是通过政府制定一些发展规划或政策，促使林地承包经营者在追求自身利益的同时跟进社会(国家或政府)的发展目标，促进个体目标与社会目标一致。就林地承包经营激励机制创新的目标来说，就是要创新这样一个制度环境，使之有利于林业资源配置的优化和林地资源利用效率的提高，并促进林业生产边界的不断扩大，也就是林业生产总体规模的不断扩大。

(2)监督与约束机制，即如何对林地承包经营者的生产经营行为进行监督和评价，并建立有效约束的一种机制。这主要是通过一系列法律法规或政策(制度)使林地承包经营者不采取某种不利于发展林业生产的行为。实际上，林业生产的监督与约束机制正好是反向地传导一种来自客观社会的外部力量，规范并约束林地承包经营者不采取某种或某些不利于客观社会的林业资源配置行为。事实上，林地承包经营者在林地经营过程中追求利益最大化的过程总是会受到林业生产要素资源稀缺性的约束，所付出的生产成本以及相伴而生的机会成本又构成了对林地承包经营者某种具体的生产经营行为的约束。只要这种约束条件设置得当，就会减少和防范林地承包经营者在林业生产经营过程中的不履责和严重失责行为。

(3)经营权竞争机制，是指农户或其他新型林业经营主体，通过竞标竞责竞夺林地经营权，进而达到使林地承包经营者互相监督、互相约束、公平竞争、诚信经营的一种机制。

(4)外部接管机制，即当林地承包经营者经营不善，造成林地资源浪费或遭受破坏时，林地资源被其他林业生产经营者收购或被利益相关方(如承包者或集体组织)收回，导致林地经营权和林木资源所有权易手的一种治理机制。

林地承包经营履责治理机制的上述四种分支结构，相互联系、相互制约，在实践中能够产生单向或同向的作用从而实现林地承包经营履责治理机制的三种基本功能。

林地承包经营履责的激励机制是驱动功能作用的结果；监督与约束机制则是伴随制约功能而产生，并受驱动功能约束的自保性条件反射而强化；而外部接管机制必须依赖于驱动功能、失责防范与处置功能的有机联系和相互作用才能实现。林地承包经营主体在作出某项林业生产要素投资或开发利用森林资源的决策时，其原始的动力来自利益机制的驱动，但其决策行为不仅要受到资源稀缺性的限制，而且还要受到来自客观环境及其环境内的其他相关经济主体行为的影响。在这些影响因素中，最为深刻的影响莫过于国家的法律法规和政策。同时，农户林地承包经营必须签订林地承包合同或林地经营权流转合同，因此，合同契约的约束作用也不容忽视。上述的这些影响因素既有正向的激励作用，也有反向的约束作用。这就是激励机制与约束机制作用的外在反映。

激励机制、约束机制和外部接管机制三种机制都共同依赖于经营权竞争机制的效能来传递关于林地资源稀缺性、林业生产要素资源供求状况、林业产权市场环境(包括经济环境和制度环境)与交易状况等方面的信息。总之，林地承包经营者根据利益最大化目标作出林地承包经营投资及开发利用森林资源的决策时，都会受到林业市场环境中的诸如林地资源的价格、森林资源产品供求以及其他林业生产经营者情况和国家法律、法规、政策等信息因素的影响。显然，农户某一项林业生产经营行为的决策都是这些信息因素发生作用的结果。

可见，林地承包经营履责治理机制的三种功能是在四种机制的协同作用下完成的。但在特定情形下，林地承包经营履责治理机制的驱动功能与失责防范处置功能是可以分开的，如林地承包经营者能够在国家相关政策的激励作用下积极地开展林业生产经营，就几乎不会发生林地承包经营的履责问题，失责防范与处置的功能作用自然也就不会发生了。然而，驱动不力问题一旦发生就必然产生失责防范与处置治理功能这样的客观效果。如在林业生产比较收益低下的情况下，林农有可能将土地、劳动力、资金等林业生产要素转移到比较收益较高的农业或其他行业，从而，造成林地承包经营履责不力，甚或严重失责等问题，这时，就必然要启动失责防范与处置功能的相关约束机制、经营权竞争机制或外部接管机制了。鉴于这样的逻辑关系，就可以把林地承包经营履责治理机制的四种形态组合成两组："激励—约束"机制和"经营权竞争—外部接管"机制。

7.1.2 农户林地承包经营履责治理机制创新的理论假设

"三权分置"制度背景下，当前在集体林区直接从事林业生产经营活动的是大量的、分散的农户家庭和正在逐步得以培育和发展起来的新型林业经营主体。这些经济主体都具有各自独立的经济利益，他们从事林业生产经营活动追求的目标是家庭与组织的经济利益最大化。与此同时，国家林业建设的目标则是包括经济目标、生态目标和社会目标在内的一个综合性的目标束，而且随着社会的不断进步与发展生态目标已经上升为国家林业发展战略的主导目标。林业生产经营者个体目标与国家目标时常会存在矛盾与冲突。"三权分置"下林地承包经营履责治理机制的构建与创新就是要选择确立一套新的制度体系、通过这样的制度安排化解个体目标与社会目标之间的矛盾，促使林地承包经营主体的个体目标与社会目标能够相融一体，从而在提高林地承包经营履责水平的基础上促进林业生产者个体目标与国家目标的和谐共生与协调发展。这里就存在一个如何使林地承包经营者的个体目标与国家目标相融的协调问题。而协调林地承包经营者的个体目标与国家目标相融的问题，就是要建立一套能够能动地校正林地承包经营者的个体行为目标使之不偏离国家目标的制度机制。而要创新建立能够有效地校正个体行为目标的制度机制，就必须弄清林地承包经营者的个体行为特征与林业生产资源环境的自然属性，这是林地承包经营履责治理机制构建与运行的现实基础。

7.1.2.1 林地承包经营者的个体行为特征假设——"经济人"理性

经济学在研究个体行为特性时，最基本的假设就是"经济人"理性。"经济人"理性假设的基本内容包括：①追求个体利益或效用的最大化。人们都具有最大限度地追求自身利益或效用的欲望，并在这种欲望的驱使下实施相适应的经济行为。②需求的多样性。人们总是在其经济活动中愿意选择优化出最能满足其需求的特定偏好及效用最大化的需求组合。③理性的有限性。人们的经济活动过程往往会受到譬如时间、空间及资源约束条件等诸多因素的限制，人们的经济活动结果(经济收益)计算能力往往会受到个体的有限信息和市场的不确定性因素的制约影响。④机会主义的行为倾向。由于人们的经济活动往往会受到有限信息和不确定性因素的限制，这些限制就会常常诱使人们在谋求自身利益最大化的过程中发生机会主义的行为倾向，比如，借助谋略甚至不择手段。

以上个体行为特性警示我们："三权分置"下的林地承包经营履责治理机制的构建，必须要以"经济人"理性的行为假设为前提，在尊重和满足林地承包经营主体对自身利益追求的基础上，创新建立人性化的政策制度体系，注重"利益"诱导，并借助富含"利益"信息的政策制度去激励那些符合国家与社会目标的营林生产履责行为，同时约束那些不符合国家与社会目标的浪费或滥用森林资源的违规行为(即失责行为)，特别是对于那些破坏森林资源的行为(即严重失责行为)必须予以法律的强制约束。

7.1.2.2　林业生产要素资源的属性假设——资源配置的不确定性

"个体行为特性"的理论假设从普遍的意义上阐释了人类经济活动的内驱动力问题。但除了内驱动力外，人类的经济活动还必然涉及资源配置问题——这是人类经济活动的基本内容。在农户的林地承包经营活动中，林业生产要素资源的配置涉及林业生产经营者与林业生产要素资源环境的关系，而要把握好这种关系，就有赖于对林业生产要素资源属性的深刻认识。这里所谓的林业生产"要素资源"包括林地林木资源、劳动力资源、资金和生产技术等经济资源。

林业生产要素资源属性主要包括：①资源的稀缺性。在人们的林业生产活动中，无论怎样地开发利用森林资源，所获取的森林资源物质产品和生态产品总是难以满足人类社会需求的增长，尤其在当前生态产品的重要性被提高到空前重要地位的背景下森林资源物质产品的短缺更为明显，这就说明了林业生产要素资源的相对稀缺。②机会成本。在人类社会的经济活动中，生产要素都具有多种可供选择的用途，但当一定数量的某一要素资源用于某一生产性选择时，就必须放弃其他的生产性选择，而所放弃的生产性选择中效用价值最大的收益就是该种生产性选择的机会成本。机会成本的相对存在，会导致不同的选择可能性，进而带来资源配置的复杂性。例如，在林地承包经营过程中，林地用于用材林生产就不能用于经济林生产，用于经济林生产的收益就是林地用于用材林生产的机会成本。③生产要素的专用性。这是指在林地承包经营生产活动中，以一定形式和规模配置好了的生产要素就具有了特定的专门用途，生产要素一旦配置完成就很难使之发生用途转向。所以，在资源配置过程中要特别注意避免生产要素的闲置浪费与低效率利用，比如，林道建设与森林防火设施建设。④适度规模经济。与其他产业一样，农户的林地承包经营也会存在规模经济的约束，也就是说农户家庭的林业生产要素资源配置也存在着规模经济效率，这种规模效率会受到农户家庭林地经营面积和林地细碎化程度的双重影响。构建林地承包经营履责治理机制就是要支持农户家庭林业生产经营适度规模经济的存在与发展，约束农户家庭林业生产的过度细碎化和原子化倾向。⑤风险和不确定性。农户林地承包经营赖以存续的社会经济环境与生产要素资源会受到来自市场和社会的多因素影响，这种影响会导致农户家庭的林业生产经营具有高度的不确定性。要在相对较长的林地承包经营过程中提高其营林履责的积极性，降低和消除这些不确定性就显得特别重要。林地承包经营履责治理机制的创新目标，就是要尽可能快速高效地消除林地承包经营活动中的不确定性状态，以保证林地承包经营者生产要素资源配置的动态有效性。

林地承包经营活动的个体行为特性与林业生产要素资源属性，是林地承包经营履责治理机制内在的运行基础与条件，其相互结合就产生了林地承包经营履责的动力功能、失责防范与处置功能、激励与约束功能等一系列的林地承包经营履责治理机制。以上内容是“三权分置”下林地承包经营履责治理机制构建与创新的理论基础。

7.2 农户林地承包经营履责治理机制创新的基本要素

现实社会中，对于不同类型的治理机制优劣的评价往往是以其运行的有效性来作为评判标准的。林地承包经营履责治理机制运行的有效性可以用一系列的指标来度量，如本著 1.4 中依据国家法律和政策规定所设置的宜林地能够及时造林、造林地能够得到有效管护和及时抚育、森林病虫害能够得到有效防治、森林火灾发生率低、森林资源产品增长的数量与质量以及稳定性、森林资源得到合理开发和利用等一系列指标。但是，这些指标有些是难以量化的，作为问题分析与评价的一种特定逻辑框架，要说明林地承包经营履责治理机制运行的有效性至少应满足以下两个方面的基本要求：一是形成的林业生产要素资源配置格局是否有效，是否能够满足或能在多大程度上满足林地承包经营者追求营林生产收益最大化的个体目标，并同时能够满足国家林业建设追求的社会福利最大化目标；二是这种机制在对农户林地承包经营履责治理过程中的运作成本大小。构建或创新林地承包经营履责治理机制，应是能够最大限度地实现对于农户林地承包经营生产组织形式和资源要素配置效率的优化并能以最低成本运行的林地承包经营履责治理机制。

林地承包经营履责治理机制的有效性，要求既要强化对农户林地承包经营履责行为的激励与约束，又要加强对农户林地承包经营失责行为的防范与处置。这就涉及林地承包经营管理中的信息传递问题与规模经济问题。所谓信息传递，就是要让林地承包经营者的林业生产经营信息在多元林业主体(包括村集体经济组织、林地承包者农户或林地经营者、政府林业管理部门以及林业社会化服务机构)之间进行有效的沟通与传递。所谓规模经济，就是要让林地承包经营者的林业生产经营达到适度的规模，使之能够产生规模经济效益。要达成规模经济需要有制度激励，因此，林地承包经营履责治理机制的构建与创新就涉及两个最基本的要素：信息的有效传递与制度的有效激励。

7.2.1 信息传递与林地承包经营履责治理机制创新

“三权分置”下的林地承包经营履责治理机制的构建之所以涉及信息传递，是因为信息传递问题会产生并影响包括广大农户在内的各林地承包经营主体在林业生产经营活动中的分散化决策，决策就要依赖于信息。这些信息包括国家的法律法规、现时的林业政策、林业生产要素的市场供求情况以及其他林业生产经营主体的“私人信息”等。

从林地承包经营主体的分散化决策来看，林地承包经营履责治理机制的作用就是要让信息在多元林业主体之间进行有效的沟通与传递。如何在林地承包经营履责治理机制构建中使相关信息尽快地在多元林业主体之间进行传递并形成对林地承包经营主体的激励或约束，涉及信息传递的效率与信息传递成本问题，即所确定的林地承包经营履责治理机制是否能诱导多元林业主体自觉地传递出真实的信息，从而使林业系统内的各方面主体都能获得尽可能完美的信息(例如，在广大农户和其他新型林业经营主体、村集体、政府林业管理部门之间的真实信息)，并同时付出尽可能少的信息传递成本。这就对林地承包经营履责治理机制的构建与创新提出了如下功能性的技术要求。

(1)能诱使包括广大农户在内的各林地承包经营主体充分显示其“私人信息”。“三权分置”下的林地承包经营主体都会拥有特定时空条件下各自独有的、其他经营主体无法验证且要付出一定成本才能获得的信息，即“私人信息”。在林地承包经营活动中，有些“私人信息”会引发失责行为和违约选择，从而影响到林地承包经营履责的可持续性和有效性。就林地承包经营履责治理机制创新来说，必须设法让拥有“私人信息”的林地承包经营主体愿意传递出真实信息，从而能够依据其真实信息，一方面有针对性地创新出促进林业生产的“激励”机制，以促进林业生产要素资源在各类林地承包经营主体之间得到合理合法的配置；另一方面，又能有针对性地创新出制约林业生产经营者在林地承包经营过程中的失责失范的“约束”机制。

(2)能进行“事后调节”，即能够对林地承包经营过程中的不履责或违规行为及时进行纠正。“三权分置”条件下，由于林地承包经营主体多元且分散，每一个经营主体所传递出来的信息都是有选择性的“筛选信息”，而且外部信息接受者很难判定其信息的真实性，这就构成了林地承包经营不完全信息的管理运行环境。在这种不完全信息环境下，林业管理部门很难掌握林地承包经营者的真实信息，即所谓的不对称信息。在不对称信息条件下，管理机制就难发挥有效作用。

故此，对不完全信息的林地承包经营管理环境及各承包经营主体的不对称信息状态进行信息订正是很有必要的，最有效的信息订正方法就是能够及时地进行“事后调节”。在“三权分置”条件下，当林地经营权发生变化或经营者的承包经营履责行为不合法(不履责或恶意失责)，林地的所有权人——即集体经济组织和林业管理部门就能对观察到的信息及时作出反应，对不履责或恶意失责的承包经营主体进行警告、收回其林地承包经营权或进行经济处罚等。在这种情形下，集体经济组织和政府林业主管部门的责任就是要对不利于林地承包经营履责的资源配置行为(包括履责信息)及时采取信息订正的措施，传递出准确的政策信息，引导各林地承包经营主体有效地履行林地承包经营的相关责任和义务。

(3)能以经济契约(林地承包合同或林地经营权转让合同)等措施对政策缺陷进行弥补。“三权分置”制度下的林地承包经营，在不完全信息环境中的管理政策措施会出现某些失效甚至会发生反向的作用，这就要求在多元林地承包经营主体之间能够通过某种渠道有效地达成某些契约(如“林地承包合同”或“林地经营权转让合同”)作为辅助手段，来排除国家林业宏观管理政策影响的不确定性。这些契约，就是在集体经济组织与广大农户之间、农户与其他新型林业经营主体之间、林地承包经营主体同其他相关主体(诸如金融、保险等市场主体)之间，为使发生“交易”的双方有效传递各自的私人信息，排除不确定性，防止交易过程意外变化所引起的风险而达成的林地承包、经营权转让、森林资源产权抵押或森林资源保险以及森林资源开发利用等合约关系。这些合约关系可以诱导传递出更多真实的私人信息，从而消除林地承包经营过程中各主体的“机会主义”行为倾向，克服林地承包经营的短期化和不履责行为的发生。

7.2.2 制度激励与林地承包经营履责治理机制创新

林地的“三权分置”改革，虽然会催生一大批新型林业经营主体，但是，在未来一个相对较长的时期内，集体林区的林业生产组织形式依然还是以普遍分散的个体农户为主体，其他新型林业经营主体为中坚的多元并存局面。也就是说，在集体林区的林地承包经营中存在着广泛的分散化决策。通常情况下，在农户分散化决策的林地承包经营系统中，各项信息的发生、传递及其成本对林地承包经营履责治理机制的构建与运行的影响是至为关键的，但制度信息所包含的惠林惠农内容及其能否对改变林地承包经营主体的营林生产行为起到激励作用的问题，对林地承包经营履责治理机制构建与运行的影响更为关键。在林地承包经营履责治理机制构建中激励问题之所以重要，不仅是因为“三权分置”下的多元林地承包经营主体追求个体利益最大化的行为目标与国家追求的权社会福利最大化目标往往很难一致；更为本质的原因在于，现实中的林地承包经营主体——一家一户的农户个体行为目标会受到来自其他个体行为和其自身所掌握的信息量的影响；个体农户决策的优劣与成败，取决于其他相关主体的行为影响与其自身所拥有信息的完美程度。要影响林地承包经营主体的决策行为，或诱使林地承包经营主体真实地传递其“私人信息”，政府林业部门就必须要用相应的利益“回报”去激励。通常情况下，要使林地承包经营主体决策的个体行为目标符合国家林业发展的目标与要求，政府就必须传递出带有强激励效用的政策信息，以激励包括广大农户在内的多元林业社会主体自发地满足国家林业发展的目标要求。换句话说，就是国家或政府在制订林业改革政策措施时必须能够对全社会林业经营主体传递出最能符合国家林业发展战略目标的激励信息。

在“三权分置”条件下，国家要保障林业发展同时满足经济目标、生态目标和社会目标——简单地说，就是要保障集体林地在得到充分利用的基础上促进生态环境不断改善的同时满足国民经济与社会发展对于木材等森林资源产品的需求，可供选择的激励制度措施主要有以下 3 种。

(1)要依法保障各林业主体的产权到位。“三权分置”下的集体林业产权制度的安排是：林地所有权归集体，承包权归农户，经营权可依法合理流转。这一制度安排是在确保林地所有权归集体的基础上，赋予和保障集体组织内部农户对林地的承包经营权和其他新型林业经营主体依法、合理有偿转让取得的林地经营权。但是，目前改革政策中还存在以下缺陷需要完善：

①林地集体所有权的保障问题。“确权到户”改革由于过分强调了农户的产权保障，实际工作中已经造成了集体经济组织对于集体土地所有权管理的虚化——这本质上是对“集体经济组织”的虚化。当前，集体经济组织既无权对农户家庭承包土地的生产行为发挥影响，又缺乏对农户家庭承包土地的“违约”行为进行“纠偏”的权力与措施。在这种状况下，农户家庭的承包经营权就不可避免地会发生“膨胀”。当然，如果“集体经济组织”有被虚化或取消的必要，那么，政府相关部门就应该相继承担起林地所有权主体的责任和义务，以确保林地所有权主体的监管责任不被“掏空”。

②林地流转过程中的经营权保障问题。由于现行的相关法律中没有对土地经营权的内涵、行使程序、实现方式等内容加以明确规范，经营权尚只停留在政策层面，缺乏法律保护依据，因此，尽管党和政府提出“三权分置”已有近十年之久，但对于推动社会资本参与农村土地流转的作用效果并不明显。其主要的原因就在于：一是政策的软约束性和政策的多变性，使得社会投资主体对这一制度安排无法形成稳定的预期，进而导致政策的激励作用十分有限；二是土地承包农户的土地承包权和第三方经营权的权利边界在法律上没有得到明确界定，也使得社会投资主体对于土地转让者的权益要求缺乏有效管控的信心。

产权关系本质上是一种物质利益关系。产权的保障，首先应该是对产权主体的保障；只有对产权主体保障到位，产权保障才能落到实处。这就要求必须在保障产权主体物质利益的同时避免产权主体的“虚化”。只有在产权主体不被“虚化”的前提下，产权关系才能演化成一种责任义务关系，才会激发起产权主体对自己所拥有的产权的保护和关心的内在动力。因此可以说，如果能够从制度上保障集体所有权不被“虚化”，就可以激励林地所有权主体强化对林地承包经营履责的监督和管理，从而促进林地承包经营履责效能从整体上得以提高。图 7-1 所表示的是集体林地所有权保障的激励作用，也从一个侧面反映了强有力的林地所有权保障对于加强林地承包经营履责监管、促进林地承包经营履责水平提高所能发挥的重要作用。

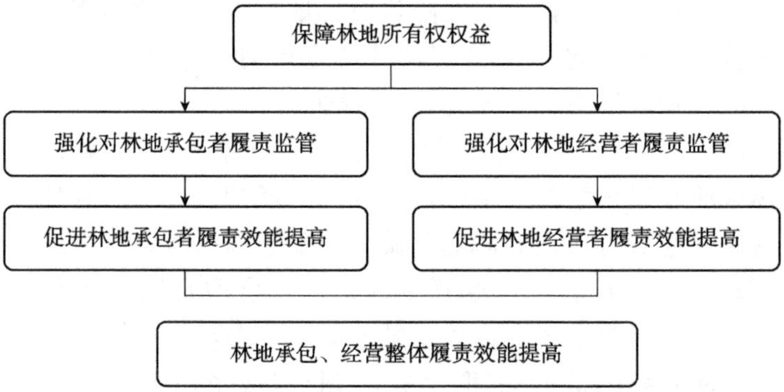

图 7-1 集体林地所有权保障的激励作用

同理，如果对林地转让后第三方的经营权权益提供有效的法律保护，物质利益的驱动就必然会诱使越来越多的社会资本投资发展林业，通过森林资源(主要是林地、林木)产权的有效流转，在优化林业资源配置的同时，提高林业生产的规模化、集约化和专业化，从而促进单位林地产出效能提升，有效扩大森林资源的物质产品供给和生态产品供给。图 7-2 所表示的是林地经营权保障的激励作用，从一个侧面反映了强有力的林地承包、经营产权保障对于促进林业投资，进而推动林业生产的规模化、产业化和专业化所能产生的积极影响。

可见，集体所有权保障和林地承包权、经营权权益保障，对于促进林地监管和调动社会经济主体积极投资参与林业建设，具有极为重要的激励影响。

(2)要有强刺激的激励措施。在“三权分置”制度安排下，通过强化对林地经营权保障影响社会投资主体积极参与林业生产经营，是激励机制的浅层作用。激励机制的深层作用在于通过改变包括广大农户在内的所有林地承包经营者的个体行为来影响、调节整个社会经济资源在林业生产领域的资源要素配置，这就是激励的“强刺激”。换句话说，就是要采取强刺激的激励措施显著地提高营林生产

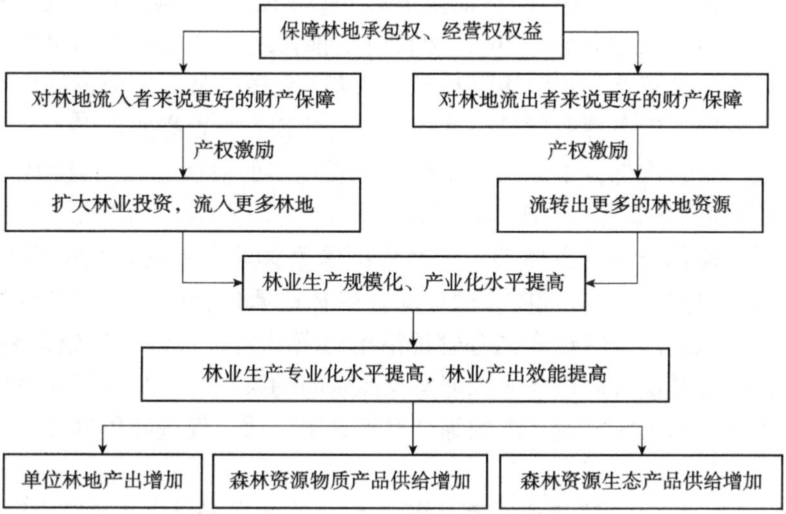

图 7-2　林地经营权保障的激励作用

的收益，诱使社会投资主体积极参与林业生产建设，校正自己的投资决策行为，使之与国家的林业发展目标相一致。例如，如果国家能够实施对“成林生态服务产权购买”并提供相对较高的“购买”价格，或者是对林业生产提供相对“较高”的营林生产补贴，那么，营林产业的比较收益就会得以提高，这样就能诱使更多的社会经济主体积极投身到营林生产建设中来，进而促进林业生产的生态化、产业化在更大规模、更高层次上发展，林地的承包经营履责自然而然地就不会发生任何问题。

(3)要创新构建“激励—约束”相容的制度体系。所谓激励与约束相容，是指通过构建某种利益机制，使林地承包经营者的个人利益与既定的国家林业发展目标得到统一，从而诱使林地承包经营者在追求个人利益的同时也努力推动国家目标的实现。

在“三权分置”产权制度安排下，构建“激励—约束”相容的运作机制，既可以通过激励把大量的社会闲散资金引向林业生产建设，又可以通过法律或政策的约束对各类林地承包经营主体的活动进行科学合理的规范，从而从根本上推动林业发展和提高林地承包经营的履责水平。譬如，解放初期的山林权属到户，就在极大程度上调动了农民林业生产的积极性，使农民的个人利益(脱贫致富)与国家目标(发展生产)相趋同，进而显著地推动了林业生产的全面恢复和森林资源的快速增长，产生了极好的经济绩效。再比如在人民公社时期，重点集体林区县普遍建立了村社两级的林业生产“专业队”，通过建立专业化的林业生产队伍，在“按劳分配、多劳多得”的政策驱动下确实提高了林业生产的工作绩效和经营水平。今天，在“三权分置”产权制度安排下，如果能够构建出一套“激励—约束”相容的运作机制，通过市场运作和政府干预相结合的市场协调机制方式来实现对于林业生产经营者的正向激励和反向约束，我国的林业产业就必定会有一个快速高效的发展，生态林业建设也就相应地会达到一个更高的水平。

基于这一逻辑构想，本著 8.1.3 小节将要提出的对生态林实施“生态效益产权购买”、对商品林实行“林分等级财政补贴或生态补偿(助)”相结合的创新制度，就是旨在使林业经营主体的个体目标同国家林业发展的(生态环境改善+社会经济发展)目标相一致；同时，通过配合以林地承包合同、林地经营权流转合同、林分生态服务产权转让合同等管理措施对营林生产者的行为施以制度约束。这种形式的生态补偿机制创新应该能实现激励与约束相容，从而保障林业生产者的个体行为目标同国家林业发展的综合目标趋于一致，促进我国林业的快速有效发展。

然而，“激励—约束”相容需要具备一系列的前提条件。“三权分置”条件下最重要的还是要落实集体林地所有权的监管责任和切实保障林地承包权与经营权权能的有效行使。只有在保障林地所有权、林地承包权与经营权的权能都能得到有效行使的前提下，才能在调动社会经济主体积极参与林业生产建设的同时，从根本上提高林地承包经营履责水平。

7.3 农户林地承包经营履责治理机制创新的现实讨论

在“三权分置”产权制度安排下，包括广大农户和新型林业经营主体在内的多元林地承包经营主体之间、林地经营主体同林地所有权主体(集体经济组织)及政府林业管理部门之间存在着围绕林地承包经营履责的博弈行为。这种博弈行为的游戏规则与游戏规程的现实作用与表现，就是林地承包经营履责治理机制发生作用的过程与结果。因此，“三权分置”下的林地承包经营履责治理机制的构建与创新，实际上就是通过广义的林业制度安排来构造出多元林业主体之间“有效合作关系”的游戏规则和游戏规程。

7.3.1 林地承包经营履责“激励—约束”机制创新

在“三权分置”下，林业生产的主要经营者——农户，他们理性的生产经营行为是为了追求各自经济利益的最大化，即尽可能充分地利用他们业已掌握的林地资源和林木资源。由于农户是分散的经济个体，为了自身的利益，他们不可能在林业生产经营过程中达到“森林资源培育”(造林+抚育+管护)与“森林资源利用”的均衡状态，而很有可能是尽其所能地掠夺性地开发利用林地资源或林木资源，即并不是自觉地参与营林生产和森林资源保护。积极开展营林生产和森林资源保护是国家与政府追求的目标。“培育”与“利用”相区别，“保护”与“开发”相对立，所以，国家或政府代表全社会的“培育”与“保护”目标同农户的“开发”与“利用”目标在一定程度上就形成了矛盾对立。要实现“培育”与“保护”的国家目标，就必须构建和创新对农户积极开展营林生产和保护森林资源、遵循森林资源再生规律及对林业可持续经营具有激励作用、对农户过度开发利用森林资源具有抑制和阻止作用的一套规章制度，从而促进实现森林资源量与质的“双增长”。

通常情况下，对于政府来说，一是可以把保护森林资源与环境的成本纳入农户开发利用森林资源的生产函数之中，由森林资源的开发利用者来负担国家或政府森林资源保护和管理的成本，比如，增加森林资源开发利用税负、缴纳育林基金，或者对破坏森林资源及环境的行为给予重罚；二是可以把国家或政府保护森林资源与环境的成本转化为林业生产经营者开展森林资源培育和保护的经营收益，比如，通过减免营林生产税费、给予农户营林生产补贴(造林补贴、抚育补贴)、统一安排林区森林管护人员等。但这必须有对农户开展造林、抚育、森林资源管护与开发利用行为进行约束的有效制度。本论著 8.1.3 小节提出“森林生态效用产权国家购买+合同管理”的制度安排，正是基于这一思想理念形成的。

下面来具体讨论如何通过“激励—约束”机制构建来影响林业生产经营主体的决策行为，促使其在林业生产经营活动中遵守森林资源培育、保护和开发利用的法律规范，以实现保护和扩大森林资源，促进林地承包经营履责能力与水平提高的多重目标。

7.3.1.1 个体农户家庭林地承包经营履责的“激励—约束”机制创新

(1)个体农户家庭林地承包经营的运行基础

个体农户在开展营林生产和森林资源开发利用的生产经营过程中，直接操纵着林业生产要素资源投资与林地森林资源开发利用的决策权，同时他们也可能会成为森林资源(主要是林地)的浪费者或林木资源的过度开发利用者，甚至破坏森林资源(乱砍滥伐)的“肇事者”。农户林地承包经营决策权分散是因为：①个体农户的劳动力资源最初控制权是自由的。个体农户对自己的劳动力具有与生俱来的所有权，因此，劳动力资源的最初控制权是自由的，其使用或是否受雇于他人的决策权最终也是所有者自己掌握的。②林业生产要素资源投入的所有权和最初决策权也有多种形式，呈分散状态。在“三权分置”制度安排下的林地承包经营决策权绝大部分分散于农户手中，农户直接掌握了林地使用、林木利用的方向(例如，自营、流转、抵押，或是用于用材林生产，或是用于经济林生产等)。对于林业生产资金，农户往往根据其投资的必要性和趋利性(收益最大化)原则进行决策。因此，个体农户对于林业生产要素的投资行为就具有很大的不确定性。

(2)个体农户林地承包经营“激励—约束”机制的现实运行

个体农户林地承包经营“激励—约束”机制的运行过程表现为对林业生产要素资源投入的决策过程。

①个体农户掌握着家庭林业生产要素资源的最初利用方向，往往按资源报酬最大化原则作出利用决策。农户对于自己所有的劳动力资源，可以选择投向林业或农业生产经营，也可以选择外出进城打工等。农户对林地林木资源、林业生产技术及生产工具等的使用也可能作出不同的决策，比如，对于林地资源来说，是用于用材林培育还是用于经济林培育或是用于“林下经济”生产——发展林下养殖、种植，或毁林垦地种粮等。这些林业生产要素资源使用的投向，会产生出不同的经济收益。农户家庭劳动力流向城市企业能获取较高收入，相应地提高了林业生产经营劳动力的机会成本，要保持稳定的林业劳动力数量和提高质量是相对困难的。只有通过政府扶持和追加营林生产补贴、提高林业生产经营的比较收益，才能保障有适度规模的土地、资金、技术和劳动力等生产要素投向林业。国家或政府可以通过对生产要素投入或其产品(或经济收入)进行课税，以调节其使用方向，也可以通过法律、法规、政策等限制其使用方向，比如，通过法律划定林地使用红线，限制其转向农业或工商业开发等。

②对林地资源与森林环境的非林业利用，一般会增加收益，譬如，在林地上搞种植和养殖等(即所谓的“林下经济”)。国家或政府可以通过法律、法规等惩处林地资源与森林环境的非林业利用行为，禁止林地资源使用的非林化倾向，或者通过课税或罚款增加非林化使用成本，特别是对破坏森林资源及环境的行为给予严惩。然而当前，无论是政界还是学界，都有过分重视农户个人利益而轻视集体利益和国家利益的倾向，现实中对于农户那些明显的违法违规行为——比如，在林区开窗种植和大量放牧等过度开发的所谓“林下经济”，往往熟视无睹，甚至还能给予政府奖励。

③对林地资源的浪费与掠夺。“三权分置”下，如果林地、林木等森林资源产权保障问题没有得到有效解决，那么，林地资源的闲置(抛荒撂荒)、林木资源的过度采伐、森林资源(主要是林地)的过度利用和掠夺式经营等现象就会不可避免地发生(杨桂红，2011)。因此，以法律形式明确界定森林资源产权特别是林地经营权和所有权的保障，对于“三权分置”下林地承包经营履责治理机制的构建具有至关重要的作用。

7.3.1.2 新型林业经营主体的“激励—约束”机制创新

“三权分置”改革的政策目标就是要培育和发展新型农村经营主体(包括新型农业经营主体和新型林业经营主体)。新型林业经营主体是指“三权分置”产权制度安排下催生出来的各类林业合作组织、股份制林场和林业龙头企业等。前述分析已经说明，新型林业经营主体的发展对于促进农户的林地承包经营履责会具有特别重要的意义。

现实中，新型林业经营主体往往具有“公司”化性质(张涵冰，2011)。对于这种“公司化”性质的林业生产经营组织，它们的领导人就是直接的经营决策者，直接控制着林业生产要素投入的数量、规模及使用方向，直接控制着林业生产的类型(用材林或经济林)、规模和速度，直接控制着林木等森林资源开发利用的强度和规模。这些“公司化”性质的林业生产经营组织的领导人也是分散的。他们首先作为“经济人”，都致力于追求个人行为或“公司化”组织行为绩效的最大化。他们的个人行为或组织行为目标主要包括：

(1)致力于经济实体利益的最大化，这里当然也包含了领导者个人收入及效用的最大化因素。一方面，他们可能根据林业生产要素及其市场资源产品的价格，按边际收益等于边际成本准则组织营林生产；另一方面，他们也可能把林业生产要素转作非林产业用途，争取非林产业的高收益和高利润，而且他们还可能利用决策权设计“租金”，把林业生产要素用于非林产业的“使用权”与需求者(企业)进行“寻租”交易，以求得个人利益(比如，把林地出租给其他企业开矿、采砂、采煤等)。在市场经济条件下，对于这种现象，政府及其林业主管部门可采取的制度措施包括：一是加强对“公司化”林业生产经营组织领导层的监督；二是设计激励机制，把培育、维护森林资源的业绩与个人奖惩挂钩，直至可以给予林业经营组织或企业的领导人部分森林资源“剩余索取权”以作为奖励。

(2)致力于扩大森林资源副产品的生产规模，以森林资源副产品的市场规模获取规模收益并开拓市场。这样做极易造成过度开发利用森林资源，破坏森林资源环境，导致林地地力快速下降甚至森林经营的不可持续。本课题项目负责人在参与国家林业局集体林权制度改革监测(2010—2019)工作中，亲眼见到一些所谓的“农民林下经济专业合作社”在森林资源条件本来不错的地方开发药材种植或禽畜养殖、大规模放牧牛羊等。毋庸置疑，这些行为确实能给经营者带来丰厚利益，但却给森林资源与环境造成了不容忽视的破坏。对于这类现象，政府应强化林权制度约束，切不可姑息放任。

(3)此外，分散于集体林区的各类森林资源开发利用实体，不仅由于其生产的外部性会破坏营林生产、损害森林资源及环境，而且还可能侵占大量的林业生产要素资源，比如，林地。所谓“开发性林业”“农林开发区”等，实际上占用和浪费了大量的林业土地资源(刘璨，2001)。对此，一方面，必须通过法律制度强化地方政府对于森林资源的保护责任；另一方面，必须设法增加森林资源及环境开发利用的成本，同时加强政府对于森林资源及环境开发利用的监督和管理。

(4)在集体林区逐渐发展起来的这些“大型”林业企业组织(主要是指规模相对较大的股份制林场和林业龙头企业)，在这些林业生产经营组织中，决策权分散于组织的各层级。在市场化生产条件下，国家或政府在保护森林资源方面可采用的手段，一是以国家管理者身份对企业高层决策者的营林生产行为和森林资源开发利用行为进行制度约束和法律监督；二是通过调控市场木材及其他林产品价格，或使用营林补助等财政信贷政策，或通过碳汇市场调控森林资源碳汇价格和生态服务产权购买价格，或使用森林生态效益补偿政策(包含具体标准)等方式激励和约束大型林业企业组织的生产经营行为。

7.3.1.3 “激励—约束”相容的创新机制设计

在当前集体林区多元林业生产主体(农户+各类新型林业经营主体)并存的林业生产经营环境下，国家及政府为了促进“生态林业建设”社会目标的实现，就必须制定一系列的法律、法规和政策，一方面激励多元林业主体积极投资造林和森林资源培育；另一方面约束森林资源占有者，使其合理地开发利用森林资源，并在开发利用森林资源时按照森林资源的恢复与再生能力控制好规模和强度，有计划、有秩序地利用森林资源。然而，经济主体通常是根据市场生产要素和资源价格信息显示的供求关系来决策其营林投资与开发利用森林资源的方式、规模和强度的。政府如何把社会对森林资源的多方面消费需求(林产品物质产品需求+生态产品需求)与林业经营主体的利益需求统一起来，做到对林业经营主体(包括广大农户各类新型林业经营主体)的有效激励与约束，使之与国家林业建设目标相一致，就是一个“激励—约束”相容的问题。

为了方便分析，这里试用一个激励与约束相容的模型(图 7-3)来说明问题。在“三权分置”的集体林权制度安排下，林地经营权的合理流转会导致包括个体农户在内的多元林业经营主体在林业生产经营过程中各自按照自身利益的最大化独立地进行自利性生产决策。如果没有国家和政府作为社会目标的代理者对林地承包经营者个体行为的激励与约束，由于营林生产与森林资源开发利用收益差别的显著存在，就必然会出现营林生产动力不足而森林资源开发利用动力“膨胀”的问题，从而导致林地质量不断退化、森林资源的再生能力不断降低、森林资源不断减少、森林资源的稀缺性日益扩大、生物多样性锐减、环境不断恶化等一系列问题，最终影响乡村林业的可持续经营并威胁全社会的生态与环境利益。如果在对林业生产经营主体行为的管理约束过程中嵌入政府林业管理部门精心构建的“激励—约束”机制，依赖于创建一支“以乡镇林业站为核心、以村级集体组织为骨干、以市场经营主体为辅助”的林业社会化服务队伍，使之既能起到为林业生产经营主体提供林业生产技术服务和信息服务的作用，又能为政府管理部门提供对林业生产经营者的监督服务的作用，既能在服务中进行管理，又能在管理中进行服务，从而消除管理者与生产者之间的对立，建立起管理者与生产者之间的友好合作关系，形成相互依存、利益相融、荣辱与共的鱼水关系，那么，农户家庭的林业生产经营能力就会大幅增强，林业生产经营者的营林履责自觉性就会得到相应的提高，林业的生态建设与经济建设就会逐步走向相融发展的道路，林业的产业振兴就会成为乡村振兴的一支重要力量。

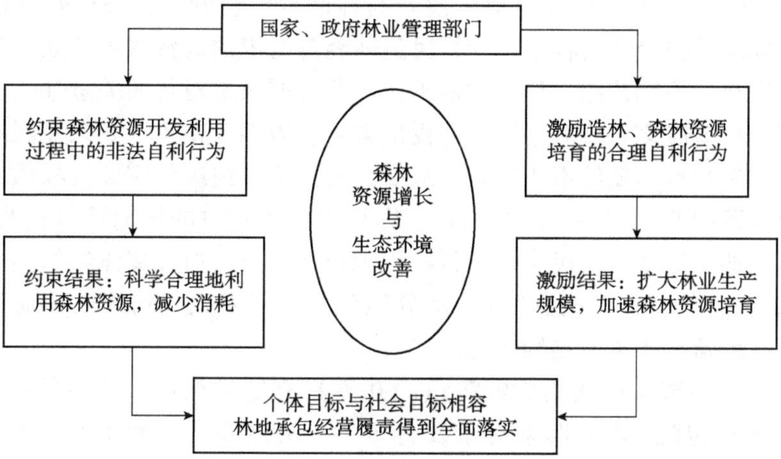

图 7-3　激励—约束相容模型

7.3.2　林地承包经营履责的“经营权竞争—外部接管”机制创新

在“三权分置”改革背景下，集体林地的生产经营实际上存在着村集体经济组织同林地承包农户、林地经营权流出农户同林地经营权流入主体之间的双重生产经营的“委托—代理”关系。在这种“委托—代理”关系发生过程中，实际上就可以构建起“完美的”林地经营权的“竞争机制”和“外部接管机制”。实践中，为使这种“委托—代理”关系得以有效约束，就必须在村集体经济组织同林地承包农户之间、林地经营权流出农户同林地经营权流入主体之间，依据《合同法》规定，订立严格的“委托—代理”权转让契约合同。通过这种严格的契约合同，就能建立起完美的“经营权竞争—外部接管”的林地承包经营履责治理机制。

7.3.2.1　集体经济组织内部的“承包经营权竞争—外部接管”机制创新

村民集体经济组织内部的林地资源往往是稀缺的，为了获得相对稀缺的林地资源承包经营权，农户之间就会展开竞争。竞争的结果就表现为村民集体经济组织将决定哪些农户取得第一重林地承包经营的林地使用管理权代理资格。获得了承包权就意味着实际控制了林地资源，从而就掌握了对林地林木资源的实际使用和将其经营权是否进行流转的权利。由于集体经济组织以外的林业生产经营者不具有林地承包的合法资格，承包权争夺一般就在村民之间展开“竞争”。在承包权竞争过程中，参与竞争的农户为了获得对林地的承包权，都必须与村民集体经济组织签订林地承包经营合同。

根据中华人民共和国《土地承包法》相关规定，在林地承包经营合同签订的条款中，通过明确林地所有者—村民集体组织和林地承包者—农户之间的权利义务(即履约责任)关系，将林地承包权人的林地承包经营履责条款明确地界定下来，并在林地承包经营过程中接受村民集体经济组织的监督约束。如果林地承包权人——农户，不能按照签订的林地承包经营合同条款履行相关责任义务，村民集体经济组织就应该有权对违约农户提出警告、限期改正等；如果在限期内农户对其履责或失责行为依然不予改正，那么，村民集体组织就应该有权撤销与该农户的林地经营权的“委托—代理”关系，即可以将该农户的林地承包经营权收回，该农户承包的林地改由村民集体另行组织承包或者改由村民集体组织集中统一经营，从而产生“外部接管机制”的经济处罚效能，并由此起到约束林地承包经营农户积极开展营林履责的制约效能。

然而，目前现实中的集体经济组织并不具有这种权利。现行的《中华人民共和国土地承包法》第十四条对于发包方——集体经济组织的权利规定如下：①发包本集体所有的或者国家所有依法由本集体使用的农村土地；②监督承包方依照承包合同约定的用途合理利用和保护土地；③制止承包方损害承包地和农业资源的行为；④法律、行政法规规定的其他权利。虽然上述第十四条第2款和第3款规定了集体经济组织作为土地发包方具有对承包人土地利用的监督权和制止权，但是却没有一个法律文件明确这种监督权和制止权可施行的具体手段。这就造成了实践中，尽管农户承包经营集体林地时，除少数个体外绝大多数农户都签订了林地承包合同，且合同中明确规定了承包经营者必须履行的责任和义务及其相关违约责任，但是，集体经济组织却对农户的违约和损害行为往往无能为力。

现行的《中华人民共和国土地承包法》第五条规定“任何组织和个人不得剥夺和非法限制农村集体经济组织成员承包土地的权利”。这一条规定显然有不合理的成分，它过分强调了农户承包权的“不容侵犯”性，进而使得集体经济组织对于个体农户家庭的违约和违责行为丧失了可以控制的任何手段，集体所有权主体对于承包主体的违约损害行为的制约力不从心。这种制度安排上的不合理性的具体表现，就是当前农村大量耕地被抛荒、林地被闲置的无政府状态情形。

政府曾经提出过“农地三年抛荒就有权将农户承包的土地收回”的政策，但现实中没有一个地方能够将这一政策执行下去，这就充分说明了问题。然而，如果要强化对于农户土地承包经营履责的治理，要构建起集体经济组织内部的“承包经营权竞争—外部接管”机制，那就不得不先从制度上扫清障碍。

7.3.2.2 林地经营权流转过程中的“经营权竞争—外部接管”机制创新

农户将家庭承包的集体林地经营权及林地上的林木所有权流转给非承包权人，是集体林地经营权的第二重“委托—代理”关系。在这一重“委托—代理”关系发生过程中，农户作为林地的承包经营权人有权依法将家庭承包的集体林地经营权转让给其他林业生产经营者。其他林业生产经营者在林地经营权转让过程中具有“竞争”关系(除非只有一家林地流入者)，原有经营权人依据“竞争者”给出的林地林木转让价格及其他条件决定是否将林地流转给某一林业生产经营者。这就是集体林地经营权的第二重“委托—代理”关系发生时的“经营权竞争”机制。

在原有林地经营权人决定将林地经营权及其林地上的林木所有权转让给某一林业生产经营者时，在他们之间必须依法签订《林地经营权转让合同》和《林木所有权转让合同》，并在合同中将原有林地经营权人承诺的林地经营履责条款再一次明确下来，还要在履责条款中明确林地经营权转让双方在对林地经营履责方面承担连带责任，并自觉接受林地所有权人——村民集体经济组织的监督与约束。流转合同签订以后，新的林地经营权人就依法取得了对林地生产经营委托的第二重代理资格，同时，林地承包经营履责也就随着新的“合同约定”完成了责任转嫁。

如果在林地经营权转让经营过程中，新的林地经营权人(农户或其他新型林业经营主体)不能按照签订的林地承包经营合同条款履行相关责任义务，村民集体经济组织就应该有权对违约主体提出警告和责令其限期改正。如果在责令改正期限内经营主体依然对其履责或失责行为不改，那么，村民集体组织就应该有权对原林地承包经营农户提出撤销林地经营权转让合同的要求并有权追究林地承包者和经营者的连带责任，既可以依据违约责任的大小及其影响，决定是否收回该林地的经营权和撤销其承包权；也可以将违约经营林地改由村民集体经济组织另行发包、转让或者改由村民集体组织集中统一经营，由此产生“外部接管”机制的处罚效能，进而起到制约林地经营权人积极落实营林履责的相关义务的积极效果。当然，跟前述的集体经济组织内部的“承包经营权竞争—外部接管”机制设计一样，如果没有赋予土地的所有权人或发包人足够的处置权限，这种创新机制就难以在实际工作中执行。

7.3.2.3 村民集体经济组织的“代理人”身份与代理行为

在集体林地承包经营管理过程中，村民集体经济组织实际上具有双重“代理人”身份。

(1)集体经济组织是全体村民选举产生的基层管理组织，因此，它自然而然地具有了“全体村民”代理人的身份。作为全体村民的代理人，村民集体经济组织就应该为全体村民的整体利益服务，谋求全体村民的共同富裕和整体发展。就“三权分置”制度安排下的林地承包经营履责治理来说，村民集体经济组织无论是作为集体林地的所有权人的合法代表，还是作为全体村民利益的“代理人”，都理所当然地具有对集体林地承包经营者进行监督、约束的权利和资格。当然，现行的《中华人民共和国土地承包法》对集体经济组织也赋予了这种权利和资格，所以，集体经济组织具有对其土地的承包经营者的监督和管理的权利资格，这当然不成问题。目前存在的问题，就是如何使得这种法律所赋予的权利资格能够发挥出现实的作用。

(2)在我国当今的社会制度安排下，村民集体经济组织还是政府行政管理的最基层组织，这就顺理成章地使得村民集体经济组织具有“政府”的代理人身份。既然能够作为政府的代理人，那么，村民集体经济组织自然而然地就具有政府基层管理的权利和义务。就政府对集体林地承包经营管理的最基本权利和义务来说，村民集体经济组织就有义务将国家的相关法律法规、林业政策及管理措施向全体村民(农户)进行传达和组织学习；有权利对违反国家法律法规、违反国家林业政策的村民行为进行监督和制止；对于严重违法的行为，村民集体经济组织也有权利和义务向上级主管部门进行检举和反映。

由此可见，在集体林地承包经营履责治理机制构建中，绝不可以忽视村民集体经济组织的作用与效能。村民集体经济组织的作用能否得以有效发挥，应是集体林地承包经营履责治理过程中的“经营权竞争—外部接管”机制创新与运行的一个极为重要的关键因素。

7.4 农户林地承包经营履责治理机制的创新模式设计

以上林地承包经营履责治理机制构建的相关分析警示我们：“三权分置”背景下农户林地承包经营能否做到有效履责，关键取决于是否能构建起科学的“激励—约束”机制与“经营权竞争—外部接管”机制；而要构建起科学的“激励—约束”机制与“经营权竞争—外部接管”机制，离不开信息的有效传递与制度的有效激励。

信息的有效传递包括国家和地方政府管理林业的法律、法规与政策等制度信息的有效传递和“三权分置”下林地承包经营主体之间信息的有效传递。然而，“确权到户”改革以后，林业的生产方式已由集体化时期的群体分工协作与利益的相互依存转化为以农户家庭为单位的独立的个体生产。有学者认为，在当前农村，市场经济及家庭联产承包责任制的推行动摇了农民生产经营的合作基础，致使农户之间的合作意识不断弱化，农村社会的原子化倾向愈演愈烈(郝涛，

2005)。在这种状况下，信息的有效传递确实已变得相对困难。

在多年来的集体林权制度改革监测中发现，当前随着农户家庭不同程度的分化，农村社会变得越来越复杂。在样本林区，村民集体经济组织的“干部权威”已受到了严重挑战，农户家庭大多都持“各人自扫门前雪”的生产生活态度，在一定程度上对国家政策与集体利益漠不关心，致使国家的法律政策很难传达到个体农户。这种状况给信息的有效传递造成了障碍。为此，就必须根据信息能有效传递的目标要求，尽可能地构建起能使信息有效传递的正常渠道——培育和建立起一支以多元林业经营主体为核心的林业社会化服务队伍，以促进林业生产发展为目标，以友好合作为基础，诱使林地承包经营主体愿意提供真实信息，在满足自我需要的同时，驱使林地承包经营者显示“私人信息”，并对林地承包经营者的不完全信息进行“事后调节”。这样，就应该能够在集体林区建立起信息有效传递的制度环境。

制度的有效激励是指国家的法律法规和政府(含中央政府和地方政府)的林业政策都能够在多大程度上产生出对于林地承包经营者积极参与营林生产和森林资源保护的推动力，同时又能在多大程度上产生出对林地承包经营者在森林资源开发利用活动中的约束力(约束与激励相伴而生，可以看作是一种反向的激励)。

同时，前述林地承包经营履责治理机制构建的相关分析还警示我们，林地承包经营履责治理机制运行功能的好坏取决于制度及环境能否实现激励与约束相容及相容的程度。“三权分置”下对于林地承包经营履责治理机制的运行效果，有赖于高效的信息传递来推动形成“激励—约束”机制和“经营权竞争—外部接管”机制有效运行的制度环境。这既有赖于国家对于包括广大农户在内的多元林地承包经营主体参与营林生产和森林资源保护的高效激励机制作用的发挥，又有赖于国家对于包括广大农户在内的多元林业经营主体在森林资源合理开发利用上的强效约束机制的效能。总之，这些创新机制的建立和现实运行的基础条件就是要建立起与林地承包经营履责治理机制相适应的制度运行环境(表 7-1)。

表 7-1 林地承包经营履责治理机制创新的制度要求与作用对象

创新机制	制度要求	主要作用对象
“激励—约束”机制	激励性制度(法律+法规+政策+措施)	农户、新型林业经营主体
	约束性制度(法律+法规+政策+措施)	农户、新型林业经营主体
	激励与约束相容	制度运行
“竞争—接管”机制	能使林地承包经营主体愿意提供真实信息	林业社会化服务组织
	能对不完全信息及时修正	集体组织、乡镇林业站
	能进行契约弥补	集体组织、乡镇林业站

综上分析，可以进一步创新出“三权分置”下林地承包经营履责治理机制构建的具体路径模式，如图 7-4 所示。

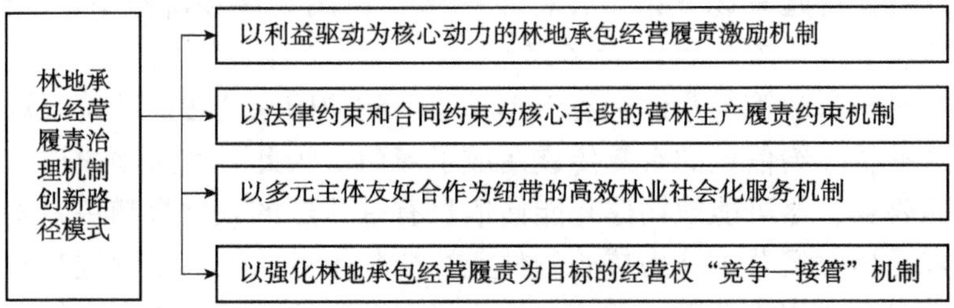

图 7-4　三权分置下林地承包经营履责治理机制创新的路径模式

(1)建立起以利益驱动为核心动力的林地承包经营履责激励机制。

(2)建立起以国家法律约束和合同约束为核心手段的林地承包经营履责约束机制。

(3)建立起“以乡镇林业站为核心、以村级集体组织为骨干、以市场经营主体为辅助”的多元主体之间友好合作的高效林业社会化服务机制。

(4)建立起以强化林地承包经营履责为目标的经营权“竞争—外部接管”机制。

通过以上制度体系的创新与构建，从而建立起稳健的林地承包经营履责治理机制体系，并通过这一机制体系的合成作用，提高和强化集体林地承包经营履责的治理水平，进而促进我国集体林业产业的现代化发展，助推乡村振兴。

第8章 农户林地承包经营履责的综合治理对策

上一章把农户林地承包经营履责治理机制的创新模式设计出来以后，接下来本章的研究任务就是要根据这种创新设计的路径模式来系统地创新、优化和完善相关管理制度，以期建立起农户林地承包经营履责治理的创新制度体系。

8.1 建立以经济利益驱动为核心动力的林地承包经营履责激励机制

建立以利益驱动为核心动力的林地承包经营履责激励机制，就是要从制度上切实保障包括广大农户在内的林地承包经营主体能够在林业生产经营过程中获得尽可能接近社会平均投资收益的经济利益，从而通过经济收入诱使林地承包经营主体积极开展营林生产和强化森林资源保护，进而提高营林履责水平。

8.1.1 引导和鼓励离地农户积极流转林地经营权或自愿有偿退出承包权

3.1.2.2 小节根据扬·杜威·范德普勒格的对生产资料不同占有和使用情况，并根据当前集体林区的农户分化的实际将农户分成了土地经营农户和离地农户两大类。其中，土地经营农户是实际占有和正在使用土地从事农林业生产的农户，离地农户则是承包占有土地而没有实际使用土地开展农林业生产的农户。对离地农户来说，实际上他们已经离开了土地的生产经营，土地已经不是其家庭生计的主要依赖，他们承包占有土地而没有能力或精力或意愿去经营好土地，因此，稀缺的土地资源被控制在他们手中，就是对土地资源的一种浪费。本著 3.2 小节分析了各类农户家庭林地承包经营履责的可能情况，其中在对离地农户的家庭林地承包经营履责的情况分析后认为：如果离地农户家庭承包的林地不能自愿退出或者不能很好地流转出来的话，那么，最直接的结果就是使林地处于长期的抛荒“闲置”状态，甚至还会出现林地上的林木资源被滥伐殆尽的情况。

我们应该制定相应的政策措施，通过合理的利益补偿方法，引导和鼓励离地农户自愿地将林地的承包经营权退出或者将承包地的经营权流转给那些比他们更有能力经营好土地的农户或者新型经营主体来更好地进行农林业生产经营。这是当前改善农村土地承包经营履责现状的最有效办法。

2014 年中央《关于第二批农村改革试验区和试验任务的批复》将农村土地承包经营权退出列为重大改革试验任务之一，此后，中央农村工作部先后在全国三十多个地区实施了耕地承包权有偿退出试点。2015 年“中央一号文件”明确提出了土地承包权有偿退出构想，此后每年的“中央一号文件”都有关于土地承包权有偿退出的相关指示精神。现在关键的问题是缺乏具体的农户土地承包权有偿退出政策的具体执行措施和有效的实施路径。

从当前农户耕地承包权有偿退出的试点情况来看，各地探索出了“地权换资金、地权换户籍、地权换社保、地权换房产、地权换股权”等多种形式，但各类形式都有其特定的局限性，并在实施过程中出现了这样或那样的问题。因此，当前最有效的办法，还是要尽快出台鼓励离地农户土地(也包括其他农户)经营权流转的相关政策，这样对于改善当前农村土地承包经营履责现状会极为有效。综合以上分析，特提出以下两点具体建议。

(1)在乡(镇)、村一级成立“乡(镇)村林地经营权回收管理机构”，将离地农户包括自愿退出林地经营权的其他农户的林地经营权，在合理的“价格”条件下收储起来，再将其发包或流转给那些有能力经营好林地的农户家庭或其他社会林业经营组织(工商资本或林业合作组织)。

(2)在保障落实集体林地所有权的前提下，出台鼓励林地承包权有偿退出的经济补偿政策措施，引导鼓励高分化程度农户或者进城转移就业农户按照自愿有偿原则依法在本集体经济组织内转让林地承包权给有经营实力和能力的农户，或将承包地退还给集体经济组织再由村集体重新发包或由集体组织统一经营，从而促进林地的高效利用，破解由于高分化程度农户在乡村空间上的“减人”不减地而导致的林地承包营林履责难以落实的现实问题。

8.1.2 完善和优化林业财政金融支持制度体系

本著第 4、5 章分析了林业比较收益偏低导致农户对林业从业意愿不高的问题。第 6 章 6.2 小节分析了营林生产固有的强外部经济性严重影响了农户营林生产积极性的问题。基于此，国家作为林业生态建设的主导者，就有义务、有责任为营林生产提供财政补贴和金融支持，通过政策制度来有效提高林业生产在国民经济产业中的合理地位，以此来增强广大林业生产者的营林生产积极性，提高林地承包经营履责水平。据此，提出以下五个方面的对策建议。

(1)制定和完善配套的林业投资政策。把信贷政策与营林补贴政策、林业税费制度等结合起来通盘考虑，创新制度措施，以利用合理适度的林业投资政策吸引更多的社会资金流向林业。

(2)搭建起有效的林业贷款信用平台。建立起更具操作性的以信用社为主体、农行为辅助的森林资源抵押贷款业务。农户通过林权证和森林资源评估中心出具的森林资源评估作价证明即可办理林权抵押贷款，同时允许有资质的非公有制林业主体以林地使用权或活立木资产作抵押贷款。

(3)鼓励有条件的地区成立由政府出资、林业专业合作社和林业产业化龙头企业参股的担保基金或担保公司，扩大林业担保贷款规模，对有条件的林业合作组织进行公开授信，适当放宽担保抵押条件，简化贷款手续。

(4)在林业保险方面，当务之急要加快林业保险立法进程，在立法中明确林业保险的惠林助林政策性定位，出台《林业保险实施细则》来规范林业保险的实施流程，切实解决当前我国林业保险发展中存在的现实问题。

(5)鉴于第 2 章 2.2.2 小节调查数据分析得出的关于农户因荒山荒地造林成本太高而导致大量荒山荒地被撂荒的事实，国家应单独出台对于荒山荒地造林的符合社会实际的“高标准”补贴政策，以此激励农户加快荒山荒地的绿化工作，有效解决荒山荒地承包不营林的现实问题。

8.1.3　创新森林生态效益补偿制度，有效解决营林生产外部性

本著第 2 章 2.3.3.1 小节调查分析了采伐限额管理政策执行过程中对农户林地承包经营履责的现实影响；第 5 章 5.4.3 小节从理论上分析了现行生态补偿制度对农户林地承包经营履责行为的影响；第 6 章 6.2 小节分析了林业生产的外部性问题内部化的制度治理措施。这些分析都阐明了政府需要优化和创新森林生态效益补偿制度，这符合构建以利益驱动为核心动力的林地承包经营履责激励机制的客观要求。

要优化、创新森林生态效益补偿制度，主要有两个方向：一是建立生态营林补偿基金制度；二是创新森林生态效益补偿的制度措施。

8.1.3.1　建立生态营林补偿基金制度

根据本著第 2 章的相关统计研究结果，当前“撒胡椒面儿”的生态补偿措施不仅没能提高公益林农户造林、抚育与管护等营林生产履责的积极性，而且对公益林农户的营林履责行为产生了显著的消极影响。现有文献也普遍认为，生态补偿标准远远低于农户受偿期望值是公益林农户营林生产积极性不高的根本原因(唐钊，2018)。然而，如果要提高补偿标准就必须首先解决补偿资金的来源问题，而要解决资金来源问题，就有赖于建立生态营林补偿基金。建立生态营林补偿基金，其资金来源主要可以采取税收和收费两种形式(孔凡斌，2003)。

(1)税收形式。征收生态补偿税有利于扩大资金来源，更容易规范管理。生态补偿税的征收可依据应税方式不同，选择开征征税或附加税。生态征税依据关联程度设计，即根据产品或服务消费项目与森林资源关系的远近确定征税对象，对那些依赖森林资源的存在或森林产品的经济活动征收所得税或消费税，例如，水库、水力发电站、城市自来水公司、风景旅游区、木竹产品生产等经营性单位按营业额的一定比例征收。还可以采取环境损益法确定征税对象，对那些对森林生态环境影响较大的行业或产品征收生态税，如开矿、采油、采煤、大型基础工程、排污和垃圾处理等。

(2)收费形式。全国范围内开征森林生态效益补偿费，可以参照以前林业基金征收模式，扩大原有基金收费范围或者提高收费标准。扩大原有基金征收范围会遭遇到与征收育林基金同样的困难，提高征费标准将会导致林产品系列价格的增长。因此，采用收费这一形式实施起来的难度可能会相对较高。

在当今社会条件下，享受了森林生态服务的社会公众都有义务进行消费性付费，即有义务共同承担生态林业建设的社会成本，因此，税收与收费这两种形式都是可取的。但相比之下，无论从额度上，还是从稳定性、现实可操作性等方面，税收形式都具有明显的优势，而且也比较客观地反映了生态林业建设的普遍要求。此外，还可以多方面扩大生态营林补偿基金的社会筹资渠道，例如，接受社会赞助、国际捐助、政府生态建设财政预算拨款等。

8.1.3.2 创新森林生态效益补偿措施

创新森林生态效益补偿措施的目标就是要建立一种对于生态公益林投资建设的激励机制，使生态公益林的建设和维护有一个稳定的资金来源渠道，创立社会多元主体共同承担生态林业建设的制度环境。

2003 年《中共中央国务院关于加快林业发展的决定》就已经将生态公益林建设确立为一项事业，提出要建立以财政投入为主，吸引和鼓励社会多种经济成分参与的多层次投入机制和多元化社会融资机制。然而，多年来的事实证明，政策很难落实到位。基于此，本著提出的一项森林生态效益补偿创新措施是：变革目前政府对公益林建设的财政投资方式，依托建立生态营林补偿基金，对生态营林实施政府或政府代理的“生态营林效用产权购买”，并在营林期内实施“合同管理”。该创新制度措施的设计思路如下。

(1)由国家林业和草原局会同国家相关部门颁布并实施“国家森林生态服务林分质量分类标准”，按林种、林龄、林相、立地坡度、森林覆盖率[①]等指标分类进行设计。

---

① 需要强调的一点是：这里必须是森林覆盖率，而非包括林草在内的植被覆盖率。

(2)营林生产者根据自有林地情况，依据国家颁布实施的“森林生态服务林分质量分类标准”，向国家主管部门申请森林生态效益服务供给，在此基础上，由政府公益林管理部门(如县级林业局)依据国家标准进行检查验收，经检查验收合格并确定林分等级后由公益林主管部门同营林生产者签订生态营林合同，按照林分的等级价格由国家(财政)或国家代理[生态营林基金(在银行设立专门账户)]向营林者支付森林生态环境服务报酬。其可供参考的生态营林价格定价公式如下：

$$TP = \alpha S \sum_{i=1}^{n} (CK_i + CL_i)(1 + r)^{n-1} \tag{8-1}$$

式中：TP 表示林地森林生态服务效用总价格，α 表示林分生态功效等级系数，S 表示林地面积，CL_i 表示第 i 年单位林地投入劳动力成本，CK_i 表示第 i 年单位林地投入资金量，r 表示社会平均投资利润率，n 表示营林生产年份数。

国家签约“生态效用(产权)购买”后的林地，林分所有权仍然归营林生产者所有，国家发给营林生产者林权证书，鼓励营林生产者自主经营，实行“谁经营谁收益，允许转让、允许继承”的政策。但林地森林资源的使用权属国家，即只要营林者同国家正式签订了生态营林合同并领取了政府生态营林效用报酬，营林者就无权单方面变更林地的森林资源用途；否则，就必须承担违约责任。也就是说，这种“生态购买”是一种生态环境服务的产权购买。生态营林环境服务“产权购买”，必须由营林者申请，不申请政府就无须验收检查，也无须支付效用购买资金(具体申请操作程序有待进一步研究)。

(3)国家初次购买后的林分，在以后的营林期内，林分的经营者依据生态营林合同的规定，每年须经国家生态林业资源管理机构核查并确定等级，再持核查证书到生态营林基金的开户银行领取年度生态营林效用报酬。生态营林年度支付费用(价格)计算可参照的公式如下：

$$TP = \alpha S(CK + CL)(1 + r) \tag{8-2}$$

式中：TP 表示林地森林生态服务效用总价格，α 表示林分生态功效等级系数，S 表示林地面积，CL 表示当年单位林地投入劳动力成本，CK 表示当年单位林地投入资金量，r 表示社会平均投资利润率。

在式(8-1)和式(8-2)中，α(林分生态功效等级系数)应参照国家相关部门颁布实施的“国家森林生态服务林分质量分类标准”制订。

8.1.3.3 生态营林补偿创新制度措施的可行性分析与评价

“生态营林补偿基金制度”与“生态效用产权购买、合同管理”，这两种制度措施的创新思路，主要是针对“三权分置”下国家对于林业投资存在的不确定性来规范设计的。同时，它还兼顾了对于森林生态效益补偿制度的完善与创新。要调动社会多元主体投资生态林业建设，就必须保障作为“经济人”的林业生产者在生态林业建设中的经济利益，有了普遍的可预期的经济利益，才能调动社会主体投资生态林业建设的积极性。

据考察，对于建立生态营林的“效用购买”制度，国外已有先例。日本森林法明确规定国家对于被划为保安林森林所有者要加以适当补偿，以保证其收益不至于因此而降低，国家也要求保安林受益的团体和个人承担一部分甚至全部的补偿费用。瑞典森林法也规定，如果某块林地被宣布为自然保护区，那么该林地所有者的经济损失将由国家给予充分的补偿(林凤鸣，1996)。

十多年来，国内以北京林业大学张大红教授为代表的一批学者，提出了关于政府“生态采购”的论题(具体内容限于篇幅在此不作赘述)。该论题思想的光华不容否定，然而，其设计的制度措施具体实施起来可能还会有以下问题值得商榷：一是生态采购的随意性太大，有碍制度变迁的“公平与效率”原则。二是生态采购如何定价，是随行就市还是公开招标？即使是公开招标也难于防范和杜绝“暗箱操作”，很容易由此产生腐败行为。三是由于生态采购的随意性太大，因而不能使营林生产者对生态营林产生明确的经济预期(因为可能被采购，也可能不被采购)，从而影响到经济主体生态营林的积极性。四是由于政府生态采购资金财政预算的不确定性从而导致生态营林生产缺乏稳定性等。所以，本著批判地吸收了这一制度设计的思想，提出了“生态效用产权购买，合同管理”的制度路径。也就是说，只要是在政府规划的生态林建设用地上培育的森林，成林后由林主提出申请，经主管部门检查验收合格并“依据标准界定等级”，就可以由政府主管部门同营林生产者签订生态服务产权转让合同，然后在合同的基础上就可以实现政府监督下的公益林生产者的自主管理。

这种制度的一个明显的优点就在于：国家可以“量入为出”，即根据一定时期所能筹集到的生态营林基金的规模来统筹生态公益林的营林规模及其具体的补偿范围(比方说，国家补偿到哪一等级的林地)和标准，从而有效地实现国家对于生态营林规模和发展速度的宏观控制。

期待能够通过类似这样的森林生态补偿制度措施的实施，来推动中央关于“绿水青山就是金山银山”的发展理念得以践行。

8.1.4 创新利益链接机制，推动新型林业合作组织发展

所谓新型林业合作组织，是指区别于20世纪50年代由政府推动成立的农业合作社的一种由农民群众在家庭承包经营基础上进行资源联合、民主管理的互助性经济组织。新型林业合作组织是新时期实现小农户和现代林业发展有机衔接的桥梁和载体，在整合林业资源、优化要素配置、推动林业规模化现代化发展等方

面具有重要的促进作用。林业合作组织发展得越好，农户的林地承包经营的能力就会越强，履责效果就会越好。

借鉴法国和芬兰私有林合作组织建设的成功经验(本著 6.4.2 小节)，结合调查研究，对于当前形势下如何推动我国新型林业专业合作组织发展的问题特提出以下几点建议。

(1)以股份制合作模式建立利益链接机制，推动林业专业合作社发展。林业合作社要以林地作股为基础、资金入股为主导，与雇佣劳动相结合的形式投入劳动力，实行“按劳分配，按股分红”的利益分配原则。以股份制和合作制相结合的经营机制进行决策，不采取以人头合作为主的民主决策形式，这更符合股份制合作模式的特点。所以，未来发展林业专业合作社应以股份制林业专业合作社为主。林地入股林业专业合作社相对于林地租赁，既解决了土地流转谈判成本高的问题，也化解了新型经营主体必须先期预付高额地租的资金压力，同时也能大大提高农户参与林业专业合作社的入社意愿。林业专业合作社应以林地入股形式进行林地流转，实现规模化经营，以林权入股形式实现林农资产收益多样化，以股份制改造林业专业合作社，强化合作社与农户之间的利益链接。

(2)以利益为导向，引领农户入社，提高农户参社积极性。林业专业合作社的本质是“合众弱以攻一强”。为达此目的，合作社必须要以利益为导向，引领农户入社，提高农户参社率。一是广泛发动群众，让农民群众了解合作社的组织性质和功能，把合作社的好处讲清说透，提倡结合当地林业部门的项目开展合作，既能节省成本，又可以获得较高的群众信任感，还能取得较好的合作效果；二是合作社要集中自己的资源优势，为社员提供高附加值的服务，为社员提供见效快的致富项目，让社员真正能够通过入社发家致富奔小康；三是合作社要利用各种宣传手段把本社的独特优势展现出来，要做出影响、做出特色，做出成效，才能诱导和提高农户入社的积极性。

(3)要强化制度建设，规范合作社返利机制。发展合作社的主旨就是维护社员利益，联合发展，合作共赢。建立合作社返利制度就是这一主旨的具体体现。必须规范林业合作社的返利机制的制度建设。根据当前林业合作社的办社章程，林业专业合作社年终应将合作社不低于 60%的盈利拿出来按照社员与合作社之间的交易额大小进行返还，并保证社员持有 80%的合作社股份，并实行二次返利，才能把利润真正地还给农民，才能体现合作社是农民自己的组织这一本质(郭建新，2010)。林业合作社应加大制度建设并大力提高各项功能业务的实现程度，获得更多盈余利润，保障二次返利的资金能力，要规范合作社经营管理。

(4)提高合作社服务能力，促进合作社与农户利益联结上新台阶。林业合作社的发展壮大是通过各项业务功能的不断规模化实现的。一是要鼓励农户入股，增加分红比例；二是林业合作社应该通过强化林地流转进行规模化经营，雇佣社员劳动，增加社员工资收入；三是林业合作社应该统一销售产品，提高议价能力，提高社员销售收入；四是统一提供技术、信息、培训，提高农户自身经营能力，减小市场、自然、技术等风险；五是林业合作社应统一生产管理标准，通过提高产品标准化程度和产品竞争力带动小农户参与大市场。林业专业合作社通过重点业务规模化实现规模效益，提高合作社带动农户能力，使林业合作社与农户利益联结强度上新台阶。

8.1.5 大力发展新型林业经营主体，推动实现“三变”转化

前述分析已经阐明，“三权分置”制度安排下，农户的林地承包经营履责水平的提高会越来越依赖于新型林业经营主体的发展。新型林业经营主体的发展水平越高，农户的林地承包经营履责效果就会越好。故此，要提高农户林地承包经营履责效果，就要积极培育和推动新型林业经营主体发展。

针对当前新型林业经营主体发展中存在的经营规模有限、辐射带动能力不强、融资能力不足等问题，特提出以下政策建议。

(1)积极引导和推动林地流转，壮大新型林业经营主体发展规模。林地流转是新型林业经营主体壮大规模的根本途径，既要保证各类新型林业经营主体能够通过林地流转适度扩大规模，又要防止盲目流转林地而造成资源浪费。这就需要进一步规范林地流转管理办法，建立健全林地流转全程化配套管理制度，即事前要科学制定林地流转政策，高度重视林地利用规划，加大相关法律与政策宣传力度，切实保证林地流转政策能够全面落实；事中要通过完善林地流转交易程序、规范林地流转合同、加强林地流转交易服务等进一步促进林地流转规范化运行；事后要通过健全合同管理机制、完善林地流转纠纷调处机制、建立健全相关问责机制等加强对林地流转的监督管理，以保障参与流转各方的合法权益。

2017 年的“中央一号文件”在深化农村集体产权制度改革中提出了“三变”方针，即从实际出发探索发展集体经济的有效途径，鼓励地方开展“资源变股权、资金变股金、农民变股民”的转变。“三变”方针的宗旨是要发展多种形式的股份合作，解决农村资源分散、资金分散、规模经营受限的问题，盘活农村集体资源，增强农村集体经济实力。新型林业经营主体作为农村“三变”改革的有效载体，带动能力强，市场竞争优势大。农民以土地经营权、资金、劳动力等生产要素入股新型林业经营主体，采取分红、地租、工资、返利、销售等方式获得长期稳定收益，激活林业要素资源，实现家庭分散经营向规模化集团经营的转变，稳步构建新型经营主体与林农“联产联业、联股联心”的利益联结机制(马丁丑，2021)。

(2)培植壮大林业产业化联合体，提高涉林产业综合发展效益。各类新型林业经营主体联合发展是提高涉林产业整体发展效益、促进小农户与现代林业发展有机衔接的重要途径。故政府及相关部门应进一步加大对林业产业化龙头企业和涉林产业链关键环节的扶持力度，推动各类新型林业经营主体打破地域和产业类型的限制，通过产业链上下游交融、专业化分工协作形成林业产业化利益联合体，把涉林产业生产、加工、流通、社会化服务等不同环节有机串接起来，并通过强化监督管理和规范市场秩序，引导各类新型林业经营主体之间通过要素合作入股、资源互联共享、契约规范管理等方式构建更紧密利益合作关系与共赢机制，并通过惠林政策扶持、项目资金倾斜、分配机制优化、联户助林机制创新等，重视农户在林业产业链运行中的基础性地位，切实保障农户合理分享产业链增值收益，真正实现林业生产合作中的“利益共享、风险共担”，全面提升涉林产业综合发展效益(马丁丑，2021)。

(3)构建财税与金融协同支持体系，拓展新型林业经营主体融资渠道。资金短缺已经成为制约新型林业经营主体持续发展的最大瓶颈，而传统分散的财税与金融支持政策难以解决新型林业经营主体面临的发展资金匮乏、融资渠道不畅的双重困境，而构建财税与金融协同的政策支持体系，在一定程度上会缓解新型林业经营主体面临的融资困境。首先，应进一步加大各级公共财政对新型林业经营主体可持续发展的扶持力度，并通过税收优惠、财政惠林补贴、贷款担保、项目倾斜等充分发挥财政资金的引导和撬动作用，为培育和壮大新型林业经营主体提供必要的资金保障，并在现有各类惠林政策补贴的基础上，进一步丰富补贴种类，并根据不同区域发展基础和地域条件差异，实行差异化补贴，适度给予经营效益好、技术应用新、产品品质高的新型林业经营主体奖励，以发挥榜样力量，带动发展热情。其次，要引导金融机构开发更多符合涉林产业生产特点、适应新型林业经营主体的信贷产品，进一步优化抵押贷款程序和简化审批手续，增强新型林业经营主体融资能力，有效拓展新型林业经营主体融资渠道，适当为发展规范、经营良好的新型林业经营主体增加授信额度，尽快解决新型林业经营主体中长期投融资需求。最后，要积极探索政策性涉林融资担保方式，引导信用担保机构积极拓展新型林业经营主体信贷担保业务，进一步优化担保程序和降低成本，撬动银行信贷和社会资金支持新型林业经营主体发展，并积极培育合作性质的农村信贷担保机构，形成多形式、多层次的农村信贷担保体系，保障各类信贷资源向新型林业经营主体流动的渠道畅通(马丁丑，2021)。

(4)合理布局产业链条，拓展经营主体与农户利益链接空间。充分利用集体林区特色各异的自然生态景观、多彩富集的森林旅游资源、独具特色的林果产品以及底蕴深厚的文化传承，加快林业多功能开发与利用，拓展林业产业链，把产业链与经营范围逐步扩散到第二、三产业领域，推动一、二、三产业融合发展，强化林业与休闲、养生、保健、创意、文化、旅游等产业的嵌套融合，打造集林业资源开发、特色林果种植、产品加工销售、林下畜禽养殖、生态休闲体验为一体的，地域特色明显的多元复合型林业新业态，努力培育新的林业经济增长点和创造更多的就业机会。引导和支持各类经营主体通过产业链横向一体化拓展、纵向一体化延伸、多元一体化整合，把涉林产业的生产、加工、流通、社会服务等不同环节上的利益主体串接起来，推动各类经营主体间通过产业联结、要素流动和利益共赢组建林业产业化联合体，通过对产业链关键环节的规范引导和政策扶持，有效实现林业资源高效利用和价值链增值，并通过分配机制优化、联户助农等创新方式，强化种养环节在产业链中的基础性地位，切实保障农户分享价值链增值收益，在更大范围和更广空间与农户形成更广泛的利益链接。

8.2 建立以“法律约束+合同约束”为手段的营林履责约束机制

建立以“法律约束+合同约束”为手段的林地承包经营履责约束机制，就是要建立和健全以法律约束为基础、以合同约束为保障的制度约束环境，从而从根本上保障林地承包经营主体能够在林业生产经营过程中做到以法律为准绳、以合同为依据，自我约束、自主规范林业生产行为，进而提高林地承包经营履责水平。

8.2.1 完善承包经营合同管理制度，依法强化履责合同管理

根据前述第 2 章 2.1.2 小节的农户调查数据反映，林地承包时，在集体组织和农户之间实际上很少有真正意义上的承包合同签订程序，一般都是走过场，林地一分了之。因此，对于林地承包的责任和义务，农户很少有人知晓。于是，集体林地承包事实上变成了农户对集体林地的分割和占有。在此基础上的“确权到户”，实际上成了法律对农户集体林地占有权的保护和“固化”。由此可见，当前农户对于承包林地不履责和不积极履责的行为根源，主要在于林地承包经营合同缺乏刚性的约束效能。因此，当前对于农户林地承包经营履责治理的关键措施，就是要完善对集体林地承包经营合同的规范签订与依法管理。

根据《中华人民共和国合同法》的第一条规定，合同是“为了维护当事人合法权益、维护社会经济秩序，促进社会主义现代化建设”而在当事人之间签订的一种合约文本。《中华人民共和国土地承包法》第二章第一节从第十三条到第十八条，明确规定了集体土地发包方和承包方的权利和义务。在集体组织和农户之间依法签订土地承包合同，并在合同中明确界定双方的权利与义务关系，一是有利

于约束土地发包方和承包方共同履行各自的责任和义务；二是有利于明确界定在合同期限内双方各自需要进行的工作；三是通过合同明确“一旦发生违约事件，如何去处理，处理的依据是什么，走什么样的法律程序”，以防范和处置不确定性事件的发生。

前述第 2 章的实证研究结果表明：政府强化对林地承包合同的管制有助于推动林地承包经营履责。鉴于当前相当部分农户没有规范签订书面的林地承包合同的情况，为促进农户林地承包经营履责，政府部门应该出台政策，在新续的承包期内，要求必须在集体组织和农户之间签订规范的林地承包合同，明确承包责任，并在合同期内严格按照合同要求进行监督管理。要将那些只占有集体林地而不依法经营集体林地的农户的承包权依法收回——以此来制约那些林地承包不履责或不积极履责的农户行为。与此同时，要让集体组织当中那些有充裕劳动力而没有或少有林地，同时又有林地承包履责意愿的农户家庭获得更多的林地经营——以此来激励那些林地承包积极履责的农户行为。只有这样，才能从根本上有效地改变当前广大集体林区农户林地承包经营履责状况，提高农户林地承包经营履责的整体水平。

8.2.2　创新林地经营权流转管理制度，促进林地规范有序流转

规范有序的林地流转是促进林业资源优化配置和激活林权市场活力的至关重要的措施。然而，调查了解到，当前集体林区的林地流转工作很难推进，主要反映出以下几个方面问题。

(1)农户林地流出意愿很低，流转工作很不好做。这一点已在本著第 5 章 5.5.4 小节中进行了阐释，在此不再赘述。

(2)林地流转期相对较短，往往达不到社会资本投资的预期。林地流转期如果不太短，就不利于流入方开展大规模的林业生产经营。但农户担心流转期太长会损害到自身对林地产权的控制能力，因此，都不太愿意签订流转周期太长的林地流转合同。这就影响了林地流入方的林业生产投资规划，进而在一定程度上制约了社会资本参与林地流转的积极性。

(3)林地流转价格水涨船高。各地凡是整块流转的林地，刚开始时一般费用不高，但随着外来资本投资收益的提高，农民便纷纷要求提高租地价格。经营者要想维持现状，就得依靠当地村干部出面做工作。但要依靠村干部做工作，不仅要支付一定费用，而且还会造成新的矛盾与问题。同时，外来资本一般也只愿意流转那些土壤和光照条件好、便于机械化作业的林地，那些土壤和光照条件不好、不便采用机械化作业的小块或陡坡林地，则没有人愿意去流转，只能成为撂荒地。

(4)林业本来就是一个弱势产业，不仅自然风险大，而且市场风险也大。当前现实中确有少数当事人流转林地的目的，是为了套取政府支农惠林项目款。大规模流转林地，往往能够得到当地政府各种项目资金和优惠政策支持，甚至贷款担保。可他们一旦亏损跑路了，就给当地政府留下烂摊子去收拾。

为治理当前林地流转中的乱象，特建议：

(1)政府应出台《林地经营权流转管理细则》，以进一步规范林地流转合同的签订，使用统一的流转合同文本，明晰流转双方的权责界定，为参与林地流转各方提供制度保障。

(2)因为林权流转具有区域性特征，即林权流转一般发生在县域范围内，因此，应以县、乡、村三级为支点，建立“县林业局→乡镇林业站→村集体”三位一体的林权管理服务机构和林地承包经营履责监管责任机构，构建集体林权管理、林权流转、综合服务为一体的管理服务体系。

(3)林地流转最重要的就是要明晰产权。故此，建议各地县(市)级林业部门组建林权勘测小组，进一步规范林权类不动产登记，建立和完善林权登记信息共享平台，强化林地电子化档案管理。

(4)基层政府或林业管理部门要为农户林地流转设立“林地流转管理担保机构”，专门为农户设立林地产权担保，让农户对林地流转产权放心，以提高农户林地流转的产权信心。

(5)出台具体政策，引导和鼓励农户采用林权入股集体合作社或专业公司的方式，将流转份额量化折股到户，以林地流转来推动“资源变资产、林权变股权、林农变股东”的三变转化，从而提高林农收益。

8.2.3 完善采伐限额管理制度，合理规范约束林地经营

完善采伐限额管理制度主要包括两个方面：一是要在保障生态安全的前提下逐步放松商品林采伐管制；二是要在严格管理公益林采伐的同时，科学规范公益林的合理利用。

8.2.3.1 在保障生态安全的前提下逐步放松商品林采伐管制

2019 年修订的《中华人民共和国森林法》第五十一条明文规定：商品林由林业经营者依法自主经营。国家鼓励发展商品林，经营者在不破坏生态安全的前提下，依法享有自主经营的权利，可以采取集约化的经营措施，提高经济效益。这一法律条文说明，只要在保障生态安全的前提下，商品林农户完全可以自主地开发利用商品林，以实现更好的林业经济效益。

本著第 2 章的统计研究结果和第 5 章的理论分析都表明，国家林木采伐限额政策对商品林农户的营林生产履责行为会产生显著消极影响。根据国家林业分类

经营管理体制，发挥经济效益是商品林经营的主导功能，也是商品林农户从事林业生产经营的主导目标。当前，在集体林区，竹材、木材和木竹产品是农户林业生产的主要收入来源，因此，商品林农户十分看重对林木的采伐权益。集体林权制度改革以来，政府不断放宽商品林农户的林木处置权，保障商品林农户的经营自主权。一方面，政府逐步放开了竹林的采伐管制，农户采伐竹林不需要再申办采伐证、运输证等；另一方面，2019 年新修订的《中华人民共和国森林法》对林木采伐管理制度按照“放管服”的精神进行了相关改革，政府取消了木材运输许可制度，下放了采伐限额审批权，调整了采伐许可证核发范围。然而，商品林也具有生态效益，采伐商品林也会产生对环境的负面影响，新修订的《中华人民共和国森林法》规定商品林可以采取包括皆伐在内的采伐方式，但应严格控制皆伐规模，并按照规定完成更新造林。

尽管政府不断放宽了对商品林的采伐管制，但是商品林农户的林木处置权和林木收益权等依然受到一定程度的政策限制，林业生产经营收益也会受到一定程度的影响。一方面，商品林农户依然要申请采伐许可证才能采伐；另一方面，尽管政府基层林业主管部门不断改善采伐指标的分配制度，尽可能满足商品林农户采伐需求，但是，采伐限额制度依然制约着木材采伐量。据农户反映，目前普遍存在办理林木采伐许可证的时间过长、交易成本过高，采伐指标不透明等问题，因此，需要进一步优化采伐许可证办理程序，简化办证流程，缩短办证时间，解决“办证繁、办证慢、办证难”等问题，提高办证效率。与此同时，要制订科学合理的采伐限额。建议地方林业主管部门对采伐限额指标的编制应根据商品林面积、树种、林龄、林分状况和地域分布等资源条件，测算农户家庭可采资源情况，结合农户的采伐需求，制定出更为科学合理的采伐限额，确保采伐限额指标更符合农户家庭的资源现状与合理的实际需求。在保障生态安全的前提下，建议借鉴美国等发达国家私有林林木采伐登记制度，逐步放松商品林采伐管制，赋予商品林农户完全的林木处置权，从根本上保障林业生产经营者的合法权益。

8.2.3.2　在严格公益林采伐管理的同时，科学规范公益林的合理利用

为了保障公益林生态效益主导功能的发挥，政府对公益林制订了比商品林更为严格的采伐管制政策。从中央到地方，各级政府都分别对国家级、省级、市(县)级公益林制订了严格的采伐更新管理办法。

本著第 2 章的统计研究结果表明：林木采伐管理政策对公益林农户营林履责行为(主要是林地管护)会产生显著消极影响。农户问卷调查和农户访谈信息也表明，严格的采伐管制不仅会影响到公益林农户营林管护的积极性，而且还会造成农户的非理性采伐行为。

诚然，国家确立的公益林主要功能是国土安全和生态保护，这是国家对公益

林实施严格管制的政策目标——生态优先；而农户或其他经济主体经营林地的优先目标是经济收益；国家的目标是要保护森林资源，而经营者个体目标是要开发和利用森林资源。这就在公益林经营过程中形成了国家目标同经营者个体目标之间的矛盾冲突。要消除公益林采伐严格管制政策对林农及其他林业经营者的消极影响，其关键就在于如何解决公益林个体经济效益目标与政府生态保护目标之间的矛盾冲突。本著研究认为：国家生态优先的目标是代表了社会的大众目标，当然是不可动摇的目标；然而，个体经济目标也是要依法得以保护的目标。在“三权分置”改革背景下，解决这一矛盾冲突的关键，就是要在给予公益林经营者合理经济补偿的同时，科学地规范公益林的开发利用。一要严格保护公益林，以充分发挥公益林的生态效益，维护生态安全；二要创新森林生态效益补偿制度，提高制度设计的合理性；三要确定合理的生态补偿标准，弥补公益林农户及其他经营者的经济损失，保障公益林经营者的经济权益；四要科学规范公益林的开发利用。在政府生态补偿标准不足以弥补公益林经营者经济损失的情况下，就必须给予公益林合理开发利用的出路——在不影响公益林主导功能前提下，可以适度合理开发利用公益林地林木资源，比如，开发林地养生休闲或适度开发林下经济，或是挖掘森林景观资源开发森林旅游等。

8.2.4 改进和完善政策性森林保险制度

本著第 2 章的实证研究结果表明：农户对森林保险政策评价在 10%的显著性水平上与农户的造林意愿及实际的造林履责行为显著正相关，分别在 5%的显著性水平上与农户的抚育履责和管护履责的意愿及实际履责行为负相关。第 5 章分析了政策性森林保险制度对不同特征农户营林履责行为的差异影响。这就说明，现有的政策性森林保险制度措施在有效激励农户造林积极性的同时，却对农户的中幼林抚育和林地管护行为产生了显著的消极影响。换句话说，也就是政策性森林保险政策的实施，对农户的林地抚育、管护等履责行为并没有起到积极的促进作用，反而在一定程度上消极地影响了农户的履责行为，因此对于该项政策实施的具体措施有待政府部门进一步完善。故此，特提出以下几方面建议。

8.2.4.1 明确建立市场化运作的森林保险体制

森林保险的发展究竟要依靠市场还是依靠政府，既是对森林保险发展驱动的不同观点，也是两种截然不同的体制运行模式选择。针对各种利益相关方的调研结果表明，由于森林保险的发展得到了各级政府财政资金的支持，为数不少的农户以及基层林业管理人员都认为政府是森林保险发展的驱动者，森林保险应该继续依赖政府的支持以实现进一步的发展(李亚军，2014)。尽管这种观点现实中广泛存在，但这种制度取向不仅与国家开办森林保险业务的初衷不符，而且还有悖于森林保险发展的内在经济规律。2009 年，财政部、国家林业局、保监会联合颁发的《关于做好森林保险试点工作有关事项的通知》[财金(2009)165 号]第三条指出："在森林保险试点工作中，政府的职责应体现在通过保费补贴等政策手段引导林农参加保险，并为保险公司提供技术和服务平台，而不是主导保险业务或干预保险公司的正常经营。中央财政实施森林保险保费补贴政策的目的是鼓励林农自愿参保，支持地方政府开展工作，促进森林保险的市场化运作，发挥财政资金'四两拨千斤'的政策效果。"保险公司作为森林保险的经营主体，理应遵循保险市场规律的内在要求开办保险业务，使得自身盈利与发展目标同森林经营管理目标得以同步实现。党的十九大报告明确提出，要实施"发挥市场在资源配置中的决定性作用"的经济社会发展战略，根据中央的这一指示精神，也必须确立森林保险发展的市场主体地位，建立健全市场主导的森林保险运行体制(刘慎元，2010)。

当前在少数地区，由于政府部门的深度介入，已经导致了森林保险呈现出垄断市场和"垄断经营"，只有一家保险公司提供森林保险服务，保险公司成为森林保险产品及价格的制定者，严重破坏了市场竞争机制，并导致森林保险业的低效运行(蒋丽斌，2010)，在农户中造成了极坏的影响。为此，应在确立森林保险市场主体地位基础上，进一步分离政府职能，逐步将政府机构从森林保险市场经济活动中撤退出来，改为森林保险发展的监管者和服务者，保障市场信息对称，保护双方合法权益。同时，应推动森林保险的市场竞争，允许有条件的保险公司都能参与提供森林保险业务，激活森林保险市场的竞争机制，促进保险公司降低森林保险供给成本，降低保险费率，扩大森林保险需求，更好地推动森林保险市场的规模效益。

8.2.4.2　创建保险"中介"服务组织，排除市场化体制障碍

基于建立市场化森林保险体制的目标，必须逐步清除林业管理部门在森林保险开展过程中不应行使的行政职能，要逐步建立起开展森林保险服务的"中介"组织，把当前林业管理部门介入较深的协助保险合同签署、协助灾后查勘定损等职能工作逐步交由这些"中介"服务组织来承担，将林业管理部门作为推动森林保险发展的主体角色逐步淡出，重新确立其在森林保险业务开展过程中的协调者与监管者身份(李亚军，2014)。森林保险"中介"服务组织的建立，有望为林农提供更为热情周到的服务，有望降低保险公司开展森林保险业务的运行成本，同时也利于防范体制性腐败。鉴于此，在森林保险体制建设中，创新建立森林保险"中介"服务组织势在必行。

创建森林保险"中介"服务组织，就是要在保险公司和林农之间建立起业务沟通的桥梁组织。一方面，他们作为保险公司的"代理人"，接受保险公司的委

托，在乡村开展森林保险投保、灾后查勘定损及理赔工作；另一方面，他们又作为投保林农的“受托人”，接受农户的委托，在森林保险业务开展过程中为农户争取权益。作为森林保险的“中介”服务组织，他们也可以是作为第三方的森林资源信息核查或森林资源资产(含灾害损失)评估机构。一方面，他们可以专门负责对拟参保的森林资源质量进行评估，确保投保人投保的森林资源信息无误，并以此作为保险公司承保的依据；另一方面，对发生灾害后的资源损失进行评估，以作为保险公司进行理赔的依据(李亚军，2014)。此外，保险公司还可以通过建立“中介”服务组织，对森林保险合同履行过程进行监督，防范在森林保险过程中可能发生的道德风险。

8.2.4.3 制定查勘定损统一规程，优化灾害定损赔付机制

目前，全国各省森林保险查勘定损缺乏统一规程，存在的问题主要有以下四个方面。

(1)查勘定损主体资格问题。从调查的书面报告和实地调研的情况看，目前参与森林灾害现场查勘定损的单位和人员有保险企业、被保险人或投保人、林业主管部门、财政主管部门、森林公安、具有专业技术资质的单位或专业技术人员、乡镇林业站、乡镇财税所、乡镇财政协管员、村委会等。涉及的单位和人员太多，成本开支太高。是不是这些单位和个人都必须是森林保险灾害查勘定损的主体呢？答案显然不是。

(2)森林灾害查勘定损技术鉴定费问题。实践中由于保险公司缺乏林业勘查专业技术人才，需要委托具有林业专业技术资质的单位或专业技术人员进行现场查勘定损，这种委托不同于司法机关的委托，司法机关委托的技术鉴定费用依法由败诉方当事人承担，而保险企业委托的技术鉴定费用必须依法由委托方与被委托方签订委托合同约定。但目前各地的做法不一，只有少数地方是根据查勘定损的工作量，按标准支付技术服务费的，绝大多数地方的查勘定损技术服务费就包含在保险公司拨付给林业部门的工作经费中，这种由保险公司从展业费中拨付工作经费的做法是有违市场法则的。

(3)理赔手续繁琐，赔付时间周期太长。公益林赔款有些分 2 次拨付，首付 50%，待 3 年后，经林业部门对造林验收合格后才支付另一半。这样做不利于灾后林木及时恢复再造，这种暂扣林农所得赔款的做法也缺乏法律依据。有些地方对商品林实行 2 次定损，操作程序复杂，使得赔偿金要拖欠很长时间才能兑现到位。这会严重损害林农利益，导致林农不满。

(4)对起赔点标准的执行有误区。例如，湖南省的相关规定指出，只有当灾害损失面积达到承保面积的 10%(含，最高不超过 10 亩)以上，保险公司才予以立案进行查勘定损赔偿。由于公益林保险是以县为单位实行的统保，全县就一个

保单；而商品林是以村为单位签订保单的。这就在实际操作中导致出现这样的情况：保险公司按保单约定的“承保面积”核算10%的起赔面积，使得起赔面积数在数百亩、数千亩甚至数万亩，最后只得执行最高不超过10亩的规定，实际上全省执行的起赔点标准就是10亩。从严格意义上讲，森林保险虽实行统保签单，但实际投保人是“承保分户清单造册”上的各农户，“承保面积的10%”理应为各农户投保面积的10%。但保险公司则跟农户玩文字游戏，逃避赔付责任，导致林农意见很大，对森林保险工作产生了反感。

为优化森林保险的灾害定损与赔付机制，其一，建议制定国家层面的森林保险灾害查勘定损规程，并制定不同险种查勘定损的分类标准。这样做，既有利于统一标准，规范操作，严肃规程，更有利于确保查勘定损质量。其二，建议明确由具有财政部、国家林业和草原局联合颁发的《森林资源资产评估管理暂行规定》资质条件的森林资源评估机构作为森林保险灾害损失的查勘、定损专业机构，采取有偿服务的方式介入森林保险受灾理赔业务之中。同时，县级林业部门的森林保险机构或服务平台应注意保护林农利益，积极督办灾害查勘、定损工作。其三，在赔付机制方面，应利用好现行的惠农卡，实行转账拨付赔偿方式，缩短赔付时间。在赔付的同时，记录森林灾害情况，建立参保森林资源数据库，开展动态管理，掌握特定地区和森林经营主体的风险发生概况，为以后开展森林保险工作奠定基础(蒋丽斌，2010)。同时，上级林业主管部门应对下级林业部门的森林保险工作开展定期与不定期的督查工作，杜绝与防范林业部门与保险公司“串通”合谋侵吞林农利益的事件发生。

8.3　建立多元林业主体友好合作的高效林业社会化服务机制

本著第5章和第6章都分析认为，当前一家一户的农户家庭林业生产与林地承包经营履责正面临多重困难，破解农户林业生产困难问题的一条重要途径就是要建立健全林业社会化服务体系。林业社会化服务体系是在林业社会化发展趋势下形成的各种林业服务所组成的有机整体；它是各种服务主体为满足林业社会化生产需求，为林业生产主体提供优质、高效、全面、配套的公益性服务和经营性服务所组成的服务体系(王洋，2010)。它可以通过相应的服务供给机制，为生产规模较小的农户家庭提供想办办不到、能办办不好的各种服务。

建立以多元主体友好合作为纽带的高效林业社会化服务机制，就是要推动基层林业行政管理部门的职能转变，建立起一支“以乡镇林业站为核心、以村级集体组织为骨干、以市场经营主体为支撑、以信息化服务为引领”的林业社会化服务队伍，进而在多元林业主体之间建立起“平等、合作、共赢”的社会化服务平台，促进多元林业经营主体之间的相互支持和友好合作，把对林业生产经营者的服务与监督管理融为一体。

8.3.1 强化乡镇林业站在林业社会化服务中的核心地位

在林业社会化服务组织体系内，乡镇林业站既是政府部门的最基层的林业管理机构，又是对口服务农户林业生产的专业服务机构。作为最基层的林业管理机构，乡镇林业站负有向林业生产者农户进行政策宣传和营林履责监督管理的责任，譬如，负责监管林地交易市场的规范性、监管农户营林生产履责行为的合理性、监管森林保险事项的合理合法性等；作为对口服务农户林业生产的专业服务机构，乡镇林业站负有为农户提供全面公益性服务的责任，包括对林业新品种新技术的推广、林木病虫害的防治、对农户的技术培训和科技宣传以及对林道的规划建设等。

为强化乡镇林业站在林业社会化服务体系中的核心地位和作用，县级林业主管部门必须加强对乡镇林业站工作的支持，提升乡镇林业站的综合服务能力。乡镇林业站处于承上启下的重要环节，是为农户提供林业综合服务的基层组织。因此，必须加强乡镇林业站的队伍建设和组织建设，充分发挥乡镇林业站在服务林农中的基础性作用。当前亟待解决的问题是提高乡镇林业站的人员素质和经费支持。

从国家林业和草原局的统计情况来看，现有乡镇林业站职工具有中高等学历和技术职称的比例分别为 71.53%和 62.62%，但林业专业技术人员占比只有 51.18%，与原国家林业局《林业工作站管理办法》规定的“林业站专业技术人员的比例应当不少于 80%”的要求相去甚远。且现有专业技术人员同样存在知识更新和急需加强培训提高专业技术水平、业务管理能力的问题。

当前，一是可以提取专项经费将乡镇林业站的骨干人员选送到林业院校进修学习专业知识，二是要加大力度从往届或应届大学生中引进林业专业技术人才，以增强乡镇林业站的综合服务能力。在解决林业站工作经费方面，一是要进一步增加财政对乡镇林业站的专项经费支持；二是在政策允许范围内通过适当服务收费的形式向林农提供其所需要的各类服务，把林业新品种、新技术、新成果推广到产前、产中和产后的每一个生产经营环节。

8.3.2 坚持村集体经济组织社会化服务基础地位不动摇

村级集体经济组织是林业社会化服务体系建设的重要基础，在林业社会化服务体系建设中，必须坚持农村集体经济组织基础地位不动摇。

(1)要加强农村基层组织建设，增强集体经济组织的凝聚力和号召力。选好基层党组织的负责人，将一些责任心强、工作能力强、群众认可的优秀人才选拔到基层领导岗位。建立村干部定期培训与考核制度，加强对村干部的政治思想和经营管理技能培训，不断提升基层干部素质(赵苏阳，2018)。

(2)要进一步完善农村集体经济组织的服务功能。加快村级服务组织建设，将村级农(林)技员、森防员、防疫员等技术人员组织起来，形成综合性的服务平台，提升村级集体组织的综合服务能力。要根据自身实力，选择农民最急需的服务入手，提供高质量的服务，逐渐地由单一服务向综合服务发展，成为农民生产经营的坚强后盾。

(3)农村集体经济组织要做好协调工作，利用自身与农户的密切联系，协助公共服务机构、各类合作经济组织、林业企业等搞好服务工作。

8.3.3 积极推动林业社会化服务市场体系建设

(1)要加强市场主体建设，充分发挥各类服务主体的服务特色和比较优势，建立“有进有退”的社会化服务市场机制。重点培育和发展各种专业性的批发和零售市场，做好农村市场规划布局。与此同时，还要加强对林业社会化服务市场的规范管理，在满足农户多层次服务需求的同时，实现林业社会化服务资源的优化配置。

(2)在市场化建设过程中，要进一步探索林业社会化服务的发展空间，改变目前以林业技术服务为主的单一服务方式，加快向信息、营销、资金、监管、创业支持等“全要素”服务领域拓展。要加强林产品流通网络建设，发展现代林产品流通方式，加快构建成本低、运行效率高的林产品营销网络，扩大林区连锁经营网点覆盖范围。要支持农村流通企业建设高质量的配送中心，增加配送品种，切实提高农村物流效率，保障商品质量，促进林产品流通。要积极引导城市大型商贸企业积极参与林业市场体系建设，充分发挥这些企业在管理理念、经营方式和管理手段等方面的优势，推进林业市场体系建设与城市接轨(王洋，2010)。

(3)在服务内容设置上要针对不同的林业生产经营主体提供不同层次的服务。例如，可以针对农户提供适地适树、林地规划和病虫害防治服务；针对新型林业经营主体提供基础林业经营知识培训、政策支援及能力建设等多种类型的服务。同时，还要加强服务供需双方的交流与互动，并在交流与互动中寻找社会化服务供给的有效衔接点。服务供给既要关注林业产业发展，又要促进生态保护与林业多功能实现。

8.3.4 推进信息化建设，提升林业信息服务效能

(1)要出台扶持政策，加大财政转移支付力度，大力推进林业信息服务基础

设施建设，构建林业信息综合服务平台，推广现代林业技术咨询服务，促进农户小生产与社会大市场的有效对接。

(2)要加强分类指导，提高林业信息服务的针对性。应根据各地区林业产业发展及生产经营情况来进行科学规划，有针对性地指导林业信息服务。对于基础性的林产品，要加强市场供求信息、价格信息等的分析预测服务。对于竞争性林产品，要从产前、产中和产后不同方位提供全面的信息，以帮助提升产品竞争力。对于有发展潜力的林产品要实行信息服务先行、促进快速发展战略，将其潜在优势变为现实优势(王洋，2010)。

(3)建立智能化服务管理平台，提高信息服务效能。林业智能化服务管理平台建设需要从技术合作和人才培养两个方向抓起：一方面，林业部门要积极寻找相关企业进行合作，利用云技术、物联网、大数据、移动互联网等信息技术构建以动态监测林业资源、评估林业工程效益、综合分析灾害数据、全面掌握生产数据、共享数据资源为一体的林业大数据服务管理平台；另一方面，要加强相关信息化技术人才的引进和培训，提高林业生产人员的林业智能化认知水平。努力实现林农在家就可以通过电脑实时了解林区情况，方便林农对承包林地进行科学管护，降低其管护履责难度，提高营林履责积极性。

8.4 创新建立林地经营权“竞争—外部接管”约束管理机制

要建立起林地经营权“竞争—外部接管”约束管理机制，就必须创新有利于多元林业经营主体开展营林生产履责竞争的制度环境，以强化林地承包经营主体的营林履责意识，在落实保障各林权主体权益的同时，提高各权益主体的相互制约能力，在有效解决林业生产经营过程中的效率与公平关系问题的同时，提高林地的利用效率和森林资源的产出效率，促进林业的现代化发展进程。

创新林地经营权“竞争—外部接管”约束管理机制是一个系统性工程，需要加强顶层设计。必须从落实党的二十大报告关于“集全党、全国、全民之力实现乡村振兴战略”要求的高度，结合联产承包责任制改革以来的实践探索经验，从土地集体所有权、农户承包权、第三方经营权“三权”相互依存、相互制约、相互促进的对立统一关系中找准机制构建的关键节点和关键环节来创新制度体系。

8.4.1 完善法律体系，明确界定好“三权”的法律边界

现行《中华人民共和国农村土地承包法》对农村土地的内涵、农村土地发包与承包行为作出了相应规定，但对“三权分置”制度安排下的农村集体土地所有

权、农户承包权和经营权的权利边界没有作出明确规定。2007 年颁布的《中华人民共和国物权法》作为一部明确物的归属、保护权利人的物权的财产法，对“农村土地承包经营权”进行了界定，虽然有对所有权的占有、使用、收益、处分权能的明确规范，但缺乏对权能实现的保障性规定，更缺少对土地承包权、土地经营权的相关规定。

从当前和今后一个相当长的时期来看，林地流转和推动适度规模经营是林业发展的现实需要，也是“三权分置”改革的目的所在。因此，当前最重要的是要推动对《中华人民共和国土地管理法》《中华人民共和国土地承包法》《中华人民共和国物权法》“三权分置”相关条款的修订工作，在法律上明确界定集体土地“三权分置”的三权边界，从立法上确立集体土地“所有权”、农户“承包权”和第三方“经营权”并行的权属体系，这样才能有利于充分发挥“三权”的各自权能和整体功能，形成边界清晰、结构合理、依法保护的“三权分置”格局，也才能有利于推动“三权分置”改革工作的顺利进行。

8.4.2　完善和充实集体所有权权能内容，把集体所有权落到实处

现行《中华人民共和国土地管理法》《中华人民共和国土地承包法》和《中华人民共和国物权法》对集体所有权权能虽然各自作出过界定，但相互之间存在一些矛盾，尤其是有些内容条款已经不能满足和适应当前“三权分置”产权制度安排下的所有权权能的运行。因此，必须推动各项法律文件的联动修订工作，结合新时期改革的需要，重新修改和完善对于集体所有权的权能界定。

就林业来说，集体林地的经营问题，是属于林地所有权人的权益实现问题，应当由所有权人在所有权行使的权限内决定。但是，林地的集体所有不同于个人所有，它涉及本集体内成员的共同利益和社会公共利益。我国林地的集体所有权制度经历了人民公社时期的集体统一经营到“大包干”时期的农户分散经营，发展到现在“三权分置”下的农户承包、林地流转、第三方经营的模式，在法律和政策层面一直没有确立集体经济组织选择适当经营方式的权利，从而导致了集体所有权的虚置与弱化(赵苏阳，2018)。要解决这一问题，关键是要在法律上赋予土地集体所有权主体能够按照村民自治相关议定程序，依法自主决定本集体林地经营方式的权利，从法律上赋予集体所有权主体对集体林地的决策、处置、利益分配等权利。

(1)要具体明确界定好集体林地的所有权主体。现行农村集体林地所有权归乡(镇)、村、村民小组三级所有，这就导致了所有权人的界定有些模糊不清。在林地确权颁证工作中，应按照中央关于“将集体土地所有权证书颁发给每一个具有所有权主体”的要求，是谁的林地就确定给谁，不得人为改变林地所有权的

主体，将集体林地确定给真正的所有权主体，避免导致新的林地纠纷。同时，明确集体林地所有权主体的法定代表，界定好农民集体成员的资格，把集体林地所有权主体具体化。

(2)明确界定集体林地所有权的权利内容与行使方式。在法律层面对集体林地所有权的权利内容与行使方式进行规定，要使集体成员都能充分享有林地经营变更事宜的知情权和决策权。明确规定集体组织内成员行使权利的程序与方式，建立健全村民集体组织重大事项的议事表决、财务公开等程序制度，为正确行使集体所有权提供制度保障。

(3)必须赋予集体组织对林地的合理处置权力。农户承包林地却长期(譬如三年或五年以上)不经营林地的，集体组织应该有权收回林地；农户承包的荒山荒地，三年或五年以上不造林的，集体组织也有权从农户手中收回这些荒山荒地；第三方流转农户林地经营权后擅自改变林地用途、弃林抛荒、给承包林地造成永久性损害或者严重破坏林地生态环境的，要明确集体组织有权要求终止林地承包经营权流转合同，由承包方农户收回林地经营权；承包方农户不执行或执行不力的，可以由集体经济组织代为执行，并可将该林地直接收回到集体。对于收回的集体林地，集体经济组织有权在集体经济组织内部重新组织竞争性承包，也可以通过竞标形式发包给有资质的新型林业经营主体经营。

(4)还要赋予集体经济组织处置林地的合理收益权。规定本集体经济组织以外的林业经营主体流转本集体经济组织内农户的林地经营权时，允许集体经济组织收取适当的管理费用，以体现林地所有者的正当权益，并以此壮大集体经济实力。

8.4.3 在坚持“大稳定”基础上赋予集体组织“小调整”权力

2023年中央一号文件提出：要“研究制定第二轮土地承包到期后再延长30年试点工作指导意见。”农村农业部提出要“逐步扩大试点范围，坚持大稳定小调整，确保大多数农户原有承包权保持稳定”。现在的问题是如何才能正确处理好“大稳定”与“小调整”的关系。从构建经营权“竞争—外部接管”机制和强化林地承包经营履责治理视角，要处理好“大稳定”与“小调整”关系，就必须做好以下几方面工作。

(1)要继续做好林地的确权登记颁证工作，这是保障林地承包经营“大稳定”的前提。林地的确权登记颁证，确认了林地承包权的用益物权性质，明确界定了承包林地的范围与归属，维护了承包方的权益，同时也可以作为林地流转、担保抵押、贷款融资、涉林补贴的依据，为承包方带来更有保障的财产权益。同时，通过确权登记颁证，赋予农户承包林地的权利保障，让承包农户手里拿证、心里不慌，放心流转。这样就有利于推动林地产权要素的充分流动，进一步解放林业生产力(贾玉杰，2022)。

在“三权分置”制度安排下的林地流转过程中，无论是要保护承包方权益，还是要保护第三方的权益，都必须保障林地承包经营的“大稳定”。只有保障了林地承包经营的“大稳定”，才能让农户放心地将林地经营权流转给第三方，也才能使第三方在取得林地经营权后能够放心规划使用，积极开展林业生产和发展适度规模经营。

(2)要在保障林地承包经营“大稳定”的基础上，统筹建立林地承包动态调整机制，这应该就是所谓的“小调整”。农村调查发现，当前大部分农户期望二轮承包期届满后能够做出适当调整，以解决“大包干”改革以来农村普遍存在的“死人有地、活人无地①”的问题。诚然，长期以来我国农村人多地少的矛盾没能得到解决，加之农村情况复杂，在二轮承包期届满后继续延包的过程中，原则上不可能搞推倒重来，打乱重分。但坚持绝对的“增人不增地，减人不减地”也是不合适的。因为一轮承包期几十年下来，农户家庭实际情况已经发生了很大变化，如果不能做出适度调整，时间越长，积累的矛盾就会越多。同时，也不符合当前国家鼓励生育的政策执行，更不利于对农户林地承包经营履责的治理。

建议在保障农村土地承包关系“大稳定”基础上，统筹建立健全农村土地承包动态调整机制和退出机制，依照村民自治原则，允许村民集体组织按照法律规定的程序，对承包地作出适当调整。要从法律制度上赋予集体组织有权保留经营小部分土地，以备在新的承包期内方便解决以下三类问题：一是农村妇女特别是出嫁女的权益保障问题，避免再度出现出嫁女土地问题“娘家不想管，婆家没法管”的现象发生；二是新生人口土地权益保障问题；三是其他新迁入人口土地权益保障问题。与此同时，对于全家已迁入城市的进城农户、纳入城镇职工或者城镇居民保障体系的农户、在城市有稳定收入来源和居住房产并已脱离农村土地生产经营的农户，探索建立农户自愿有偿退出承包地机制。

处理好“大稳定”与“小调整”的关系，就林地承包经营履责治理视角来看，本质上也为构建林地经营权“竞争—外部接管”机制奠定了制度基础。它既有利于保持林地承包关系相对稳定，又有利于化解农村现有人地矛盾，解决好林地承包经营履责问题。

8.4.4 赋予林地经营权“物权”功能，切实保障经营者权益

多年来的培育和发展，使集体林区出现了一批新型林业经营主体，包括林业

---

① 这里是指原土地承包农民去世以后承包地依然归于死者，而户籍转入、嫁入妇女、新生幼儿等增增人口却没有承包地的现象。

大户、家庭林场、林业专业合作社、林业企业等，各主体相互融合，已经成了推动我国集体林区林业规模化、专业化、集约化发展的中坚力量。从法律上赋予林地经营权“物权”功能，有利于保障经营者权益，从而稳定经营者预期，提高社会资本投资林业生产的积极性。

（1）必须明确界定经营权的基本权能。“三权分置”改革着重强调要放活经营权，而放活经营权的前提就是要保护经营权。要保护经营者使用流转林地自主从事林业生产经营并获得收益的权利，同时明确经营者有权在林地流转合同到期后优先续租流转地，以达到激励经营者实现长期投资的目的。经林地流出方同意，经营者可以依法依规投资建设林业生产配套的附属设施。林地被征收时，经营者可以按照合同获得林地上林木资源的补偿费。

（2）要赋予林地经营权抵押担保权能。允许林地经营权用于担保融资，这是解决林业规模经营资金问题的迫切需要。建议尽快修改相关法律规定，消除林地经营权抵押的法律障碍。

（3）要鼓励发展创新。鼓励各地根据具体情况，在引导林地经营权合法、依规、有序流转的同时，开创多种形式的适度规模经营，探索更多有利于放活林地经营权的有效途径，更好地盘活林地资产，为推动集体林地的高效利用和林业的社会化发展创设制度环境，扫清制度障碍。

参考文献

A. 恰亚诺夫，1996. 农民经济组织[M]. 萧正洪，译. 北京：中央编译出版社.

ELLIS F，1993. 农民经济学[M]. 第二版. 胡景北，译. 上海：格致出版社.

布劳格，1990. 经济方法论(中文版)[M]. 黎明星，陈一民，季勇，译. 北京：北京大学出版社.

蔡洪滨，2008. 林改可解决“三林”问题[J]. 农村工作通讯(20)：16-17.

蔡志坚，刘俊，谢煜等，2008. 福建林业社会化服务供给模式的研究[J]. 南京林业大学学报(自然科学版)(2)：118-122.

苍靖，2003. 环境保护约束下农户生产模型的研究[J]. 商业研究(11)：162-163.

曹兰芳，2014. 集体林权制度改革后农户林业生产行为及影响因素研究[D]. 北京：北京林业大学.

曹兰芳，王立群，曾玉林，2016. 林改配套政策对异质性农户林业生产投入行为影响研究——以湖南省为例[J]. 经济体制改革(2)：89-94.

曹兰芳，曾玉林，2020. 林地确权、政府管制与资源异质性农户林业管护行为——基于湖南省7年连续观测数据[J]. 生态学报(18)：6694-6703.

陈秉谱，王雨格，2018. 甘肃省集体林地流转主要制约因素分析[J]. 西北林学院学报，33(02)：276-282.

陈朝兵，2016. 农村土地“三权分置”：功能作用、权能划分与制度构建[J]. 中国人口·资源与环境(04)：135-141.

陈杰，李桂芹，2011. 提高集体林权制度改革后森林经营管理水平的探讨[J]. 林业科技，36(2)：59-62.

陈廉，2008-01-02. 林改，中国林业的华丽乐章[N]. 中国绿色时报.

陈美球，袁东波，邝佛缘，等，2019. 农户分化、代际差异对生态耕种采纳度的影响[J]. 中国人口·资源与环境，29(02)：79-86.

陈钦，刘伟平，2000. 建立公益林生态效益补偿制度的理论依据[J]. 林业经济问题(4)：27-29.

陈章纯，柯水发，2017. 异质性农户林地经营形式、方向及决策行为比较[J]. 福建农林大学学报(哲学社会科学版)，20(04)：19-23.

陈志刚，曲福田，2006. 农地产权结构与农业绩效：一个理论框架[J]. 学术月刊，38(9)：87-92.

池泽新，2003. 农户行为的影响因素、基本特点与制度启示[J]. 农业现代化研究，24(9)：368-371.

戴广翠，徐晋涛，王月华，2012. 中国集体林产权现状及安全性研究[J]. 林业经济(11)：30-33.

冯娜娜，沈月琴，曾程，2014. 农户对森林抚育政策评价及其参与意愿的影响因素分析——来自浙江省农户的证据[J]. 林业经济问题，34(01)：19-26+55.

高建中，2005. 森林生态产品价值补偿研究[D]. 杨凌：西北农林科技大学.

高岚，张自强，2014. 集体林权改革成效评价及其影响界定——基于广东省的农户调查[J]. 广东社会科学(01)：5-12.

高明，徐天祥，欧阳天治，2013. 农户行为的逻辑及其政策含义分析[J]. 思想战线，39(1)：147-148.

郜亮亮，黄季焜，冀县卿，2014. 村级流转管制对农地流转的影响及其变迁[J]. 中国农村经济(12)：4-11.

郭建新，2010. 浅析中国林业社会化的制度创新[J]. 吉林农业(10)：132.

韩喜平，何况，2021. 分配制度变革何以推动共同富裕现代化[J]. 广西师范大学学报(哲学社会科学版)，57(06)：1-9.

韩耀，1995. 中国农户生产行为研究[J]. 经济纵横(5)：29-33.

郝爱民，2009. 制度变迁对中国农户经营行为影响研究[M]，北京：知识产权出版社.

郝涛，2005. 农民原子化的后果及对策[J]. 许昌学院学报(06)：122-124.

何文剑，张红霄，2014. 林权改革、产权结构与农户造林行为——基于江西、福建等5省7县林改政策及415户农户调研数据[J]. 农林经济管理学报(2)：192-200.

何文剑，张红霄，徐静文，2016. 森林采伐限额管理制度能否起到保护森林资源的作用：一个文献综述[J]. 中国农村观察(2)：84-93.

贺超，崔权雪，刘炳薪，2022. 经营权权能对农户林地流入意愿的影响[J]. 资源科学，44(02)：309-319.

贺东航，田云辉，2010. 集体林权制度改革后林农增收成效及其机理分析——基于17省300户农户的访谈调研[J]. 东南学术(05)：14-19.

洪流，2005. 市场经济条件下的生态公益林补偿问题研究[D]. 杭州：浙江大学.

洪燕真，余韵，刘伟平，2011. 农户油茶经营行为特征研究——以福建省油茶种植户调查为例[J]. 林业经济问题(06)：504-509.

洪自同，郑金贵，2012. 农业机械购置补贴政策对农户粮食生产行为的影响——基于福建的实证分析[J]. 农业技术经济(11)：41-48.

胡豹，2004. 农业结构调整中农户决策行为研究——基于浙江、江苏两省的实证[D]. 杭州：浙江大学.

黄和亮，2021. 深化集体林权制度改革新分析框架：集体林产权安全[J]. 林业经济问题，41(02)：113-118.

黄华金，李建中，程园春，等，2021. 新型林业社会化服务体系建设面临的困境与对策——基于9省(区)调查数据分析[J]. 南方林业科学(04)：74-78.

黄宗智，2000. 长江三角洲小农家庭与乡村发展[M]. 北京：中华书局.

黄宗智，2014. 华北的小农经济与社会变迁[M]. 北京：法律出版社.

冀县卿，钱忠好，2010. 改革 30 年中国农地产权结构变迁：产权视角的分析[J]. 南京社会科学(10)：73-79.

贾玉杰，2022. 三权分置下农户林地承包经营履责及治理对策研究[D]. 岳阳：湖南理工学院.

蒋宏飞，姜雪梅，2012. 集体林区农户收入不平等状况分析——基于辽宁省林改农户调查数据[J]. 林业经济(2)：17-22.

蒋丽斌，2010. 湖南省政策性森林保险机制探讨[D]. 长沙：中南林业科技大学.

蒋瞻，蔡志坚，陈书林等，2018. "三权分置"对农户用材林林地转出行为的影响研究：基于计划行为理论[J]. 江淮论坛(4)：12-18.

柯水发，李周，2011. 农户林地使用权流转意愿影响因素的实证分析[J]，学海(2)：102-108.

柯水发，王亚，孔祥智，等，2015. 新型林业经营体系培育的动因、特征及经验[J]. 林业经济(1)：96-105.

柯水发，温亚利，2005. 中国林业产权制度变迁过程、动因及利益关系分析[J]. 绿色中国(20)：29-32.

孔凡斌，2003. 试论森林生态补偿制度的政策理论、对象和实现途径[J]. 杨凌：西北林学院学报(02)：101-104+115.

孔凡斌，2008. 集体林权制度改革绩效评价理论与实证研究——基于江西省 2484 户林农收入增长的视角[J]. 林业科学，44(10)：132-141.

孔凡斌，杜丽，2009. 新时期集体林权制度改革政策进程与综合绩效评价——基于福建、江西、浙江和辽宁四省的改革实践[J]. 农业技术经济(06)：96-105.

孔凡斌，廖文梅，2012. 集体林分权条件下的林地细碎化程度及与农户林地投入产出的关系——基于江西省 8 县 602 户农户调查数据的分析[J]. 林业科学，48(04)：119-126.

孔凡斌，廖文梅，杜丽，2013. 农户集体林地细碎化及其空间特征分析[J]. 农业经济问题(11)：77-81+112.

孔凡斌，阮华，廖文梅，2020. 林业社会化服务供给对贫困农户林地投入产出影响分析[J]. 林业经济问题，40(2)：129-137.

孔祥智，2008. 制度创新与林业发展[M]. 北京：中国人民大学出版社.

孔祥智，2009. 中国农业社会化服务——基于供给和需求的研究[M]. 北京：中国人民大学出版社.

李玢瑶，张鑫，2020. 解析集体林权制度改革后的森林资源保护管理[J]. 农家参谋(16)：121.

李寒滇，余文梦，苏时鹏，2018. 福建家庭林业单户与联户经营的效率差异分析——以福建省 5 地市 272 户农户数据为例[J]. 资源开发与市场，34(02)：230-235.

李桦，姚顺波，2014. 集体林分权条件下不同经营类型商品林生产要素投入及其效率——基于三阶段 DEA 模型及其福建、江西农户调研数据[J]. 林业科学(12)：122-130.

李立朋，丁秀玲，李桦，2021. 农户规模经营中林地确权、关系资源与正规信贷获得研究——基于林地转入规模视角的实证分析[J]. 林业经济，43(01)：21-36.

李檬，2017. 集体林权制度改革背景下林地流转行为对农户家庭生产效率的影响[D]. 南京：

南京农业大学.
李显，2006. 农业科技成果的生命周期评价理论与系统分析[D]. 吉林：吉林大学.
李亚军，2014. 基于保险费率、购买意愿和补贴效益的森林保险业发展与对策研究[D]. 北京：北京林业大学.
李娅，姜春前，严成，2007. 江西省集体林区林权制度改革效果及农户意愿分析——以江西省永丰村、上芫村、龙归村为例[J]. 中国农村经济(12)：54-61.
李怡，2013. 林业经营方式的多维取向与效率关联：广东个案[J]. 改革(8)：86-93.
李茵萍，2017. 丽水市集体林权制度改革问题研究[D]. 江西：江西财政大学.
李月圭，王力，袁健，2021. 林业管护工作的困境及对策分析[J]. 农家参谋(21)：159-160.
李周，2008. 林权改革的评价与思考[J]. 林业经济(9)：3-8.
廖文梅，孔凡斌，2016. 林业市场化改革 · 林业经济增长与集体林地经营问题研究[M]，北京：中国环境出版社.
林凤鸣，1996. 国外林业产业政策[M]. 北京：中国林业出版社.
林海，2003. 农民模仿行为的经济学分析[J]. 理论学刊(6)：47-49.
林红玲，2002. 制度、经济效率、收入分配[M]. 北京：经济科学出版社.
林善浪，叶炜，梁琳，2018. 家庭生命周期对农户农地流转意愿的影响研究——基于福建省1570份调查问卷的实证分析[J]. 中国土地科学，32(03)：68-73.
林伊宸，梁恩思，倪中烨，2018. 林地规模对林农营林投入及其结构的影响——基于浙江省三县市调查数据[J]. 农村经济与科技，29(23)：71-72+111.
林毅夫，1998. 小农与经济理性[J]. 经济研究(3)：31-33.
刘璨，2001. 社区林业发展和扶贫的制度安排与案例研究[M]. 北京：中国农业科技出版社.
刘璨，2020. 改革开放以来集体林权制度改革的分权演化博弈分析[J]. 中国农村经济(05)：21-38.
刘璨，2020. 集体林权流转制度改革：历程回顾、核心议题与路径选择[J]. 改革(04)：133-140.
刘璨，李周，张敏新，等，2015. 我国集体林产权制度演化及绩效研究进展[J]. 林业经济(2)：3-12+63.
刘璨，刘浩，贺胜年，2011. 中国集体林产权制度改革主要政策问题研究[J]，林业经济(8)：8-19.
刘鸿渊，陈怡男，2018. 农地流转与农民土地财产收入关系研究——一个利益属性与主体策略行为的视角[J]. 农村经济(05)：22-27.
刘惠兰，2006-07-21. 重点国有林区林权制度改革的新探索[N]. 经济日报.
刘克春，2006. 农户农地流转决策行为研究[D]. 杭州：浙江大学.
刘林，吴大瑜，2020. 集体林经营中农户经营方式选择的实证研究[J]. 林业经济，42(04)：56-64.
刘慎元，2010-01-08. 我国森林保险试点稳步前行[N]. 中国绿色时报.
刘守英，2022. 农村土地制度改革：从家庭联产承包责任制到三权分置[J]. 经济研究，57(02)：18-26.

刘同山，牛立腾，2014. 农户分化、土地退出意愿与农民的选择偏好[J]. 中国人口·资源与环境(06)：114-120.
刘伟平，陈钦，2009. 集体林权制度改革对农户林业收入的影响分析[J]. 福建农林大学学报(哲学社会科学版)，12(5)：33-36.
刘文勇，孟庆国，张悦，2013. 农地流转租约形式影响因素的实证研究[J]. 农业经济问题，34(08)：43-48+111.
刘小进，黄龙俊江，朱述斌，2022. 国内外林地流转影响因素及成效研究进展[J]. 世界林业研究，35(01)：8-14.
[美]詹姆斯·C. 斯科特，2013. 农民的道义经济学[M]. 程立显，刘建，译. 北京：译林出版社.
卢迈，戴小京，1987. 现阶段农户经济行为浅析[J]. 经济研究(7)：68-74.
卢秋佳，魏远竹，徐龙顺，等，2018. 计划行为理论视角农户选择林权交易中心意愿分析[J]. 林业经济问题，38(06)：48-55+105.
卢现祥，2003. 西方新制度经济学[M]. 北京：中国发展出版社.
鲁德，肖文发，白彦锋，等，2012. 芬兰林业合作组织发展现状及启示[J]. 世界林业研究(01)：69-71.
陆学艺，2002. 当代中国社会阶层研究报告[M]. 北京：社会科学文献出版社.
罗必良，王玉蓉，1994. 外部性问题、校正方式与科斯定理[J]. 经济科学(12)：50-57.
骆耀峰，刘金龙，张大红，2013. 基于异质性的集体林权制度改革林农获益差别化研究[J]. 西北农林科技大学学报(社会科学版)，3(5)：109-116.
马橙，高建中，2020. 集体林地适度规模标准测算及影响因素分析[J]. 林业经济问题，40(04)：374-381.
马橙，高建中，2021. 我国集体林区林地规模经济测度与有效性分析——基于要素最优利用视角[J]. 世界林业研究，34(01)：60-64.
马丁丑，2021. 关于完善新型农业经营主体与农户联结机制的几点建议[J]，甘肃政协(03)：64-65.
梅雨晴，沈月琴，张晓敏，等，2017. 采伐限额制度改革背景下农户木材采伐行为影响因素分析[J]. 浙江农林大学学报，34(04)：751-758.
孟记住，沈月琴，梅雨晴，2016. 森林采伐限额制度对林农经营行为的影响因素分析——基于浙江省农户调研数据的实证[J]. 林业经济问题. 36(06)：501-506+512.
孟全省，杨文杰，姚顺波，2000. 目前我国林业资金投入的问题与对策[J]. 陕西农业科学(农村经济版)(10)：12-14.
诺斯，1997. 制度、制度变迁与经济绩效[M]. 上海：上海人民出版社.
欧阳振益，2022. 农户分化对耕地撂荒的影响研究——以福建省丘陵山区为例[D]，南昌：江西财政大学.
彭继权，吴海涛，2019. 农业机械化水平对农户市场化程度的影响——基于人均基本需求农地的门限效应分析[J]. 中国农业大学学报，24(07)：167-180.
彭柯，2020. 小农结构性分化对新一轮退耕还林农户参与意愿影响研究[D]. 西北农林科技大学.
彭莹，2015. 农户分化背景下贫困地区农户生产行为的差异性研究[D]. 昆明：云南财政大学.
钱龙，钱文荣，陈方丽，2015. 农户分化、产权预期与宅基地流转——温州试验区的调查与实证[J]. 中国土地科学，29(09)：19-26.
钱腾，仇晓璐，赵荣，等，2017. 山西林业精准扶贫模式研究[J]. 林业经济，39(08)：42-46+92.
钱忠好，2002. 农村土地承包经营权产权残缺与市场流转困境：理论与政策分析[J]. 管理世界(06)：35-45+154-155.
邱俊齐，2007. 林业经济学[M]. 北京：中国林业出版社.
冉陆荣，2011. 集体林权制度改革背景下辽宁省农户林地流转行为及经营效率研究[D]. 沈阳：沈阳农业大学.
沈陈华，冯电军，王旭姣，等，2012. 农地细碎化度测度指数计算的改进[J]. 资源科学，34(12)：2242-2248.
沈国舫，2001. 从"造林学"到"森林培育学"[J]. 科技术语研究(2)：33-34.
石玲玲，2018. 农地流转市场异质性、认知与选择意愿[J]. 农村经济(04)：49-57.
石志恒，崔民，2020. 个体差异对农户不同绿色生产行为的异质性影响——年龄和风险偏好影响劳动密集型与资本密集型绿色生产行为的比较[J]. 西部论坛，30(1)：111-119.
史清华，1999. 农户经济收入与发展不平衡性分析[J]. 农经研究通讯(8)：7-13.
史清华，张惠林，2000. 农户家庭经营非农化进程与历程研究[J]，经济问题(04)：45-48.
宋鄂平，于吉涛，常胜，等，2006. 芬兰林业税的改革与启示[J]. 世界林业研究(06)：62-65.
宋洪远，1994. 经济体制与农户行为：一个理论分析框架及其对中国农户问题的应用研究[J]. 经济研究(8)：22-28+35.
宋金田，2015. 新制度经济学视角下农户决策行为研究[M]，北京：中国农业出版社.
宋璇，田治威，2017. 林农视域下林业社会化服务供给评价分析——以湖南为例[J]. 财经理论与实践.38(04)：133-137.
宋璇，曾玉林，田治威，等，2017. 林农林业社会化服务满意度评价与分析——基于湖南省样本县的林农调查[J]. 林业经济.39(04)：67-71+77.
苏秋红，2012. 完善我国森林生态效益补偿制度的思考[J]. 绿色会计(07)：3-4.
孙亚范，2006. 新型农民专业合作社经济组织发展研究[M]，北京：社会科学文献出版社.
谭世明，2009. 制度变迁视角下集体林权制度改革与现代林业发展研究——以湖北为例[D]. 武汉：华中农业大学.
谭世明，杨威，孙云逸，2010. 集体林权制度改革与变迁路径研究[J]. 求实(10)：44-48.
谭世明，张俊飚，2008. 集体林权制度改革研究述评[J]. 湖北社会科学(6)：76-78.
唐钊，2018. 集体公益林林农养护收益研究[J]. 理论月刊(9)：151-155.
田明华，张卫民，陈建成，2003. 我国森林采伐限额政策评价[J]. 中国人口·资源与环境，13(1)：118-120.
王刚，宋维明，陈建成，2013. 集体林权制度改革对农户林业投入影响研究[J]. 林业经济评论，3(00)：1-8.
王桂霞，杨义风，2021. 农户有机肥替代化肥技术采纳行为决定：市场驱动还是政府激励？——基于农户分化视角[J]. 农村经济(04)：102-110.
王洪玉，翟印礼，2009. 政府林业投资低效率与监督激励机制[J]. 中国林业经济(01)：19-21+46.
王欢，杨海娟，2018. 大城市郊区农地流转特征及影响因素实证研究——基于西安市秦岭北麓684户农户调查[J]. 西北大学学报(自然科学版)，48(02)：284-290.
王见，何娴昕，张坤，2021. "澜湄流域"国家林业跨境保护合作的现状及影响因素研究[J]. 中国林业经济(02)：18-21+29.
王静，高建中，2021. 林地地块特征对农户林业生产效率的影响[J]. 林业经济问题，41(06)：577-582.
王南，2002. 公共林业的性质与外部性问题解决途径的探讨[J]. 林业经济问题(03)：151-154
王清军，2010. 集体林权制度改革背景下森林采伐管理体制变革研究——兼论森林法的完善[J]. 东南学术(05)：20-25.
王茹月，2016. 安徽省林权抵押贷款融资的问题研究[D]. 安徽：安徽农业大学.
王淑霞，曾玉林，2022. 影响林农承包经营履责的政策因素——基于南方重点集体林区的调查[J]. 中南民族大学学报(人文社会科学版)，42(03)：158-166+187.
王文烂，2009. 集体林权制度改革对农民林业收入的影响[J]. 林业科学，45(8)：141-146.
王洋，2010. 新型农业社会化服务体系构建研究[D]. 哈尔滨：东北农业大学.
王莹，2021. 我国森林生态补偿法律机制研究[D]. 兰州：兰州大学.
王雨格，2018. 甘肃省集体林地流转的主要影响因素分析[D]. 兰州：甘肃农业大学.
王雨格，孟全省，李敏，2021. 农地产权强度对农户生产合作行为的影响[J]. 西北农林科技大学学报(社会科学版)，21(04)：132-140.
温雪，陈耿宣，2015. 交易费用与政策约束下集体林权改革的产权激励作用分析[J]. 农业技术经济(10)：57-68.
温映雪，刘伟平，2023. 要素市场发育对农户家庭林业经营投入的影响——基于福建省605位农户调查数据的实证研究[J]. 福建论坛(人文社会科学版)(01)：99-109.
温映雪，宁满秀，刘伟平，2022. 林地确权真的全面提高了农户营造林积极性吗[J]. 农业技术经济(03)：38-48.
温忠麟，张雷，侯杰泰，等，2004. 中介效应检验程序及其应用[J]. 心理学报，36(5)：614-620.
翁潮，董加云，2019. 新一轮林改何以选择股份合作制经营——福建省三明市3个案例村的剖析[J]. 林业经济，41(02)：38-42.
翁文源，罗泳加，2015. 泰格林纸集团工业原料林基地管护模式[J]. 中华纸业，36(03)：72-74.
翁文源，唐斌彬，2015. 桉树速生原料林管护模式分析[J]. 桉树科技，32(01)：50-52.
吴巍，张安录，2016. 农地流转影响因素研究——基于河南省4市625份农户调查[J]. 华中农业大学学报(社会科学版)(04)：107-113+131-132.

吴伟光，袁春，丁毅，2017. 集体林区农户造林状况及其影响因素分析[J]. 农林经济管理学报，16(1)：114-119.
西奥多·W. 舒尔茨，2006. 改造传统农业[M]. 梁小明，译，北京：商务印书馆.
谢依林，文高辉，胡贤辉，2021. 农户分化、生态认知对农户农田面源污染治理受偿意愿的影响[J]. 长江流域资源与环境，30(08)：1992-2001.
谢屹，温亚利，公培臣，2009. 集体林权制度改革中农户流转收益合理性分析——以江西省遂川县为例[J]. 林业科学，45(10)：134-140.
辛瑞，辛毅，郭静，谢妮芸，2020. 我国土地信托流转模式及绩效研究——兼析金融资本与农业产业融合发展关系[J]. 价格理论与实践(4)：4-8.
徐畅，徐秀英，2017. 社会资本对农户林地流转行为的影响分析——基于浙江省 393 户农户的调查[J]，林业经济(4)：51-57.
徐晋涛，孙妍，姜雪梅，等，2008. 我国集体林区林权制度改革模式和绩效分析[J]. 林业经济(9)：27-38.
徐薇，1998. 农业产业化与农户生产行为[J]. 天府新论(1)：43-47.
徐秀英，2005. 南方集体林区森林可持续经营的林权制度研究[D]. 北京：北京林业大学.
徐秀英，任腾腾，等，2013. 林地流转对农户林地投入的影响分析[J]. 浙江农林大学学报，30(04)：463-469.
徐秀英，沈月琴，万刚，等，2000. 林地流转的难点、问题与对策——临安市林地流转的调查[J]. 浙江林业科技(06)：55-59.
徐秀英，徐畅，李朝柱，2018. 关系网络对农户林地流入行为的影响——基于浙江省的调查数据[J]. 中国农村经济(09)：62-78.
徐玉婷，潘友菊，徐国良，2022. “三权分置”背景下的农户转型分化——基于长江中下游地区的农户调查[J]. 国土资源科技管理，39(2)：83-94.
严瑞珍，孔祥智，程淑兰，等，1997. 转轨时期农民行为与政府行为的轨迹[J]. 经济学家(05)：63-70.
颜宇琪，2019. 湖南省集体林权制度改革后农户林地流转影响因素分析[D]. 长沙：中南林业科技大学.
扬·杜威·范德普勒格，2013. 新小农阶级[M]. 潘璐，叶敬忠. 北京：社会科学文献出版社.
杨超，宋维明，2015. 林权改革条件的林农选择：营林行为与营林规模[J]. 改革(11)：77-85.
杨桂红，2011. 林业物权制度比较研究[D]. 北京：北京林业大学.
杨慧琳，袁凯华，等，2020. 农户分化、代际差异对宅基地退出意愿的影响——基于宅基地价值认知的中介效应分析[J]. 资源科学，42(09)：1680-1691.
杨磊，2018. 我国林业分类经营的现状与对策研究[D]. 杨凌：西北农林科技大学.
杨莉菲，温亚利，张媛，2013. 林农意愿对生态公益林管护效率和机制的影响分析——以北京市山区县为例[J]. 资源科学，35(05)：1066-1074.
杨萍，张红霄，彭晓民，等，2013. 集体林权制度改革对农户造林意愿的影响——基于江西省 6 个案例村农户调查[J]. 西北农林科技大学学报(社会科学版)，13(3)：58-66.

杨玮，张人红，米锋，等，2009. 以经济学视角看集体林产权制度改革[J]. 防护林科技(05)：83-84+112.
杨仙艳，2019. 造林补贴政策对农户造林行为的影响研究[D]. 福州：福建农林大学.
杨扬，李桦，薛彩霞，2018. 林地产权安全对农户林业管护行为的影响研究——来自南方集体林区浙江、江西省林农的调查[J]. 农业技术经济(7)：51-63.
叶剑平，丰雷，蒋妍，等，2010. 2008 年中国农村土地使用权调查研究——17 省份调查结果及政策建议[J]. 管理世界(01)：64-73.
于艳丽，李桦，姚顺波，2017. 林权改革、市场激励与农户投入行为[J]. 农业技术经济(10)：93-105.
于赟，程秋旺，俞维防，等，2020. 农户分化对林地流转行为的影响研究——基于福建省集体林区 469 份农户调查数据[J]. 林业经济，42(08)：23-31.
余柏英. 集体林权制度配套改革中农户林业经营投入行为分析[D]. 江西：江西农业大学，2013.
袁明宝，2015. 小农家庭的经济行为逻辑——对恰亚诺夫劳动—消费均衡理论的评析[J]. 中共杭州市委党校学报(06)：53-58.
曾玉林，2006. 中国林业社会化变革与发展制度研究[D]. 北京：北京林业大学.
曾玉林，张升，文彩云，2016. 新型林业社会化服务体系建设研究[M]. 北京：中国林业出版社.
翟雨佳，于赟，2022. 农户视角下的林地流转影响因素研究文献综述[J]. 中国林业经济(03)：12-16.
张长达，2012. 完善我国政策性森林保险制度研究[D]. 北京：北京林业大学.
张琛，彭超，孔祥智，2019. 农户分化的演化逻辑、历史演变与未来展望[J]. 改革(02)：5-16.
张道卫，皮特 · H. 皮尔森，2013. 林业经济学[M]. 北京：中国林业出版社.
张海鹏，徐晋涛，2009. 集体林权制度改革的动因性质与效果评价[J]. 林业科学，45(7)：119-126.
张涵冰，2011. 集体林权资本化问题研究[D]. 泰安：山东农业大学.
张寒，刘璨，刘浩，2017. 林地调整对农户营林积极性的因果效应分析——基于异质性视角的倾向值匹配估计[J]. 农业技术经济(01)：37-51.
张浩，张红霄，2015. 农民对林业合作模式倾向的实证研究——基于南方五省的调研结果[J]. 林业经济问题，35(02)：138-143.
张红霄，2015. 集体林产权制度改革后农户林权状况研究：基于国家政策法律、林改政策及农户调研数据[J]. 林业经济(01)：16-22.
张红霄，张敏新，2005. 集体林产权安排与农民行为取向——福建省建瓯市叶坊村案例研究[J]. 中国农村经济(7)：38-43.
张红霄，张敏新，刘金龙，2007. 集体林权制度改革：林业股份合作制向均山制的制度变迁——周源村案例分析[J]. 中国农村经济(12)：47-53.
张红宇，2014. 三权分离、多元经营与制度创新——我国农地制度创新的一个基本框架与现实关注[J]. 南方农业(02)：6-13.
张建国，2008. 关于森林经营问题的探索[J]. 林业经济问题，28(06)：471-473.
张建龙，2017. 中国集体林区按制度改革[M]. 北京：中国林业出版社.
张蕾，奉国强，崔平，2002. 南方集体林业产权问题研究[J]. 林业经济(3)：37-40.
张良，孙友，2017. 法国林业合作组织运转机制的启示[J]. 林业建设(06)：50-53.
张鹏，张敏欣，2018. 我国森林保险制度与青海政策性森林保险发展实践[J]. 林业科技通讯(12)：14-16.
张守攻，朱春全，肖文发，2001. 森林可持续经营导论[M]. 北京：中国林业出版社.
张维迎，1996. 博弈论与信息经济学[M]. 上海：上海人民出版社.
张伟雄，2021. 林业管护工作面临的问题及其解决措施[J]. 农业灾害研究，11(09)：195-196.
张衔，吴先强，2019. 农地“三权分置”改革中的潜在风险及对策[J]. 社会科学战线(01)：71-78+281.
张旭昆，2002. 制度的实施收益、实施成本和维持成本[J]. 浙江大学学报(4)：4-6.
张怡，2015. 农户花生生产行为分析——基于河南、山东两省 44 县(市)731 份农户调查数据[J]. 农业技术经济(3)：91-98.
张毅，张红，毕宝德，2016. 农地“三权分置”及改革问题[J]. 中国软科学(03)：13-23.
张英，宋维明，2012. 林权制度改革对集体林区森林资源的影响研究[J]. 农业技术经济(4)：96-103.
张英，宋维明，2012. 林权制度改革对集体林区森林资源的影响研究[J]. 农业技术经济(4)：96-103.
张自强，周伟，2020. 土地流转政策对集体林地流转的非线性影响——基于政策文本量化的门限估计[J]. 四川农业大学学报，38(05)：633-644.
赵丹丹，周宏，高富雄，2020. 农户分化、技术约束与耕地保护技术选择差异——基于不同约束条件下的农户技术采纳理论分析框架[J]. 自然资源学报，35(12)：2956-2967.
赵苏阳，2018. 当前中国农村土地承包制度中存在的问题及对策研究[D]. 济南：山东大学.
郑傲，籍仕第，李小勇，等，2019. 林业社会化服务研究综述[J]. 林业经济(5)：102-107.
郑风田，阮荣平，2009. 新一轮集体林权改革评价：林地分配平等性视角——基于福建调查的实证研究[J]. 经济理论与经济管理(10)：52-59.
郑杭生，汪雁，2005. 农户经济理论再议[J]. 学海(03)：66-75.
郑苗苗，包庆丰，2013. 林业社会化服务体系研究进展[J]. 内蒙古农业大学学报(社会科学版)，15(01)：25-27.
智广俊，2022. 当前农村土地产权和经营中亟需解决的几个问题.(2022-12-18)[2023-5-10] https：//baijiahao. baidu. com/s？ id=1740780685716325005&wfr=spider&for=pc.
钟文晶，罗必良，2013. 禀赋效应、产权强度与农地流转抑制——基于广东省的实证分析[J]. 农业经济问题，34(03)：6-16+110.
周春芳，苏群，王翌秋，2017. 农户分化背景下农村家庭子女教育投资的异质性研究——兼论影子教育对教育结果均等化的影响[J]. 教育与经济(02)：62-68.

周舟，2020. 基于利益相关者视角的集体林“三权”分置改革研究[D]. 南京：南京林业大学.
朱文清，张莉琴，2019. 集体林地确权到户对农户林业长期投入的影响——从造林意愿和行动角度研究[J]. 农业经济问题(11)：32-44.
朱文清，张莉琴，2022. 集体林地确权对农户林地管护投入的影响[J]. 改革(03)：131-145.
朱臻，沈月琴，白江迪，2015. 南方集体林区林农的风险态度与碳汇供给决策：一个来自浙江的风险偏好实验[J]. 中国软科学(7)：148-157.
祝海波，尹少华，2006. 探索适合我国林地流转的基本制度[J]. 林业经济问题(06)：539-542.
庄天慧，骆希，2019. 小农生产主要特征、困境及与现代农业有机衔接路径研究[J]. 农村经济(11)：8-18.
邹伟，徐博，王子坤，2017. 农户分化对宅基地使用权抵押融资意愿的影响——基于江苏省1532个样本数据[J]. 农村经济(08)：33-39.
左孝凡，王翊嘉，苏时鹏，2018. 不同产权视角下农户经营行为对森林结构的影响——来自福建省634户农户的实证研究[J]. 资源开发与市场，34(09)：1185-1190.
左孝凡，王翊嘉，苏时鹏，2018. 林地流转减贫效应研究[J]. 林业经济问题，38(06)：34-41+103.
ALCHIAN A. A.，DEMSETZ H.，1972. Production，information costs，and economic organization[J]. The American Economic Revicw，62(5)：777-795.
CHE Y Mismatch，2014. land reallocations，recovery land rental and land rental market development in rural China [J]. China Agricultural Economic Review，6(2)：229-247.
THORNER D.，1966. Chayanov on Theory of Peasant Economy[M]. Illinois：Richard D. Irwin.
ZHANG Daowei，ANNE Stenger，PATRICE A. Harou，2015. Policy Instruments for Developing Planted Forests：Theory and Practices in China，the U. S.，Brazil，and France[J]. Journal of Forest Economics(21)：223-237.
ELLIS E. A.，PORTER-BOLLAND L，2008. Is community-based forest management more effective than protected areas? a comparison of land use land cover change in two neighboring study areas of the central Yucatan Peninsula，Mexico[J]. Forest Ecology and Management，256：971-1983.
FEDER G.，FEENY D.，1991. Land Tenure and property rights：theory and implications for development policy[J]. The World Bank Economic Review，5(1)：135-153.
FENG S.，HEERINK N.，RUBEN R.，et al.，2010. Land rental market，off-farm employment and agricultural production in Southeast China：A plot-level case study [J]. China Economic Review，21(4)：598-606.
FEDER G.，1988. Land policies and farm productivity in Thailand[D]. Baltimore：Johns Hopkins University Press.
JIN S.，DEININGER K.，2009. Land rental markets in the process of rural structural transformation：productivity and equity impacts from China [J]. Journal of Comparative Economics，37 (4)：629-646.
KASTNER T，ERB K. H.，NONHEBEL S.，2011. International wood trade and forest change：a

Global analysis[J]. Global Environmental change, 21(3): 947-956.

KIMURA S., OTSUKA K., ROZELLE S., 2011. Efficiency of land allocation through tenancy markets: evidence from China [J]. Economic Development and Cultural Change, 59(3): 485-510.

KOMAREK A. M., SHI X., HEERINK N., 2014. Household-Ievel effects of China's Sloping Land Conversion Program under price and policy shifts [J]. Land Use Policy, 40: 36-44.

LANG H., MA X., HEERINK N., et al., 2014. Tenure security and land rental market development in Rural China—actual versus perceived security. Yanglin, Shanxi, China: 6th CAER-IFPRI Annual International Conference, Oct. 16-17.

LEMEL H., 1988. Land titling: conceptual, empirical and policy issues [J]. Land Use Policy, 5 (3): 273-290.

LI Gr, ROZELLE S., HUANG J., 2000. Land rights, farmer investment incentives, and agricultural production in China[R]. Davis, CA: Working Paper No. 00-024, Department of Agricultural and Resource Economics, University of California.

LIN J. Y, 1992. Rural Reforms and Agricultural Growth in China. The American Economic Review, 82 (1): 34-51.

MITCHELL A., WOOD D., 1997. Toward a theory of stakeholder identification and salience: defining the principle of who and what really counts[J]. Academy of Management REVIEW, 22 (4): 853-886.

MACHADO J. A. R., BACHA C. J. C., 2002. Economic profitability analysis of reforestation with native trees: the state of São Paulo's case[J]. Revista de Economia e Sociologia Rural, 40(3): 581-604.

NEWMAN D., WEAR D., 1998. Production economics of private forestry: a comparison of the production of forest owners. American Journal of Agricultural Economics(75): 561-572.

PETER H., 2005. Development Dilemmas: Land Reform and Institutional Change in China[M]. London: Routledge.

QIN P, XU J, 2013. Forest land rights, tenure types, and farmers investment incentives in China: an empirical study of Fujian Province[J]. China Agricultural Economic Review, 5 (1): 154-170.

QIN P, CARLSON F, XU J, 2011. Forest tenure reform in China: a choice experiment on farmers' property rights preferences[J]. Land Economics, 87(3) : 473-487.

RUNSHENG Yin, DAVID H. Newman, 1997. lmpacts of rural reforms: the case of the Chinese forestsector[J]. Environment and Development Economics, 2(3): 291-305.

YIN Runsheng, YAO Shunbo, HUO Xuexi, 2013. China's forest tenure reform and institutional change in the new century: What has been implemented and what remains to be pursued? [J]. Land Use Policy, 30(1): 825-833.

SEN Wang G., CORNELIS van Kooten, BILL Wilson, 2004. Mosaic of reform: forest policy in post-1978 China[J]. Forest Policy and Economics, 6(1): 71-83.

XIE Y, GONG P., HAN X., et al, 2014. The effect of collective forestland tenure reform in China: Does landparcelization reduce forest management intensity? [J]. Joumal of Forest Economics, 20

(2): 126–140.

XU X., ZHANG Y, LI L., et al, 2013. Markets for forestland use rights: a case study in southern China [J]. Land Use Policy, 30(1): 560–569.

XIE Y, GONG P C, HAN X, 2014. The effect of collective forestland tenure reform in China: Does land parcelization reduce forest management intensity? [J]. Journal of Forest Economics, 20(2): 126–140.

SONG Yajie, WANG Guqian, WILLIAM R. Bruch, et al., 1997. New organizational strategy for managing the forests of southeast China: the share–holding integrates forestry tenure (SHIFT) system [J]. Forest Economics and Policy, 91(2–3): 183–194.

YI Y, 2011. Property rights, tenure security and' forest investment incentives: In the context of China's collective forest tenure reform since 2003[D]. Vasapaken, Gothenbury, SE: University of Gothenburg.

ZHANG D., PEARSE P. H, 1997. The irffluence of the form of tenure on reforestation in British Columbia [J]. Forest Ecology and Management, 98(3): 239–250.

ZHANG D., PEARSE P. H., 1996. Differences in silvicultural investment under various types of forest tcnure in Bntish Columbia [J]. Forest Science, 42(4): 442–449.

ZHANG D. , OWIREDU E. Aboagye, 2007. Land tenure, market and the establishment of forest plantation in Ghana[J]. Forest Policy and Economics(9): 274–286.

ZHANG D., PEARSE P. H., 2011. Forest resource economics [M]. Vancouver, Canada: UBC Press.

ZHOU Y, CHAND S, 2013. Regression and matching estimates of the effects of the lland certification program on nnral household income in China [J]. Academic Journal of Interdisciplinary Studies, 2 (8): 350–359.